HEYNE ‹

W0083174

Die Autorin

Kirsten Ehrhardt, Jahrgang 1963, wurde in Schleswig-Hol-
stein geboren, machte in Hamburg Abitur und juristisches
Staatsexamen. Sie arbeitete 25 Jahre lang als Journalistin,
unter anderem als Radiomoderatorin in Schwerin, Köln
und Stuttgart. Seit 2013 ist sie Projektleiterin des Vereins
Gemeinsam Leben – gemeinsam Lernen in Baden-Württemberg, der sich für Inklusion einsetzt. Sie lebt mit ihrem
Partner und den zwei gemeinsamen Kindern in Walldorf
bei Heidelberg.

Kirsten Ehrhardt

HENRI

Ein kleiner Junge verändert die Welt

WILHELM HEYNE VERLAG
MÜNCHEN

MIX
Papier aus verantwor-
tungsvollen Quellen
FSC® C014496

Verlagsgruppe Random House FSC® N001967
Das für dieses Buch verwendete FSC®-zertifizierte Papier
Holmen Book Cream liefert Holmen Paper, Hallstavik, Schweden.

Taschenbucherstausgabe 06/2015
Copyright © 2015 by Wilhelm Heyne Verlag, München,
in der Verlagsgruppe Random House GmbH
www.heyne.de
Umschlaggestaltung: Nele Schütz Design unter Verwendung
zweier Fotos von Uwe Anspach/picture alliance/dpa
Redaktion: Angela Kuepper
Satz: Buch-Werkstatt GmbH, Bad Aibling
Druck und Bindung: GGP Media GmbH, Pößneck
Printed in Germany 2015

ISBN: 978-3-453-64538-7

»Wer Inklusion will, sucht Wege.
Wer Inklusion nicht will, sucht Begründungen.«

Hubert Hüppe,
Beauftragter der Bundesregierung für die Belange
von Menschen mit Behinderung bis 2013

Inhalt

Vorwort 9

Teil 1: Henris Weg ins Leben 11

Startschwierigkeiten 13

Frühförderung 25

Ein Antrag auf Erteilung eines Antragsformulars 34

Mutter am Mikrofon 40

Eine Familie wird zweisprachig 41

Reife und Regeln 45

Auf nach Walldorf 47

Im Kindergarten 54

Langsam, aber sicher 64

Vorschulkind Henri 72

Auf dem Weg in die Schule 75

Selbstständig und selbstbewusst 90

Teil 2: Schulkind Henri 93

Schulanfang 95

Henri und die anderen Kinder 110

Lernen 117

Paten, Eltern und das erste Zeugnis 126

Ein Unfall 134

Henri lernt weiter 138

Notenstreit 153

Henri kann und möchte mehr 158

Erstkommunion 164

Das Gymnasium am Horizont 167

Auf Klassenfahrt 172

Henri erntet 175

Endlich elf 186

Teil 3: Henri und das Gymnasium 193

Der Schulversuch 195

Die große Aufregung 209

Ein neuer Versuch und noch mehr Aufregung 222

Stimmen aus der ganzen Welt 225

Der Kultusminister hat das letzte Wort 232

Mama chic 237

So geht es Henri 240

Feuerwehrmann Henri 243

Die Ruhe nach dem Sturm 247

Zwischenlösung 250

Ausblick 262

Bildnachweis 271

Zitatnachweis 271

Vorwort

»Henri – go for it!«

Diesen Satz und viele weitere ermutigende Worte haben wir im vergangenen Jahr gehört, einem Jahr, in dem viel passiert ist. Aber was eigentlich genau? Warum interessieren sich plötzlich so viele Menschen für Henri, einen kleinen Jungen mit Downsyndrom, und die Frage, ob er ein Gymnasium besuchen darf? Warum entbrennt darüber eine öffentliche Diskussion, die aufgeregt über Wochen und Monate im ganzen Land geführt wird?

Dies ist die Geschichte von Henri, unserem Sohn. Und es ist eine Geschichte mit vielen Akteuren: Darin gibt es ein staatliches Schulamt, ein örtliches Gymnasium und einen Kultusminister. Kinder und Eltern, Lehrer und Verwaltungsbeamte. Menschen mit Behinderung und Menschen ohne Behinderung. Sie alle spielen eine Rolle.

Außerdem ist es eine Geschichte mitten in einem gesellschaftlichen Wandel, der Inklusion heißt, sowie eine Geschichte in einer aktuellen Debatte um unser deutsches Schulsystem im Speziellen und Bildung im Allgemeinen.

Es ist eine Geschichte, die vor den Toren eines Gymnasiums endet, dort aber nicht beginnt.

Es ist Henris Geschichte und die Geschichte unserer Familie mit Henri.

Ich möchte sie von Anfang an erzählen. Denn um sie zu verstehen, ist es wichtig, sie ganz zu kennen.

Ich möchte mehr über Henri erzählen, den kleinen Jun-

gen, dessen Schicksal viele Menschen so nachhaltig beschäftigt hat. Manche dieser Menschen kenne ich persönlich, die meisten jedoch nicht.

Oft war über den »Fall Henri« zu lesen. Aber: Henri ist
kein Fall, Henri ist ein Kind.

Ich danke allen, die mich beim Schreiben unterstützt haben,
allen voran natürlich Norbert, meinem Mann, und Emily,
meiner großen und mutigen Tochter. Und meiner Freundin Ulrike, die eine kritische erste Leserin und kluge Kom-
mentatorin war.

Alle Menschen, die ich im Buch beschreibe, gibt es wirklich. Nur haben sie – mit Ausnahme von Personen der Zeit-
geschichte – im wirklichen Leben einen anderen Namen.
Doch Henri ist Henri, Emily ist Emily, und Norbert ist
Norbert.

»Die Zeit für die vielen kleinen Henris ist längst überfäl-
lig!«, schrieb jemand in einer Onlinepetition für Henri im
Internet. Und deshalb ist es auch Zeit für dieses Buch.

Kirsten Ehrhardt

Teil 1:

Henris Weg ins Leben

Startschwierigkeiten

Valentinstag 2003. Der Tag der Liebenden. Es ist unser Tag, und es ist Henris Tag. Per Kaiserschnitt kommt er um 10 Uhr morgens in Köln zur Welt. Auffälligstes Kennzeichen: ein weißes Riesenpflaster am Kopf. Der Chefarzt, der selbst das Skalpell führte, hat ihn ein bisschen angeschnippelt. Zweites, nicht so deutliches Kennzeichen: Downsyndrom.

Der Chefarzt entschuldigt sich für den kleinen, zu tiefen Schnitt und gratuliert herzlich. Er wusste schon vorher das, was auch wir wussten: Wir bekommen einen Sohn mit Downsyndrom. Willkommen sollte unser Kind sein, das war uns wichtig. Wir hatten den Chefarzt bei unserem ersten Gespräch gefragt, ob das in seinem Krankenhaus der Fall wäre. Er hatte Ja gesagt. Ansonsten sollte unser Sohn erst einmal auf der Welt sein und in unseren Armen liegen. Dann würden wir weitersehen.

Mein Mann Norbert, der im Kreißsaal mit dabei ist, findet, so ein Kaiserschnitt sei ja »doch eine ziemlich blutige Angelegenheit«, und muss sich erst einmal kurz erholen. Ich kann den kleinen Fratz, der da vor mir liegt, genießen. Bei der Geburt unserer großen Tochter Emily war so ziemlich alles schiefgegangen, was bei einer Geburt schiefgehen kann, und ich war danach über Wochen so erschöpft, dass ich unser Baby kaum versorgen konnte. Noch einmal wollte ich das nicht erleben. Diesmal war die Geburt geplant.

Schon nachmittags darf die inzwischen vier Jahre alte

13

Emily ihren Bruder sehen. Henri mit i soll er heißen. So klein, so süße, leicht abstehende Ohren, so blond – wie sie auch. Dass seine Augen ein bisschen anders aussehen als ihre und dass er eine sogenannte Vier-Finger-Furche hat, also eine Linie, die quer über die Handinnenfläche verläuft, sieht sie natürlich nicht. Henri ist der tollste Bruder der ganzen Welt und bleibt es auch.

Am nächsten Tag ist Henri zu Hause. Er liegt in seiner Wiege und sieht noch etwas gelb um die Nase aus. Neugeborenengelbsucht. Nichts Schlimmes eigentlich, doch es muss schnell verschwinden. Aber es verschwindet nicht. Und Henri spuckt. Er saugt wie ein Weltmeister an meiner Brust, spuckt aber nach einiger Zeit alles wieder aus. »Speikinder sind Gedeihkinder«, sagt der Volksmund. Doch Henri nimmt in den folgenden Tagen immer mehr ab. Es ist stets dasselbe Muster: Er trinkt, ist erst einmal ganz zufrieden, aber schon nach kurzer Zeit kommt alles wieder raus. Nach ein paar Tagen hat er nicht einmal mehr sein Geburtsgewicht.

»Mir gefällt das nicht«, sagt die Hebamme nachdenklich, »der hat auch fast gar nichts in der Windel.«

Henri wird immer apathischer. Auch unser Kinderarzt legt die Stirn in Sorgenfalten und greift zum Telefonhörer.

Kaum aus dem einen Krankenhaus raus, sind wir wieder drin, diesmal im Kinderkrankenhaus. Da stellt sich heraus: Henri ist mit einer Darmfehlbildung zur Welt gekommen. Kurz nach der Geburt wurde sein Darm zwar untersucht, die Fehlbildung hatte man aber einfach übersehen. Jetzt ist sie lebensbedrohend. Er muss sofort operiert werden, damit er überleben kann.

Draußen in Köln wird Karneval gefeiert, Emily geht mit einer Babysitterin zum Umzug. Sie fängt, als Maus verkleidet (in grauer Weste mit gehäkeltem Schwanz, Ohrenkappe und aufgemalten Schnurrbarthaaren), »Kamelle«, also Süßigkeiten, die von den Umzugswagen geworfen werden. Währenddessen kämpft Henri vier Stunden lang um sein Leben. Norbert und ich sind bei ihm im Krankenhaus. Als die Schwestern ihn, schon betäubt und mit vielen Kanülen versehen, aus dem Zimmer in Richtung Operationssaal schieben, wissen wir nicht, ob wir ihn wiedersehen werden. Die Angst, ihn, der gerade erst da ist und den wir sofort ins Herz geschlossen haben, gleich wieder zu verlieren, ist unbeschreiblich.

Doch Henri ist ein Kämpfer. Er übersteht den Eingriff und kommt auf die Intensivstation.

Wir möchten nun natürlich wissen, ob die Operation erfolgreich war. Einen ganzen Tag lang kann uns das niemand sagen. Und wann wird der Verband gewechselt?

Die müde Krankenschwester überlegt: »Dienstarzt ist heute Dr. Berg, der hat gerade bei einem anderen Patienten zu tun. Er wechselt aber auch keinen Verband, das machen am ersten Tag immer die Chirurgen selbst. Eigentlich ist Dr. Schmidt für unsere Station zuständig, der ist aber im Urlaub. Dr. Krause, der Henri operiert hat, habe ich den ganzen Tag noch nicht gesehen, der ist im OP, und ob der danach noch einmal hochkommt, weiß ich nicht. Dr. Anders und Dr. Ehrig sind nicht da. Hintergrund-Dienst hat Dr. Feuerstein, aber es handelt sich nicht um eine Angelegenheit der Anästhesie, sondern, wie gesagt, um eine chirurgische …«

Wir versuchen, so viel wie möglich bei Henri zu sein. Das Krankenhaus ist nur fünf Minuten zu Fuß von unserer Wohnung entfernt.

Die nächsten zehn Tage sind hart. Jeden Morgen werden wir mit einer anderen eingetretenen, wahrscheinlichen oder auch nur möglichen Komplikation konfrontiert. »Das eine Bein ist heute dicker als das andere«, begrüßt uns zum Beispiel die Stationsschwester, »das muss nichts bedeuten, kann aber auf Probleme mit dem Herzen zurückzuführen sein.«

Neben Henri liegt ein Baby, das nur selten Besuch bekommt. Oft weint es stundenlang. An einem anderen Bett kommt es regelmäßig zu akuten Krisen. Ein ganzer Pulk Ärzte steht dann dort und diskutiert. Einmal wird das Baby, das keine tausend Gramm wiegt, reanimiert. Auch nachts ist ständig etwas los. Wir sind oft mit unseren Nerven am Ende.

Sind wir da schon die »anstrengenden« Eltern? So, wie Eltern im Schulalltag stören, stören sie natürlich auch im Krankenhausalltag. Wir sind so oft wie nur möglich da und wollen viel wissen. Und geben uns mit manchen Dingen einfach nicht zufrieden.

Neben Henri liegt ein kleines Mädchen, das auch am Darm operiert wurde. Die Fehlbildung ist noch gravierender als bei Henri. Die Eltern sind blutjung, die Mutter ist noch nicht volljährig. In den Ärztevisiten wird ihnen viel erklärt, auch, dass ihre Tochter wahrscheinlich nie in der Lage sein wird, normal zu essen. Wenn der Ärztetross das Zimmer verlassen hat, schauen sie mich oft ratlos an. Ich versuche, ihnen das zu erklären, was ich selbst verstanden habe. Eigentlich sollte ich bei diesen Visiten rausgehen, doch sie bitten mich immer, zu bleiben.

Fast einen Monat lang üben wir, uns im Zuständigkeitendschungel einer großen Verwaltung zurechtzufinden. Wir erleben, wie es ist, wenn Fachleute Eltern nicht auf Augenhöhe begegnen und sie nicht wirklich als Partner ansehen. An einem Tag besprechen wir mit den Ärzten, wie quälend es für Henri ist, stundenlang nackt unter der Rotlichtlampe in einer Art »Brutkasten« zu liegen. Er weint dann immer so sehr, dass wir ihn nicht beruhigen können. Die Behandlung wird erst einmal abgesetzt. Eines Abends kehren wir, weil wir etwas vergessen haben, noch einmal kurz auf die Station zurück. Und schwupp: Haben sie Henri, kaum waren wir draußen, doch gleich wieder in das Ding gelegt!

Wir erleben auch, dass Henri mit einem besonderen Blick angeschaut wird, mit dem Der-ist-nicht-nur-krank-sondern-auch-noch-behindert-Blick. Heute, elf Jahre später, habe ich einen Namen dafür: die Sonderbrille.

»Da liegt das Downsyndrom«, sagt ein Arzt, als er gemeinsam mit einem neuen Kollegen das Krankenzimmer betritt, und wir werden vor Empörung etwas lauter. »Der Blinddarm von Station 13«: Zuvor hatte ich das für einen schlechten Medizinerwitz gehalten. Jetzt wird er Wirklichkeit.

Als Henri von der Intensivstation auf die normale Kinderstation verlegt wird, gibt es dort viele Patienten und wenig Platz. Auch nachts wird immer wieder das große Licht eingeschaltet, und alle werden wach. Henri verliert seinen Schnuller und brüllt. Kinder und Eltern kommen nicht zur Ruhe.

In diesen Wochen lernen wir gleich die erste Lektion, die alle Eltern von kranken Kindern oder Kindern mit Behinderungen lernen müssen: Wie es uns Eltern geht, scheint völlig egal zu sein. Alle schauen nur auf das Kind. Kurz vor der Entlassung fragt uns doch tatsächlich einmal eine Krankenschwester, wie denn diese Wochen für uns gewesen sind. Es waren Wochen, die wir kein zweites Mal erleben möchten.

Auch Emily leidet. Während der Zeit auf der Intensivstation hatte sie ihr Brüderchen gar nicht sehen dürfen, jetzt nur von einer Art Laubengang aus, der vor den Fenstern der Kinderstation verläuft. »Super fies« findet sie das alles. Er ist nur halb in ihrem Leben angekommen.

Henri ist von alldem scheinbar unbeeindruckt. Er will wieder an der Brust trinken, er zieht sich selbst die Schläuche, die ihn stören, und nimmt ordentlich zu. Als wir ihn endlich im Kinderwagen aus der Klinik die Straße entlang in Richtung unserer Wohnung schieben, atmen wir erst einmal tief durch. Emily ist glücklich. Nun ist ihr kleiner Bruder endlich »da«. Dass er nicht nur sehr krank war, sondern auch sonst irgendwie »anders« ist, erzählen wir ihr bald.

Wir erzählen es ihr ohne Traurigkeit, denn traurig sind Norbert und ich nicht. Manchmal frage ich mich, ob wir da etwas verdrängt haben. Aber ich glaube es nicht. Weder Norbert noch ich hatten zum Zeitpunkt von Henris Geburt noch die Vorstellung, das Leben sei ein Ponyhof. Wir wissen und haben das immer wieder in verschiedenen Situationen erlebt, dass das Leben für jeden sehr unterschiedliche Themen bereithält, Themen, die man sich nicht aussucht, sondern denen man sich einfach stellen muss, ob man nun will oder nicht. Wir haben uns ein zweites

Kind gewünscht, gerne einen Jungen, und wir haben ihn bekommen. Wir haben zu dem Zeitpunkt, als wir während der Schwangerschaft vom Downsyndrom erfahren haben, nicht gesagt: Nein, so ein Kind wollen wir nicht. Das nehmen wir nicht! Wir haben es in mir wachsen lassen wie unser erstes Kind auch. Und nun ist Henri da. Manchmal werde ich heute noch gefragt, ob ich denn wirklich gar nicht traurig bin, wenn ich mir Henri als »ganz normalen« Jungen vorstelle – wie er in einer Fußballmannschaft spielt, alleine durch den Ort streift und mathematische Rätsel löst. Aber das stelle ich mir gar nicht vor und kann es auch nicht: Henri ist Henri, und zwar so, wie er ist. Anders ist er für mich nicht vorstellbar.

Vorstellen konnte ich mir Henri auch vor seiner Geburt nicht – ein Kind, das besonders sein wird, von dem es aber noch nicht mehr als eine Genanalyse und ein paar Ultraschallbilder gab. Aber wir waren uns immerhin im Klaren darüber, dass wir kein Normkind haben würden, keines, mit dessen akademischen Abschlüssen man auf Partys angeben kann oder das später seine alten Eltern versorgen wird. In allem anderen war Henri ein Überraschungspaket, und er ist es oft genug noch heute. Aber ein Kreißsaal-Schock für alle Beteiligten war Henri nicht.

Vielen Eltern von Kindern mit Behinderung ergeht das anders. Für die meisten von ihnen kommt die Diagnose Downsyndrom aus heiterem Himmel. Sie haben entweder, aus welchem Grund auch immer, auf pränatale Diagnostik verzichtet oder aber sind so jung, dass man sie ihnen nicht angeboten hat. Sie erleben nicht selten tuschelnde Ärzte und Schwestern, die das Kind gleich nach der Geburt hektisch mitnehmen und die jungen Eltern erst einmal allein lassen, allein mit sich und ihren Ängsten. Oder Ärzte, die sich erst einmal Stunden oder gar Tage um das Bett der Wöchnerin herumdrücken, bevor sie sich trauen, das notwendige Gespräch zu führen. Während dieser Tage ahnen die Eltern natürlich, dass »etwas nicht stimmt«, weil alle um sie herum so merkwürdig sind. Wenn sie dann das Wort »Downsyndrom« hören, fallen sie oft in ein tiefes Loch.

All das gibt es bei uns nicht. Der Da-liegt-ja-das-Downsyndrom-Arzt hat sich nur ein einziges Mal in Henris Nähe blicken lassen. Das Krankenhauspersonal war begeistert von dem »kleinen Kämpfer«, der sich innerhalb von vier Wochen ins Leben zurückkämpfte und alle auf Trab hielt. Der Kaiserschnitt-Chefarzt schickt uns ein herzliches Kärtchen, auf dem er schreibt, wie sehr er mit uns fühlt, seit er erfahren hat, dass Henri so krank zur Welt gekommen ist und gleich operiert wurde. Ich denke, alle spüren von Anfang an: Henri ist kein schweres Schicksal für uns. Er ist einfach unser Sohn, den wir so lieben, wie wir auch unsere Tochter lieben und sofort geliebt haben, als sie auf die Welt kam.

Deshalb stelle ich mir auch nie die Frage »Warum ich?« oder »Warum wir?«.

Wir sind glücklich, dass Henri da ist – und endlich zu Hause!

Der Besuch von den Damen aus dem Kirchencafé lässt nicht lange auf sich warten. Beide sind sie schon über siebzig und leiten ehrenamtlich ein wöchentliches Kaffeetrinken in der Kirchengemeinde unseres Stadtteils. Emily spielt dort gern in der Spielecke.

»Na, wissen Sie denn schon, was es wird?«, haben sie vor Henris Geburt gefragt. »Ist eigentlich ja auch egal, Hauptsache gesund!« Nun stehen sie vor der Tür mit selbst gehäkelten hellblauen Schühchen für Henri. Sie sehen sofort, was mit ihm los ist, und schweigen verlegen.

»Ja, er hat das Downsyndrom«, sage ich. Dann wechseln wir schnell das Thema und reden über leere Gottesdienste, über den neuen Kinderchor und über anderes. Das ist leichter, als das zum Thema zu machen, was natürlich im Raum steht: Wie können sie Henri begegnen? Wie über ihn sprechen?

Sie brauchen Zeit. Ich brauche sie wahrscheinlich auch. Später, als Henri durch das Kirchencafé rollt und robbt, werden sie seine großen Fans.

Wie reagieren Menschen, wenn sie hören, dass Eltern ein Kind mit Behinderung bekommen haben? Nur wenige aus unserem Verwandten- und Bekanntenkreis sind entsetzt. »Herzlichen Glückwunsch, dass Henri da ist« oder »Schön, dass es ihn gibt«, sagen nur wenige. Viele haben eher das Gefühl, sie müssten uns aufbauen und trösten. Sie sagen: »Da kann man ja heutzutage viel machen!« Dieser Satz hat uns viele Jahre lang begleitet, später auch verfolgt. Er ist nur oberflächlich betrachtet ein positiver Satz, selbst wenn er so gemeint war. Denn er heißt ja auch: So ganz in Ordnung ist euer Kind nicht, aber wenn ihr euch ordentlich Mühe gebt, wird's schon so schlimm nicht mit ihm werden! Es ist der in unserer Gesellschaft allgegenwärtige Defizitblick auf Menschen mit Behinderung, der eng mit der Sonderbrille verwandt ist. Doch über all das machen wir uns in Henris ersten Lebenswochen noch keine Gedanken.

Es gibt auch spontane, ganz andere Reaktionen als aus unserem Freundes- und Bekanntenkreis. Die Frau, die auf dem Wochenmarkt in meinen Kinderwagen schaut und sagt: »Das muss doch heute nicht mehr sein!«, oder der ältere Herr, der überzeugt ergänzt: »Bei Adolf hätt's das nicht gegeben!« Ich bin so sauer, dass ich ihm mit unserem alten, schweren Kinderwagen kurz entschlossen über den Fuß rolle.

Inzwischen machen wir uns Gedanken über die Geburtsanzeige. Soll sie »anders« aussehen? Wollen wir etwas über ein »besonderes Kind« oder einen »besonderen Weg« schreiben? Wir überlegen nur kurz. Noch wissen wir doch gar nicht, wie genau Henri sein wird und wie unser aller Weg aussehen wird. Wir schreiben also unter das Foto, auf dem er in unserem Wohnzimmersessel liegt, nur: »Henri« und sein Geburtsdatum. Vorne auf der Karte sind zwei Gummibärchen abgebildet. »Gummibärchen« war unser Arbeitstitel für Emily, als wir noch nicht wussten, ob wir ein Mädchen oder einen Jungen bekommen würden. Henri nannten wir vor seiner Geburt deshalb einfach »Gummibärchen zwei«.

Henri ist zu Hause, aber Alltag will sich nicht so recht einstellen. Mehrmals in der Woche führt mich mein Weg zum Kinderarzt. Erst entzündet sich die Narbe. Dann findet sich keine Stelle zum Blutabnehmen. Mit den Wochen wird Henri immer unruhiger.

»Stillen Sie ihn denn eigentlich noch?«, fragt der Kinderarzt. »Oder bekommt er schon Gläschen?«

Ich druckse herum: »Immer wenn er schreit, stille ich ihn, und Breichen gibt's noch zusätzlich.«

Der Arzt stellt nüchtern fest: »Ich glaube, der ist schlicht und einfach überfressen!«

Mir wird klar, dass ich ein Päckchen aus dem Krankenhaus mitgebracht habe: die Angst, mein Kind zu verlieren, die Angst, dass es vor meinen Augen verhungert.

Unser Kinderarzt spielt eine wichtige Rolle in Henris ersten Lebensmonaten. Er klärt mich auf über diesen unglückseligen Satz: »Da kann man ja heutzutage viel machen.« Denn ich spüre schnell: Dieser Satz setzt mich unter enormen Druck, und zwar unter Förderdruck, der gerade am Anfang sicher auch von dem Wunsch gelenkt ist, dass die Behinderung, wenn man jetzt gleich alles Menschenmögliche an Therapien und Förderung in Gang setzt, nicht so ausgeprägt sein werde. Nicht so prägend für Henri, nicht so prägend für uns.

Unser Arzt tickt anders. Er sagt: »Liebe Frau Ehrhardt, für die nächsten Jahre können Sie jeden Tag etwas vorhaben: Montags gehen Sie zur Krankengymnastik, dienstags zur Logopädie, mittwochs zur Ergotherapie, donnerstags zum therapeutischen Reiten, und für freitags fällt uns sicherlich auch noch etwas ein. Sie können aber all das auch lassen und erst einmal Ihren kleinen Sohn einfach nur lieb haben!«

Im Nachhinein betrachtet, ist das einer der wichtigsten Sätze, die jemals jemand zu uns über Henri und das Leben mit ihm gesagt hat. Damals wusste ich das noch nicht.

Es ist nicht schwer, ihn, der so schwierig ins Leben gestartet ist, einfach nur lieb zu haben. Doch auch er hat eine Menge negativer Erfahrungen aus dem Krankenhaus mitgebracht und sein Päckchen zu tragen. Das wird nach und nach deutlich. Auch nachdem er nicht mehr überfüttert wird, ist er unruhig und will nicht allein schlafen. Seine Wiege, die wir uns ausgeliehen haben, geben wir gleich wieder zurück. Denn Henri brüllt so lange, bis wir ihn in unser Bett holen. Natürlich hat unser kleiner Kämpfer ein durchdringendes Organ, das nicht zu überhören ist. Wieder und wieder wacht er nachts auf. Henris schlechte Nächte bringen uns im wahrsten Sinne des Wortes um den Schlaf und fast auch um den Verstand. Wir versuchen es mit einem Schlafprotokoll, lesen den Klassiker »Jedes Kind kann schlafen lernen« und geben Kügelchen. Werten wir jede Methode am Ende kritisch aus, bleibt als Resümee: Vielleicht schläft er jetzt ein ganz klein bisschen besser. Vielleicht aber auch nicht.

Und auch hier stellen wir uns die Frage, die uns in den nächsten Jahren noch oft begleiten wird: Liegt es am Downsyndrom?

Für viele Ärzte und andere Fachleute liegt dieser Verdacht nahe, oft zu nahe. Ein Kinderpsychiater, der auf Schlafstörungen spezialisiert ist, findet schließlich eine plausible Erklärung: Wahrscheinlich hat Henri im Krankenhaus unter Neonlicht und bei den vielen nächtlichen Störungen das Schlafen schlicht und einfach verlernt. Wir versuchen eine neue Methode: Wir warten einfach, ohne uns weiteren Stress zu machen, darauf, dass Henri einmal eine Nacht durchschläft.

Es gibt den Spruch: »Junge Eltern erkennt man an den Ringen unter den Augen.« Wir haben die Ringe auch noch, als wir keine »jungen Eltern« mehr sind. Es dauert viele Jahre, bis Henri nur noch einmal nachts aufwacht und nicht immerzu im Bett herumwühlt wie ein Maulwurf.

Frühförderung

Mitte fünfzig, graue Strähnen im Bubikopf und schon auf den ersten Blick zupackend – kurze Zeit nachdem Henri aus dem Kinderkrankenhaus entlassen wird, steht sie vor der Tür: Frau Strobel von der städtischen Frühförderung.

Anspruch auf Frühförderung haben in Deutschland alle Kinder, die behindert oder von Behinderung bedroht sind. Sie sollen, so die Idee, von Anfang an von Fachkräften unterstützt werden. Noch als Henri sich im Krankenhaus von der Operation erholt hatte und ich bei ihm gewesen war, hatte Frau Strobel bei uns zu Hause angerufen und mit Emily gesprochen.

»Oh, habe ich da gedacht«, sagt sie mir später, »das ist 'ne fitte Maus, auf die müssen wir gut aufpassen.«

Als sie jetzt vor der Tür steht, geht sie als Erstes auf unsere Tochter zu. »Du bist also Emily. Wollen wir was spielen?« Die beiden lassen sich auf den Parkettboden nieder und spielen ein rätselhaftes, selbst gebasteltes Kartenspiel, das sie mitgebracht hat. Emily ist begeistert.

Das ist wichtig in einer Zeit, in der sich so viel um Henri dreht. In Frau Strobels Frühförderung geht es erst um Emily und irgendwann um Henri, bei manchen Hausbesuchen auch nur am Rande. Das mag erstaunlich klingen, ist für uns aber sehr lehrreich. Denn der völlig richtige Ansatz der städtischen Frühförderstelle lautet: Wenn die Familie als System mit dem Kind mit Behinderung zurechtkommt und es als Ganzes trägt, dann geht es auch dem Kind gut.

Für mich ist das sehr einleuchtend. Umso überraschter bin ich, als ich später nach unserem Umzug nach Süddeutschland mit ganz anderen Ansätzen konfrontiert werde.

Eine Dame von der Frühförderung bringt kleine Becher mit, voll mit Erbsen und Linsen. Henri soll sie mit dem Löffel in einen leeren Becher füllen – gut für die Feinmotorik. Auch Bauklötze, die sich angeblich besonders gut stapeln lassen, zeigt sie mir. Außerdem schaut sie sich interessiert an, was wir so alles an aus ihrer Sicht »therapeutisch wertvollem« Spielzeug haben. Nach ein paar Terminen schicke ich sie wieder weg. Wie sie auf Henri und auf unsere Familie schaut, passt nicht zu uns.

Doch noch liegt der Umzug in weiter Ferne. Noch wissen wir nicht, dass unsere Kinder, die beiden Kölner, später im Süden der Republik aufwachsen werden und Emily irgendwann »Mädschen« (wie die Kölner) und »Buben« (typisch süddeutsch) sagen wird.

Wir wohnen in Köln, erleben dort den »Jahrhundertsommer«, in dem es an manchen Tagen fast 40 Grad heiß wird, und besprechen in Henris ersten Lebensmonaten immer wieder mit Frau Strobel, wie es uns als Paar mit unseren Kindern geht, und zwar mit beiden: mit Henri und Emily.

Ich habe aus dieser Zeit eine große Karteikarte aufbewahrt, auf der die Geschichte von Kasper, Seppel, der Hexe Wackelzahn und einem Krokodil aufgeklebt ist. Sie war für Emily als Fingerspiel gedacht. Wir haben sie viele Jahre lang gespielt. Auch Henri kann sie inzwischen auswendig.

Immer wenn ich die Karteikarte in die Hand nehme, denke ich daran, dass es Frau Strobel war, die uns – ohne dass sie es ausdrücklich so benannte – gezeigt hat, was Inklusion ist: Es geht darum, dass die ganze Familie gut funktioniert, zufrieden ist und einander trägt. Frau Strobel lebte das ganz selbstverständlich. Sie beachtete und achtete Henri, wie sie auch uns andere Familienmitglieder achtete und beachtete. Eine Sonderbehandlung bekam er von ihr nicht. Noch heute denken wir alle gerne an die Termine mit Frau Strobel zurück, die uns doch vor allem eines gelehrt haben: dass wir alle wichtig sind! Wie gut, dass wir das gleich von Anfang an klären konnten.

In den Gesprächen mit Frau Strobel wird uns deutlich: Wir wollen unsere Kinder nicht bewerten. Wir haben nicht ein »gutes« und ein »schlechtes« Kind. Eins, das all unsere Erwartungen erfüllt oder erfüllen muss, und eins, das eben nicht gelungen, sondern behindert auf die Welt gekommen ist. Auf das eine ist man stolz, für das andere schämt man sich eher ein bisschen, auch wenn man das nicht laut sagt. Ein »Sorgenkind« eben, eines der Kinder, die man früher immer in den Spots der »Aktion Sorgenkind« gesehen hat, die inzwischen ja nicht ohne Grund »Aktion Mensch« heißt.

Daneben gibt es auch die anderen Eltern, auf die wir bald schon in Selbsthilfegruppen treffen: die, die das Kind mit Behinderung in den Himmel heben, es als den entscheidenden Wendepunkt in ihrem Leben feiern. So hübsch sei es, so liebenswert und so einzigartig. All das trifft zwar auf Henri zu – aber ebenso auf Emily. Ein Kind mit Behinderung ist kein schlechteres, aber auch kein besseres Kind. Wenn wir Inklusion wollen, dann müssen wir uns auch von unserem eigenen »Sonderblick« verabschieden und begreifen, dass alle Menschen selbstverständlich gleichberechtigt sind und von Anfang an in unserer Gesellschaft dazugehören. Egal, ob der Sonderblick »Ich habe ein Sorgenkind« oder »Ich habe ein ganz besonders großartiges Kind« heißt.

Auf Selbsthilfegruppen stoßen wir übrigens sehr bald. Auch Frau Strobel rät dazu, dass wir uns mit anderen Eltern austauschen, um vor allem praktische Tipps zu erhalten. Denn nicht jeder muss das Rad neu erfinden oder alles selbst recherchieren, wenn er ein Kind mit Behinderung bekommt. Am Anfang wollen wir uns vor allem mit Eltern treffen, deren Kinder auch das Downsyndrom haben. Erst später verstehen wir, wie wichtig es ist, über den Tellerrand einer bestimmten Behinderung zu schauen.

Mithilfe der Frühförderung und des Kinderarztes versuchen wir, das Leben mit Henri entspannt anzugehen. Doch so richtig gelingen will das am Anfang nicht. Denn natürlich entwickelt sich Henri nicht wie andere Kinder: Als die gleichaltrigen Babys in der Nachbarschaft längst krabbeln, sitzt er immer noch sehr zufrieden und gemütlich auf seinem dicken Hintern. Und als viele andere rund um den ersten Geburtstag zu laufen anfangen, macht Henri keinerlei Anstalten, sein Leben auf zwei Beinen fortzusetzen. Besonders gern rutscht er auf dem Po durch die Wohnung. Der glatte Parkettfußboden ist dafür praktisch.

Henris Muskulatur ist schlaff und kraftlos. Norbert nimmt ihn, wie er es auch bei Emily oft getan hat, auf die Schultern. Henri kann sich dort nur einen kleinen Moment halten, lässt dann los und hängt kopfüber an Norberts Rücken. Ich kann gerade noch herbeispringen und ihn »retten«.

»Na, da haben wir wohl noch ein bisschen Arbeit vor uns!«, sagt Norbert nüchtern. In dieser Zeit nennen wir Henri »kleiner Sack«.

»Da kann man ja heutzutage viel machen …« War da nicht dieser Satz, der mir irgendwie noch immer im Hirn herumgeistert? Also schaue ich mich nach einer Krankengymnastin um und mache mich auf in die Südstadt. An die Fahrten quer durch Köln mit unserem sperrigen Kinderwagen in überfüllten Straßenbahnen habe ich keine guten Erinnerungen. Rein in die Straßenbahn, umsteigen, rein in die nächste Bahn, die immer überfüllt ist, den letzten Teil des Weges zu Fuß. In der Praxis ziehe ich Henri bis auf den Body aus. Die Krankengymnastin ist nett und kompetent. Sie turnt mit Henri. Doch der hat nur selten Lust, sondern brüllt.

Ich fühle mich irgendwie dafür verantwortlich, dass er »ordentlich mitmacht«. Nach der Gymnastik ziehe ich Henri wieder an, meistens braucht er auch noch eine frische Windel. Ich komme jedes Mal schweißgebadet und erledigt zu Hause an. Aber ich denke: Das gehört eben einfach dazu. Da muss Mami durch!

Muss sie wirklich? Als Henri noch klein ist, suchen wir viele Informationen zusammen. Wir sind einfach unsicher und haben Angst, etwas Wichtiges zu übersehen oder zu verpassen. »In den ersten Jahren« heißt ein Elternseminar für junge Eltern von Kindern mit Downsyndrom, zu dem ich also fahre. Das habe ich gut in Erinnerung, besonders eine Referentin, die in die Runde fragt: »Wer von Ihnen geht denn mit seinem Kind zur Krankengymnastik?« Alle Arme fliegen hoch. Meiner auch. »Und warum?«, fragt sie weiter.

Die Antworten kommen zögerlich: »Weil man es machen muss«, sagt ein Vater.

»Wer sagt das?«, fragt sie nach.

»Na, alle …«, sagt er vorsichtig.

»Unser Kinderarzt hat es uns verordnet«, springt eine andere Mutter dem inzwischen ziemlich ratlosen Vater zur Seite.

»Deshalb müssen Sie das doch nicht machen«, wirft die Referentin ein.

»Aber dann lernt unser Kind früher laufen«, sagt die Mutter entschieden.

»Woher wissen Sie das? Wer kann Ihnen das versprechen?«, fragt die Referentin noch einmal nach. Spätestens hier ist uns allen klar: Wir sollten genau hinterfragen, was wir mit unseren Kindern machen »müssen« und warum.

Einer meiner Lieblingssätze stammt aus diesem Seminar, eine afrikanische Weisheit: »Das Gras wächst nicht schneller, wenn man daran zieht.« Diesen Satz gibt uns die Referentin mit auf den Weg.

Einmal noch schiebe ich Henri im Kinderwagen ins Krankenhaus, in die sogenannte »Entwicklungsambulanz«. Immer wieder wird Eltern von Kindern mit Behinderung geraten, ihre Kinder regelmäßig dort vorzustellen. Henri wird zunächst ausgezogen, dann gewogen, gemessen und in seinen Reaktionen getestet. Die überstandene Operation, an die eine riesige Narbe auf seinem Bauch erinnert, ist kein Thema mehr, es geht jetzt um seine »Behinderung«.

Henri hat zu der Prozedur überhaupt keine Lust. Er brüllt die ganze Zeit. Am Ende der Untersuchung wird mir mit wissenschaftlicher Präzision eröffnet, Henri sei jetzt in seiner Gesamtentwicklung drei bis vier Monate »hintenan« gegenüber »normalen« Kindern. Ich nehme es zur Kenntnis und frage mich: Was sagt mir das jetzt?

Meiner Freundin Heike, die auch ein Kind mit Downsyndrom hat und selbst Ärztin ist, sagen ihre Kollegen bei einer solchen Routinekontrolle, ihr Sohn habe im Vergleich zu Gleichaltrigen zu kurze Arme. Auch sie weiß mit dieser

Information nicht so recht etwas anzufangen. »Soll ich denn daran ziehen, damit sie länger werden?«, fragt sie mich, als sie mich anruft.

Solche Untersuchungen sind nicht das Einzige, wovon wir uns nach und nach verabschieden. Sie machen uns mehr Stress, als dass sie uns helfen. Mit den »etwas anderen« Sandkistengesprächen ist das ähnlich.

Alle Eltern kennen Sandkistenrunden, auch bei Emily hatte ich sie erlebt: Gespräche, meist unter Müttern, manchmal ist auch ein Vater dabei, nach denen man frustriert nach Hause geht. »Ach, Ihr Kleiner kann noch nicht laufen?« – »Meiner macht jetzt schon die Lernspiele am Computer, die ich eigentlich für seinen älteren Bruder gekauft habe.« – »Wir haben jetzt einen Platz in einem Kindergarten, da fangen die gleich mit Englisch an.« Manchmal denke ich, diese Gespräche sind ein Grund, warum es so viele Sandkisten in privaten Gärten gibt. Da können die Kleinen buddeln, während Mama völlig allein einen Milchkaffee trinkt und sich nicht unterhalten und den ewigen Vergleichen aussetzen muss.

Treffen sich Eltern von Kindern mit Behinderung, zum Beispiel in einer Selbsthilfegruppe oder weil sie sich angefreundet haben, geht es ähnlich zu, allerdings drehen sich die Themen bevorzugt um die Therapie- und Förderwelt: »Ich habe eine ganz tolle junge Logopädin entdeckt, die hat ganz klar gesagt, dass man jetzt anfangen muss, damit später die Zunge nicht heraushängt«, erklärt mir eine Mutter begeistert und meint: »Also, wir arbeiten jetzt nach dem Programm der Kleinen Schritte. Da kann man die Lernerfolge am Ende auch immer in Excel-Tabellen festhalten.«

Eltern sind sehr gut darin, sich gegenseitig Druck zu machen oder sich zumindest unter Druck gesetzt zu fühlen. »Betroffenen«-Mailinglisten im Internet, die ich inzwischen alle abbestellt habe, ergänzen das Ganze perfekt. Und dann die vielen Bücher, die sich frau selbst kauft oder von gut meinenden Menschen geschenkt bekommt: von »Medizinische Aspekte bei Downsyndrom« bis »Frühes Lesen«.

Es ist nicht leicht, das richtige Maß zu finden, das zu uns passt.

Vielen Eltern mit kleinen Kindern mit Behinderung geht es so wie uns: Wir wollen sicher sein, auch wirklich genug zu tun, unsere Kinder nach neuesten Erkenntnissen zu fördern und uns später nichts vorwerfen zu müssen. »Viel hilft viel«: Eigentlich wissen wir, dass dieser Satz nicht stimmt. Aber es wäre doch schön, oder?

Ich habe immer stärker das Gefühl: Wenn wir nicht aufpassen, leben wir sehr bald in zwei Parallelwelten. Bei Emily dreht sich alles ums Ballett, um Bibi Blocksberg am Computer oder Kindergartenfreundschaften, bei Henri aber um Förderungen, Therapien und Verordnungen. Wird es uns gelingen, in EINER Welt zu leben?

»Ab sofort ist alles anders«, sagen manche, wenn sie ein Kind mit Behinderung bekommen.

»Nein«, sagt Frau Strobel, »nicht alles muss anders sein! Schauen Sie sich Ihren Sohn doch mal an!« Henri hat ein Nuckeltuch in der Hand und sitzt vor der gläsernen Backofentür. Interessiert schaut er sich sein Spiegelbild an, zeigt darauf und lacht und lacht.

Ich möchte sehr genau darauf schauen: Wo braucht Henri wirklich etwas anderes und wo nicht? Und wo sind die Bedürfnisse nach etwas anderem auch in seiner ganz normalen Umgebung zu befriedigen?

Norbert, der Ingenieur, grübelt nur selten und sieht das Ganze eher praktisch. Warum soll er mit Henri anders umgehen als mit Emily? Er schnappt sich seinen kleinen schlaffen Sohn, geht mit ihm zum Ehebett, bei uns »dickes Bett« genannt, stemmt ihn in die Höhe und spielt Akrobat. Henri kreischt vor Vergnügen. Immer neue Figuren probieren die beiden aus: Henri mit dem Bauch auf Norberts nach oben gestreckten Beinen wie ein kleines Flugzeug. Immer wieder stürzt das Flugzeug in die dicke Matratze. Henri auf einer Beinrutsche oder stehend auf Papas Bauch. Wenn Norbert die Bauchmuskeln anspannt, gerät Henri kräftig ins Wanken. Das Bettgestell macht einiges mit, bis heute. Denn noch immer ist »Akrobat mit Papa« eines von Henris Lieblingsspielen. Das macht Spaß und macht Muskeln. Unser »kleiner Sack« wird von Tag zu Tag fitter und stabiler.

Guttun ihm auch unsere Babysitter, vor allem diejenigen, die es locker mit ihm angehen lassen. Ein junger Mann ist Mountainbiker und viel auf holperigen und schlammigen Trails unterwegs. Emily hört gebannt zu, wenn er erzählt. Einmal ist er mit Henri auf dem Spielplatz. Schon nach kurzer Zeit klingeln sie wieder. Henri krabbelt gut gelaunt in die Wohnung. Er ist über und über mit Matsch, Sand, Dreck und Wasser bedeckt. »Ja, Henri ist vornüber in eine große Pfütze geplumpst«, stellt der junge Mann trocken fest, »ich glaub, den ziehe ich erst einmal um!« Schnappt sich Henri und verschwindet mit ihm im Bad.

Bald schon ist Henri im »Bärengang« unterwegs: auf Händen und Füßen, den Po weit nach oben gestreckt. Und der Bär ist verflixt schnell. »Du erinnerst mich ein bisschen an die Schildkröte, die ich einmal zur Pflege hatte«, sagt Norbert zu ihm, »die habe ich in den Garten gesetzt, nur kurz woandershin geschaut, und schwupp, weg war sie.« Auch Henri ist manchmal blitzschnell verschwunden.

Stundenlang spielt er glücklich mit Bauklötzen und Schleichtieren: Elefanten, Büffeln, Krokodilen, Mammuts – es sind die großen, starken Tiere, die es Henri angetan haben. Er spielt und gibt Laute von sich: »Grrrrh, Boaaah, Tröööö!«

Kleiner Mann, ganz groß!

Ein Antrag auf Erteilung eines Antragsformulars

Dass unser Weg jetzt etwas anders verlaufen wird als der anderer Eltern, merken wir mit Henri schnell. Wenn man ein Kind mit Behinderung hat, das erfahren wir bald, sortiert sich der Bekannten- und Freundeskreis. Wer sich bislang nur mit uns treffen wollte, weil ich beim Radio arbeite und wir in einer schicken großen Altbauwohnung wohnen, bleibt kommentarlos weg. Auch die Kollegin, die mir in ihrer Schwangerschaft erzählt hatte, dass sie erst noch die Fruchtwasseruntersuchung abwarten wolle, weil in ihrem Leben kein Platz für ein behindertes Kind sei, geht mir fortan aus dem Weg.

Dafür finden wir neue Freunde. Viele von ihnen haben selbst ein Kind mit Behinderung. Wir lernen sie dadurch kennen, dass einer einen kennt, der wieder einen kennt, der auch gerade ein Kind mit Downsyndrom bekommen hat. Oder wir treffen uns in einer Gruppe, die von der Frühförderung, bei der Frau Strobel arbeitet, organisiert wird.

Dort lernen wir auch die Ärztin Heike und ihren Mann kennen. Ihr Sohn mit Downsyndrom ist nur wenige Wochen älter als Henri. Später, als wir uns dafür einsetzen, dass sich unser staatliches Schulsystem ändert, bauen sie eine private weiterführende inklusive Schule mit auf. Doch all das ist damals noch Zukunftsmusik.

Die von der Frühförderung organisierte Gruppe tut mir gut. Einmal in der Woche lasse ich Henri zwischen vielen großen Schaumstoffwürfeln, einem Bällchen-Bad und einem Klettergerüst mit Rutsche krabbeln. Während er seinen Spaß hat, können wir Mütter klönen, wie man in Hamburg sagt, wo ich geboren bin. Frau Strobel sorgt dafür, dass es während dieser Treffen nicht nur um Therapien und Förderung geht und somit das Ganze nicht in Stress ausartet.

Mein Alltag mit Henri ist schwer, und zwar im wahrsten Sinne des Wortes. Während andere Kinder schon laufen, schleppe ich unseren Bären auf dem Arm oder im Tragetuch, zumindest solange er noch reinpasst, durch die Gegend. Am Ende des Tages habe ich oft Rückenschmerzen. Norbert, der den Job abends und am Wochenende übernimmt, auch.

Abends würde ich gerne ausruhen, einen Krimi lesen oder ein Glas Wein trinken, aber ich habe inzwischen ein neues Hobby: Ich sitze am Computer und fülle Formulare aus. Denn für Menschen mit Behinderung und ihre Familien gibt es durchaus Unterstützungsmöglichkeiten, aber natürlich nicht ohne Antrag. »Einen Antrag auf Erteilung eines Antragsformulars« hat Reinhard Mey einmal gesungen. Ich mochte dieses Lied immer und habe es oft auf der Gitarre geklimpert und nachgesungen. Jetzt bin ich mitten im Lied gelandet …

G, B, H und aG – um Himmels willen, was bedeuten all diese Abkürzungen im Antrag auf einen Schwerbehindertenausweis? Welche »Merkzeichen« stehen uns zu, und wie muss ich sie begründen? Ist Henri »H« wie »hilflos«, und ist »B«, »Begleitung«, immer nötig? Nun ja, alleine wird er wohl so schnell nirgendwo hinkommen. Und dann der »Grad der Behinderung«. Nicht immer bekommen Kinder mit Downsyndrom 100 Prozent, lese ich in den entsprechenden Internetforen. Ich versuche, das Formular korrekt auszufüllen. So schwierig ist das für mich als Juristin dann doch nicht, aber ich muss an Eltern denken, die hier nicht so erfahren sind.

Trotzdem kassieren wir gleich unseren ersten ablehnenden Bescheid. Das fängt ja gut an! Da ist natürlich nützlich zu wissen, was ein Widerspruch ist und dass Ämter es auch schon einmal darauf ankommen lassen, dass Eltern eben keinen Widerspruch einlegen und die Ablehnung einfach schlucken. Heute weiß ich auch, dass bei allen Leistungen, die wir beantragen, bloß keine Formulierungen enthalten sein dürfen, die dem Amt vielleicht einen Anhaltspunkt geben könnten, ein anderer Kostenträger sei zuständig. Denn das ist natürlich für Ämter das Beste: Nicht sie, sondern ein anderes Amt muss die beantragte Leistung übernehmen!

Selbstverständlich geht nichts ohne jede Menge beizufügender Unterlagen: ärztliche Atteste, Entwicklungsberichte, Bescheinigungen vom Gesundheitsamt, Vollmachten und vieles mehr. Andere sammeln Briefmarken, wir sammeln Unterlagen. Wer weiß, wer die noch irgendwann einmal haben will. Kein Witz und auch nicht besonders witzig ist es, wenn das Versorgungsamt nachfragt: »Bitte teilen Sie uns bis Ende des Monats mit, ob das Downsyndrom bei Ihrem Kind noch weiter anhält.« Eine Familie hat mir diesen Satz vorgelesen, der mit der Post kam. Heute kann ich darüber nur lachen. Heute sind Formulare Routine für mich. Damals wie heute kosten sie viel Kraft und Zeit.

Wir legen also Widerspruch ein und bekommen am Ende den Schwerbehindertenausweis, der Henris Behinderung entspricht. Wir zahlen im Umgang mit Behörden in den folgenden Jahren noch viel Lehrgeld: Manchen Antrag kann ich erst im zweiten Anlauf so ausfüllen, dass wir eine reelle Chance auf einen positiven Bescheid haben.

Es ist November, und eine Mutter ruft mich an. Sie hat meine Telefonnummer von einer anderen Mutter aus der Frühfördergruppe. Auch sie sitzt an einer Widerspruchsbegründung für den Schwerbehindertenausweis. Auch sie hat ein Kind mit Downsyndrom, das außerdem noch viele körperliche Probleme und Schwächen hat. Wir telefonieren einige Male miteinander. Irgendwann ruft sie nicht mehr an. Erst Weihnachten erfahre ich: Ihr kleiner, wenige Monate alter Sohn ist an einem seiner vielen Infekte gestorben. Er wurde gemeinsam mit seiner Großmutter, die zur selben Zeit starb, begraben.

Beim Schwerbehindertenausweis übe ich gewissermaßen den Ernstfall: die Begutachtung durch den medizinischen Dienst der Krankenkassen. Diese Begutachtungen sind nötig, um für Henri eine Pflegestufe zu erhalten. Mit einer Pflegestufe bekommen wir zum Beispiel die Möglichkeit, eine bezahlte Kraft stunden- oder tageweise zu beschäftigen, um einfach mal durchzuatmen und uns selbst eine Pause zu gönnen. Doch auch um Pflegestufen kämpfen Familien mit Kindern mit Behinderung oft lange und erbittert, das lese ich in einem dicken Elternratgeber, den ich zur Vorbereitung auf die Begutachtung wälze. Tagelang bastele ich an einem »Pflegetagebuch«, das man angeblich beim Termin vorlegen soll. Es geht darum, zu dokumentieren, wie viel Zeit mehr wir bei Henri bei alltäglichen Dingen wie Füttern, Anziehen, Herumtragen und Wickeln brauchen als Eltern von Kindern ohne Behinderung. Sich das klar zu werden ist eine »Stunde der Wahrheit«, die wehtut. Kann er wirklich den Löffel noch nicht alleine halten und muss die ganze Zeit gefüttert werden? Matscht er so mit dem Essen, dass ich ihn danach komplett umziehen muss? Und brauche ich wirklich eine geschlagene Stunde dafür, Apfelmus in den kleinen Fratz reinzustopfen? Einem Gutachter detailliert zu beschreiben, was das geliebte Kind alles nicht kann, ist schwer auszuhalten. Denn sonst schaue ich natürlich immer auf die Fortschritte, auch wenn sie noch so klein sind.

Andere Eltern aus der Frühfördergruppe warnen uns: »Unser Gutachter hat gleich schon zur Begrüßung gesagt: ›Kinder mit Downsyndrom haben bei mir noch nie eine Pflegestufe bekommen.‹« Wir sind gewappnet.

Die Dame, die uns schließlich besucht, will das Pflegetagebuch gar nicht sehen, steckt es aber immerhin ein. Sie schaut mich mit sorgenvoller Miene an und sagt: »Ja, ich weiß, wie schwer Sie es haben, das müssen Sie nicht immer betonen.«

Ich denke, es ist besser, ihr nicht zu widersprechen. Sie zweifelt alles an, was ich ihr erzähle: das Matschen, das Umziehen, das langwierige Füttern. Als sie geht, bin ich frustriert. Auch, als der ablehnende Bescheid kommt. Also legen wir Widerspruch ein und warten auf eine erneute Begutachtung. Denn so ist es im Verfahren vorgesehen: Zweifeln wir die Einschätzung des ersten Gutachters an, kommt ein zweiter. Wird mich auch dieser wieder mit dem Sorgenblick anschauen, mir letztlich aber nur Standardzeitwerte für Füttern und Wickeln anrechnen?

Ich schlafe schlecht in diesen Tagen. Bis ein Brief von der Krankenkasse kommt. Ich öffne ihn und ziehe den positiven Bescheid heraus: Das erste Gutachten war ganz offensichtlich aus der Sicht der Kasse so schlecht, dass es ohne weitere Begutachtung »nach Aktenlage« korrigiert wird. Mein dickes Pflegetagebuch war also doch zu etwas nütze.

Wie schwer ist das Leben mit einem Kind mit Behinderung? Anstrengend ist es auf jeden Fall. Und so langsam schwant mir: Es wird einem auch noch zusätzlich schwer gemacht. Und dabei kann ich mir damals noch gar nicht vorstellen, wie viel Zeit ich mit der Organisation rund um Henris Leben verbringen werde. Anträge stellen, Begründungen schreiben, Widersprüche einlegen – all das frisst Zeit, so viel Zeit wie für kein anderes Familienmitglied, so viel Zeit, die ich eigentlich für vieles andere dringend bräuchte.

Henri bekommt von alldem wenig mit. Vielleicht würde er, wenn er könnte, aus dieser Zeit erzählen, dass Mama oft sehr müde war, ständig am Computer gesessen und viel telefoniert hat. Und dass sie oft morgens nicht da war.

Mutter am Mikrofon

Schon acht Wochen nach Henris Geburt fange ich wieder an zu arbeiten.

Gleich nach meinem juristischen Examen war ich das geworden, was ich immer hatte werden wollen, mich aber bei der Wahl des Studiums nicht getraut hatte: Journalistin. Ich habe zuerst bei Lokalzeitungen gearbeitet und dann schnell das Radio für mich entdeckt. Dort konnte ich so ziemlich alles machen, was möglich ist: über Politik berichten, große Reportagereisen unternehmen, Interviews führen und Sendungen moderieren. Unzählige, nicht endende Schichten waren zu absolvieren. Hunderte Kilometer, die ich zu Terminen gefahren bin. Ich habe wenig geschlafen, bin früh aufgestanden und dachte abends noch lange über die Themen für den nächsten Morgen nach.

Als Emily auf die Welt kam, habe ich mich ganz aufs Moderieren konzentriert. Ich dachte, das sei sehr gut mit kleinen Kindern zu vereinbaren. Das stimmt auch, zumindest wenn ich mich darauf einlasse, dass Windpocken des Kindes kein Grund sind, eine Moderation abzusagen, dass ein »Nein« bei einem zusätzlichen Auftrag selten gut aufgenommen wird und dass der Babysitter, auch wenn's dringend ist, am besten während der Nachrichten anruft, wenn ich drei Minuten Pause habe.

Auch wenn dieses Hin-und-her-gerissen-Sein zwischen Kind und Job der Preis für die weitere Berufstätigkeit als Radiomoderatorin ist: Mit Henri möchte ich das so weitermachen. Ich hatte ja bei Emily schon verstanden, worauf ich mich einlasse. Zumindest grundsätzlich.

Meine Moderationsschichten beim Radio beginnen um 6 Uhr morgens. In dieser Zeit passen Norbert und eine Kinderfrau auf Henri auf. Kinder spielen in unserer Redaktion nach wie vor keine große Rolle. Viele der Mitarbeiter sind schwul. Als ich erzählte, dass ich wieder schwanger sei, zückte mein zuständiger Redakteur sofort seinen Kalender und rechnete gleich mal aus, wann ich denn dann wieder »an Bord« sei. Eine längere Pause ist für ihn undenkbar. Dann müsste er nach einer neuen Frühmoderatorin suchen. Denn: Wie sollte man den Hörern erklären, dass Frau Ehrhardt so lange fehlt? Eine Schwangerschaft, das versteht jeder, aber dann? Dann meldet frau sich »on air« fröhlich als zweifache Mutter zurück …

Als Henri noch im Krankenhaus auf der Intensivstation liegt und wir nicht wissen, ob er durchkommt oder nicht, erreicht mich ein Päckchen aus dem Sekretariat des Senders. Ach, wie nett!, denke ich und packe es aus. Es ist ein dicker Stoß Autogrammkarten, die ich unterschreiben soll.

Eine Familie wird zweisprachig

Es gibt die Arbeitswelt und die Familienwelt. In der Familienwelt beschäftigen uns Eltern jetzt viele Fragen. Was wollen wir mit Henri tun und was nicht? Wie wollen wir als Familie leben? Wir grübeln nicht allein, sondern immer wieder auch gemeinsam mit Heike und ihrem Mann. Wir entkorken so manche Weinflasche und reden.

Wir reden, anders als Henri – der spricht vorerst nicht. Emily hat schon als Zweijährige gesprochen wie eine Große und uns mit ihren Wortschöpfungen immer wieder zum Lachen und Staunen gebracht: »Stört mich doch jetzt nicht«, sagte sie mit Kamm und Bürste vor dem Spiegel, »jetzt habe ich mich verzöpfelt.«

Bei Henri wird schon sehr bald klar: Seine Sprachentwicklung wird keine normale sein. Das ist bei vielen, aber nicht allen Kindern mit Downsyndrom so. Ich habe mich schon früh, vielleicht auch aus beruflichem Interesse, mit dem Thema Sprache beschäftigt und gelesen, dass man die Entwicklung durch Gebärden unterstützen kann. Als Henri so weit ist, dass er überhaupt etwas nachmachen kann, also »Winke, winke« und Ähnliches, beginnen wir: Alles, was wir sprechen, unterstützen wir mit einer einfachen Gebärde.

Mir fällt das leicht, denn ich rede ohnehin viel mit Händen und Füßen, wie Norbert immer scherzhaft sagt. Eine unserer ersten Gebärden ist »fertig«. Wir überkreuzen unsere ausgestreckten Hände und führen sie energisch zur Seite. Und fragen: »Bist du fertig?« Das ist wichtig beim Essen. Denn Henri hat die Angewohnheit, uns auf eine andere Weise zu sagen, dass für ihn das Essen beendet ist: Er wirft seinen Teller einfach hinter sich. Die Wand in der Küche sieht nicht mehr so schön aus. Das Foto mit der Gebärde »fertig« klebe ich Henri auf ein Tisch-Set, das ich laminiere. Mit darauf sind Gebärden für »trinken«, »essen«, »lecker« und »mehr«. Emily gefällt das Set ganz besonders. Sie möchte auch unbedingt so eins haben. Emily macht alle Gebärden begeistert mit.

Zur gebärdenunterstützten Kommunikation gibt es viele Konzepte und Programme. Wir müssen also nicht das Rad neu erfinden. Wir müssen nur konsequent sein: Papa, Mama und Emily gebärden, dazu alle Babysitter. Überall in der Wohnung verstreut hängen jetzt Gebärden-Karten, für uns als Erinnerung, sie einzusetzen. Henri schaut sich unsere Gebärden lange Zeit nur an. Ich habe manchmal das Gefühl, das ist ein bisschen wie Kino für ihn. Eines Tages fängt er an, die Gebärden nachzumachen. Da wissen wir: Es klappt! Und den Tag, als er zum ersten Mal ganz von sich alleine eine Gebärde macht, streichen wir rot im Kalender an.

Er sitzt in seinem Tripp-Trapp-Kinderstuhl und hält sich den ausgestreckten Zeigefinger vor die Nase. Das ist unsere Familiengebärde für »Knabberstange«. Henri sagt also zum ersten Mal ganz alleine: »Ich möchte eine Knabberstange essen!« Da ist Henri anderthalb Jahre alt. Knabberstangen sind zu diesem Zeitpunkt besonders wichtig in Henris Leben, denn er ernährt sich fast ausschließlich von ihnen. Später nach unserem Umzug nach Süddeutschland werden die Stangen bald durch die hier so beliebten Laugenbrezeln ersetzt. Auch hierfür kann Henri schnell die Gebärde machen: Mit Zeigefingern und Daumen formt er zwei Kreise, die er aneinanderhält.

Auch die Gebärde »alle« gehört zu den ersten, die Henri von alleine macht. Mit dem Finger beschreibt er einen großen Kreis. Dass alle etwas tun, findet er bis heute super. Dass alle beim Geburtstagsständchen mitsingen, ist für ihn immer extrem wichtig: »Wie schön, dass du geboren bist, wir hätten dich sonst sehr vermisst.«

Henri liebt Musik jeder Art, auch die ersten Gebärden verbinden wir mit einem Lied, zum Beispiel das kleine selbst getextete Lied über die Schaukel: »«Ich sitze auf der Schaukel und schaukele hin und her, ich falle auch nicht runter, das ist doch gar nicht schwer.« Henri schaukelt beziehungsweise schunkelt hierbei mit. Er ist wie seine Schwester ein echter Kölner und mit einem »Schunkel-Gen« zur Welt gekommen.

Sprechen mit Gebärden eröffnet Henri viele Möglichkeiten: staunend am Fenster zu stehen, wenn es regnet, und Mama davon zu erzählen. Uns auf einen Hund aufmerksam zu machen, bevor wir ihn überhaupt gesehen haben. Es stimmt ihn zufrieden, auf diese Weise dazuzugehören und gehört zu werden.

Eines Abends flüstert Emily ihm etwas ins Ohr. Die beiden schauen uns verschwörerisch an und sagen dann im Chor: »Fernsehen, fernsehen, wir wollen fernsehen!« Emily sagt das mit Sprache, Henri mit der entsprechenden Gebärde: Er tippt immer wieder mit dem Zeigefinger in die Handfläche der anderen Hand, so wie auf eine Fernbedienung. Beide haben einen Mordsspaß dabei.

Für Emily ist Henri der »beste Bruder der ganzen Welt«. Dass er »anders« ist, weiß sie. Doch für Emily ist vieles erst einmal gar kein Thema. Dass er sich langsamer entwickelt als andere Babys, dass er nicht läuft, dass er nicht spricht – all das ist ihr egal. Sie kann mit ihm spielen, ihn knuddeln und mit ihm gemeinsam viel Spaß haben. Oft höre ich die beiden kichern. Und zum ersten Mal erlebe ich den Unterschied von Kindersicht und Erwachsenensicht. Emily macht das nicht, was wir Erwachsenen nahezu zwanghaft machen: Sie wertet nicht. Henri spricht noch nicht so gut? Na und? Dann verständigen wir uns eben auf unsere Weise.

Wir wissen nicht, ob und wie gut Henri jemals lernen wird, mit der Stimme zu sprechen. Solange er es nicht tut, ist unsere Familie eben zweisprachig: Für »gut« strecken wir einen Daumen nach oben, für »super« beide Daumen.

Reife und Regeln

Nicht nur uns, sondern auch Frau Strobel fällt auf, dass Emily reifer als ihre gleichaltrigen Freundinnen ist. Als Henri noch im Krankenhaus liegt, bekommt sie mit, dass es anderen Kindern viel schlechter geht und dass sie manchmal sterben. Der graue Leichenwagen fuhr immer sehr diskret frühmorgens vor dem Kinderkrankenhaus vor. Und natürlich hat sie unsere Sorge gespürt, ob ihr neugeborener Bruder überleben würde. Auch als der kleine Sohn jener Mutter stirbt, die so sehr um den Behindertenausweis kämpft, bleibt ihr das nicht verborgen.

Einmal sind wir auf dem Friedhof, auf dem meine Eltern und Großeltern begraben sind. Emily, noch Vorschulkind, möchte, dass wir auf dem Friedhof herumgehen und ihr die Grabinschriften vorlesen. Wir finden einen Grabstein, auf dem zwei Namen stehen: der eines Kindes, das kein Jahr alt geworden war, und der einer Frau, offenbar seiner Mutter, die ein halbes Jahr später starb. Emily überlegt lange. Auf dem Weg zum Auto fragt sie schließlich: »Mama, kann man eigentlich auch an gebrochenem Herzen sterben?«

Emily betrachtet vieles mit scharfem Blick, auch unser Familienleben. Von Anfang an ist ihr wichtig, klarzustellen, dass es keinen permanenten Ausnahmestatus für Henri gibt. Denn das macht sie wahnsinnig. Wir sitzen alle beim Essen, aber Henri zickt herum. Er will nichts essen, schmeißt den Löffel herunter, matscht herum, und nichts schmeckt ihm. Dann sind wir fertig, räumen alles ab, und nun will Henri plötzlich anfangen zu essen. Er macht wilde Gebärden.

»Nee, Henri«, sagt sie streng, »jetzt ist Schluss. Du hast

hier keinen Behindertenbonus!« Sie sagt das, als sie ein Vorschulkind ist.

Es ist nicht immer einfach, Emily klarzumachen, was man von Henri schon verlangen kann und was nicht. Natürlich lassen wir manchmal, wenn wir gestresst sind oder einfach unsere Ruhe haben wollten, fünfe gerade sein und Henri etwas durchgehen. Das kommt bei Emily immer schlecht an!

Lange versteht Henri die logische Verbindung »Wenn – dann« nicht: »Wenn du jetzt nicht deine Schuhe anziehst, dann können wir nicht auf den Spielplatz gehen!« Henri weigert sich weiter. Irgendwann ist die Zeit wirklich zu knapp, und wir bleiben zu Hause. Da weint Henri. Es ist eine anstrengende Phase.

Wir merken: Damit wir als Familie gemeinsam in einer Welt leben können, muss auch Henri lernen, dass es in dieser Welt Regeln gibt. Einer Welt, in der man ihm hoffentlich mit Achtung und Respekt begegnet, ihm aber nicht alles durchgehen lässt, ihn also nicht immer eine Sonderrolle spielen lässt. Er muss sich im Zusammenleben mit anderen Menschen so verhalten, wie er es kann. Für ihn ist das manchmal sehr mühsam und anstrengend – so wie für andere Kinder auch.

Also wird auch Henri erzogen. Es gibt Regeln, die er einhalten muss: erst aufräumen, dann spielen. Kein Fernsehen vor 18 Uhr. Ein fernsehfreier Tag in der Woche. Keine Schimpfwörter. Keine Füße auf dem Esstisch, abends ohne Gezicke ins Bett und vieles mehr. Für Henri sind Regeln leicht. Alles, was klar und ritualisiert ist, akzeptiert er. Werden wir weich und schludern mit den Regeln, wird es schwierig. So wie mit seiner Schwester auch. Die kam übrigens einmal, da war Henri noch nicht auf der Welt, ganz aufgeregt aus dem Kindergarten. »Mama«, sagte sie, »bei den anderen funktioniert der Fernseher auch schon tagsüber.« Sie hatte gedacht, Fernsehprogramme gäbe es nur nach 18 Uhr.

Eines bewirkt Henri schon von Anfang an, da bin ich mir sicher: Er verschiebt Wertigkeiten im Leben und rückt sie zurecht. Dinge, die früher einmal wichtig waren, werden nebensächlich. Wie konnte ich mich vor Henris Geburt noch tagelang über eine schlechte Radiosendung, die ich moderiert hatte, ärgern! Das ist jetzt anders. Wenn ich den ganzen Abend an einer Begründung fürs Sozialamt gesessen habe, rege ich mich am nächsten Morgen auch nicht gleich über ein paar Krümel auf dem Frühstückstisch auf. Mit einem Kind wie Henri geht es für uns viel mehr als zuvor darum, was im Leben wirklich zählt. Und das ist ganz gewiss nicht, die Wohnung immer perfekt jahreszeitlich zu stylen oder die Kronen der Bäume in eine saubere quadratische Form zu schneiden.

Auf nach Walldorf

Als Henri zwei Jahre alt ist, ändert sich unser Leben. Norbert findet eine Führungsposition im Süden der Republik. Ich rate ihm zu. Schon immer wollte er etwas Ähnliches machen wie das, was er jetzt gefunden hat. Wenn nicht jetzt, wann dann?

Wir ziehen nach Walldorf bei Heidelberg. Unsere Kölner Freunde verstehen uns nicht: »Wie, ihr zieht um? Auf die andere Rheinseite, auf die »schäl sick«?« Nein, wir ziehen richtig weg!

Ich habe alle Hände voll zu tun. Wir wohnen übergangs-weise in einem kleinen Häuschen, in dem wir nur die Hälf-te unserer Umzugskartons auspacken können. Ein halbes Jahr ist unser Leben provisorisch. Dann finden wir ein Haus im Neubaugebiet, das wir kaufen können, und ziehen noch einmal richtig um. Während sich Norbert in seinen neuen Job stürzt, organisiere ich unseren Alltag. Emily, inzwischen fünfeinhalb Jahre alt, braucht noch für ein halbes Jahr ei-nen neuen Kindergarten, bevor es dann in die Schule geht. Schon vor unserem Umzug haben wir im Internet nachge-schaut und einen katholischen Kindergarten gefunden, der auch eine »integrative Gruppe« für Kinder mit Behinde-rungen hat. Wir melden Emily dort an. So können wir ihn gleich einmal für Henri testen.

Für Emily, die sich bis heute als Kölnerin fühlt, ist die Umstellung nicht leicht. »Ich habe hier schon meine Freun-dinnen«, sagen die anderen kleinen Mädchen im Kinder-garten zu ihr, »du kannst also nicht meine Freundin sein.« Emily weint manchmal abends. Aber dann findet sie doch schnell Anschluss.

Henri krabbelt fröhlich durchs Haus und läuft im Bären-gang im Garten umher. Auch mit dem Bobbycar ist er in-zwischen blitzschnell. Für ihn ist der Umzug nicht schwer. Die Menschen, die er liebt und braucht, sind weiter um ihn herum. Außerdem stehen überall große Pappkartons, in die er prima klettern und in denen er sich verstecken kann.

Statt in den Kölner Zoo geht es jetzt in den Kleintierpark. Da gibt es zwar keine Seelöwen, Elefanten und Nilpferde, dafür aber Lamas, Ziegen und Pferde. Henri quietscht fröh-lich, wenn er aus seiner Karre heraus einer Ziege ein Stück Brot hinhält und sie ihm dabei die Hand ableckt.

Ich will mir keinen neuen Job suchen und moderiere weiter in Köln. Einmal im Monat mache ich mich sechs Tage lang frühmorgens mit dem Zug auf den Weg und komme erst nachmittags wieder. In dieser Zeit passt ein Kindermädchen auf Henri auf.

Henri ist zwei Jahre alt und läuft noch immer nicht. Ich werde langsam, aber sicher wieder unruhig. Soll ich ihn nicht doch einmal einer Krankengymnastin vorstellen? Gedacht, getan. Die Praxis liegt im Nachbarort. Henri hat wie immer keine Lust, auch nur irgendetwas vorzuführen oder zu zeigen. Er liegt in der Mitte des Raumes auf einer Gymnastikmatte und spielt »toter Henri«. Also erzähle ich: dass Henri noch immer nicht läuft, dass er nur barfuß die Rutsche seines Hochbetts hochklettert, mit einer Hand an der Seitenbegrenzung, in der anderen Hand eine Mundharmonika, die er gleichzeitig spielt.

Die Therapeutin schaut mich an und fragt: »Und Sie fragen sich ernsthaft, ob Ihr Sohn laufen lernen wird?«

Vielleicht ist dieser Satz der Schlüsselsatz. Er ist zumindest der Auslöser für einen Schwur: Wir werden Henri niemals wieder durch unsere geringen Erwartungen behindern, ihm niemals Grenzen, unsere Grenzen, vordefinieren. Wir werden niemals sagen: »Der lernt nicht laufen«, und wir werden es auch nicht zulassen, dass andere es sagen.

»Be-hinderung ist behindern mangels Ermöglichung«, definiert es Gerhard Feuser, ein in der Schweiz lebender Inklusionspädagoge. Diesen Satz habe ich gefunden, als ich Sprüche für einen inklusiven Adventskalender gesucht habe. Wie wahr er ist. Wir trauen Menschen mit Behinderung nichts zu und wundern uns dann, dass sie das, was wir ihnen nicht zutrauen, auch nicht lernen!

Ich stelle mir Emily im Vergleich vor. Würden wir zu ihr sagen: »Liebes Kind, für Latein bist du sowieso nicht klug genug. Du kannst es ja probieren, aber wir glauben nicht, dass du das schaffst!«, würde sie jemals das große Latinum machen? Nein, sie würde mit ziemlicher Sicherheit unseren Erwartungen entsprechen. Und am Ende wären wir uns alle einig: Wir haben es doch vorher gewusst!

Ich gehe mit Henri jetzt immer mehr »raus in die Welt«, später übrigens als mit Emily, mit der ich schon in einer Baby-Krabbelgruppe war. Dort war damals auch eine Mutter mit zwei sehr früh geborenen Zwillingen, von allen anderen – auch mir – vorsichtig bestaunt, so klein, zart und dünn waren die beiden. Mutter und Kinder hatten viele anstrengende Krankenhauswochen hinter sich. Heute frage ich mich, ob wir eigentlich gut und sensibel mit ihr umgegangen sind, wir, die über unterschiedliche Früchtebreie und Tragetücher diskutierten, und ob sie sich in unseren Reihen so wohlgefühlt hat.

Einmal in der Woche gehe ich mit Henri zum Schwimmen. Es ist ein Angebot der Frühförderung in Heidelberg für Kinder mit und ohne Behinderung. Im kleinen Schwimmbad einer Sonderschule planschen Eltern und Kinder gemeinsam. Es gibt jede Menge Schwimmnudeln, Luftmatratzen, Bretter, Gießkannen, Schüsseln, Bälle und vieles mehr. Henri klammert sich anfangs wie ein kleines Äffchen ängstlich an mich. Manchmal habe ich rote Stellen am Hals von seinen Fingernägeln. Nur langsam findet er Spaß am Wasser. Dass es sinnvoll ist, beim Schwimmen den Mund zuzumachen, um nicht das halbe Schwimmbecken auszutrinken, versteht er lange nicht.

Der Schwimmtreff wird nach und nach zu Henris wichtigster Nachmittagsbeschäftigung. Der Termin ist heilig. Lange bevor er die Abfolge der Wochentage kennt, wacht er morgens auf und sagt: »Heute schwimmen.« Niemand weiß, warum ihm das gleich morgens klar ist.

Und er ist in »Bambinis erster Turnstunde« hier im Ort. Die anderen Kinder sind zwar erst ein Jahr alt und können fast alle schon laufen. Aber das macht nichts und wird auch von der Kursleiterin nicht als Problem angesehen. Wo die anderen laufen, krabbelt Henri. Und wo gekrabbelt und gerobbt wird, krabbelt und robbt er allen etwas vor. Manchmal sitzt er auch nur auf seinem Po und schaut zu.

Auch zu Hause sitzt er gerne auf dem Po. Einmal spielt er dabei mit einem Topflappen. Emily stellt eine fetzige Musik an. Plötzlich erhebt sich Henri, setzt sich den Topflappen auf den Kopf und fängt an zu tanzen!

»Mama, Mama«, ruft Emily aufgeregt, »Henri läuft!« Als er ihren Ruf hört, lässt er sich erschrocken gleich wieder fallen. Doch am nächsten Tag steht er wieder auf. Der Topflappen hängt in der Küche, keine Musik ist zu hören, aber Henri läuft. Es ist geschafft! Henri ist jetzt zwei Jahre und zwei Monate alt. Er fällt kein einziges Mal mehr um. Er hat für das Laufen den Zeitpunkt bestimmt, den *er* für richtig hielt.

Ich gründe mit anderen gemeinsam eine Gruppe für Eltern von Kindern mit Downsyndrom. Es gibt einige in unserer Gegend, aber mir ist aufgefallen, dass sie sich, auf viele Orte verstreut, untereinander oft gar nicht kennen. Hier lerne ich einen Vater kennen, der später eine Onlinepetition für Henri starten wird.

Sonntags gehen wir in die »Kleine Kirche«, den Klein-

kindergottesdienst der katholischen Gemeinde. Ich schlie-
ße mich der Vorbereitungsrunde an und begleite die Lieder
mit der Gitarre. Emily flötet oder spielt Klarinette. Henri ist
schon in Köln gerne mit in die Kirche gekommen, denn er
liebt die vielen schönen Rituale und natürlich die Musik.
Auch in die große Kirche geht er gerne mit. Da krabbelt er
manchmal im Gottesdienst zum Pfarrer am Altar hoch und
möchte ihm einfach mal zur Begrüßung die Hand schüt-
teln. Oder er klatscht, weil eines seiner Lieblingslieder gesungen wird. Auch befühlt er völlig fasziniert das Steinmo-
saik im Altarraum. Das fällt auf, und ich sehe die Blicke der
Gemeinde. Doch wir haben für uns inzwischen einiges geklärt und finden es wichtig zu unterscheiden: Welches Verhalten geht nicht, und welches ist nur ungewöhnlich für
uns, die Normalos? Die Frage lautet also: Stört Henri wirklich, oder stört er nur unsere Gewohnheiten?

Natürlich stört jeden etwas anderes. Laut singen während der Predigt geht wirklich nicht. Doch sehr oft sind
es die Normen unserer Gesellschaft, die unsere Wahrneh-
mung steuern, auch Normen und Konventionen, die wir
nie hinterfragen.

Henris Leben findet in einem Spannungsfeld von Anpas-
sung und Anderssein statt. Immer wieder werden wir her-
ausfinden müssen: Wie reagiert ein System mit Normen
und Vorschriften auf sein Anderssein? Wie reagiert das
System Kirche, wenn Henri bei der Erstkommunion begeistert mitmacht, aber die Hostie partout nicht essen will?
Wo müssen wir lernen, ihn so zu akzeptieren, wie er ist?
Wo muss er lernen, sich anzupassen, wenn er es denn kann?
Fragen, die uns immer wieder umtreiben.

Henri ist anders und stört. Doch was ist eigentlich mit

den Kindern, die auch anders sind, als unsere Gesellschaft im Großen und bestimmte Systeme im Kleinen vorgeben, und die deshalb ebenso stören? Kinder, die langsamer oder schneller lernen oder einfach nur auf anderen Wegen zu einer Lösung kommen, vielleicht auch einmal zu einer unerwarteten?

Im Herbst unseres Umzugsjahres kommt Emily in die Schule. Es ist die Grundschule, die später auch Henri besuchen wird. Sie hat sich so darauf gefreut. Und sie ist so enttäuscht.

Emily kann schnell lesen. Ich lese mit ihr in einem Kinderbuch. Plötzlich stoppt sie. Ich frage: »Und, weißt du nicht weiter?«

»Doch«, sagte sie, »aber das ist ein Wort mit v. Das v haben wir noch nicht gelernt, und wenn ich das schon kann, bekomme ich total Ärger!«

Sie ist im ersten Schuljahr auf eine Lehrerin getroffen, für die Lernen im Gleichschritt stattfindet. Überrascht stelle ich fest, dass nicht nur Henri stört, wenn er zu langsam ist – sondern auch Emily, wenn sie zu schnell ist! Der eine gilt als behindert, die andere als widerspenstig.

Emily soll eine ganze Seite mit dem Buchstaben O schreiben, große und kleine Buchstaben. Nach einer halben Seite hat sie keine Lust mehr, und die Buchstaben hängen über den Linien in der Luft. Die Lehrerin sammelt die Hefte ein. Als sie sie zurückgibt, hat sie die schwebenden O mit einer roten Linie unterkringelt. Emily soll alle noch einmal schreiben. Emily rollt mit den Augen und malt allen O Beine und Füße. Die Füße stehen korrekt auf der Linie. Noch einmal zurück bekommt sie das Heft nicht.

Ich erinnere mich in dieser Zeit oft an meine eigene

Grundschulzeit. Im Religionsunterricht habe ich die Lehrerin Folgendes gefragt: »Alle schlechten Menschen kommen doch in die Hölle. Alle guten Menschen kommen in den Himmel. Aber wenn ich jetzt ein guter Mensch bin, aber nicht in den Himmel will – geht das auch?« Für die Lehrerin war ich fortan eine »schwierige Schülerin«.

Eines Tages kommt Emily ziemlich ratlos aus der Schule. »Was war los?«, möchte ich wissen. Emily erzählt, dass sie von einer Mitschülerin gefragt worden ist: »Ist es nicht schwer für dich, mit einem behinderten Bruder aufzuwachsen?« Das klingt wie Originalton der Erwachsenen am Abendbrottisch.

»Und was hast du gesagt?«, frage ich sie.

Emily: »Ich habe gesagt: ›Hähhh? Spinnst du jetzt völlig?‹«

Tough! Ich bin stolz auf unsere Tochter. Und doch werde ich nachdenklich: Sind wir jetzt in einer Welt angekommen, die so auf unsere Familie schaut, wie wir uns selbst nicht sehen? Noch kann ich diese Frage nicht beantworten. Aber etwas ist anders geworden.

Irgendwie stimmt es: Mit unserer Ankunft in Walldorf und Emilys Schuleintritt hat der Ernst des Lebens begonnen.

Im Kindergarten

Mein Kindergarten früher war schräg gegenüber unserer Wohnung gelegen. Meine Mutter schaute aus dem Küchenfenster, wenn sich mittags die Türen öffneten und die Kinder, die alle in unserem Stadtteil wohnten, herausströmten.

Dann goss sie die Kartoffeln ab. Ich habe das genossen: nur zweimal über die Straße laufen zu müssen und dann zu Hause Sturm zu klingeln.

Henri ist jetzt drei Jahre alt. Es ist Zeit für den Kindergarten.

»Schulkindergärten« heißen in Baden-Württemberg Kindergärten, die speziell für Kinder mit Behinderung gedacht sind. Der Name kommt daher, dass sie Sonderschulen angegliedert sind und auf diese vorbereiten. Würden wir Henri in einen solchen Kindergarten geben, würde er morgens mit dem Bus abgeholt und nachmittags zurückgebracht werden. Denn das Einzugsgebiet dieser Einrichtungen ist groß und erstreckt sich auf all die umliegenden Orte. Kosten würde all das nichts. Nur das Mittagessen müssten wir bezahlen. Auch Therapien wie Logopädie und Ergotherapie werden dort angeboten, ein »Rundum-sorglos-Paket«.

Aber Henri wäre weg – aus dem Ort, aus der Nachbarschaft, weg von den anderen Kindern drumherum. Er würde in eine Parallelwelt eintreten. Außerhalb seiner Familie würde er, von den Lehrern und Therapeuten um ihn herum einmal abgesehen, nur noch Menschen mit Behinderung kennenlernen. Auf den Kindergarten würde die Sonderschule folgen – und dann? Würde er diesen Weg irgendwann noch einmal verlassen können?

Es ist der übliche Weg. Das Leben von Menschen mit Downsyndrom und vielen anderen Behinderungen findet außerhalb der Gesellschaft statt.

Auch aus unserem Alltag würde Henri schon jetzt, mit drei Jahren, weitgehend verschwinden, wenn wir uns für den Schulkindergarten entscheiden sollten. Das wollen wir

nicht. Der katholische Kindergarten liegt nur wenige Geh-
minuten entfernt und hat doch eine integrative Gruppe.
Was wollen wir mehr? Durch Emily haben wir einen ersten Einblick und Eindruck gewonnen. Und der ist gut. Auch
die Gespräche mit der Leiterin sind positiv. Henri ist dort
ohne Wenn und Aber willkommen. Kinder mit Handicap
gehören in diesem Kindergarten schon seit vielen Jahren
ganz selbstverständlich dazu. Als besonders angenehm erlebe ich, dass ich mich überhaupt nicht rechtfertigen muss,
warum wir Henri dort anmelden wollen.

Also landen wir auf einem inklusiven Weg. Ich weiß nicht
sicher, ob wir das Wort »Inklusion« damals schon bewusst
gebraucht haben. Aber wir entscheiden uns gegen den Weg,
der in Deutschland für Kinder mit Behinderung noch immer der eigentlich vorgegebene ist: die Sondereinrichtung.

Die integrative Gruppe in Henris Kindergarten ist die
»Wirbelwindgruppe«. In ihr sind nicht nur weniger Kinder, sondern auch mehr Betreuer, zwei Erzieherinnen und
eine angehende Erzieherin in ihrem Jahrespraktikum am
Ende der Ausbildung. Außerdem unterstützt eine Heilpäd-
agogin mehrere Kinder und ist mindestens an drei Tagen in
der Woche für einige Stunden da. Das sind natürlich idea-
le Bedingungen.

Als Henri seinen dritten Geburtstag feiert, kann er zwar
schon seit fast einem Jahr laufen, aber es gehört noch nicht
zu seinen Lieblingsfortbewegungsarten, auf zwei Beinen
von A nach B zu kommen. Viel besser findet er weiterhin
den Bärengang auf Händen und Füßen, den er inzwischen
perfektioniert hat. Oder aber er lässt sich einfach mal wieder auf seinen Hintern fallen. Alle Spaziergänge stehen unter der Fragestellung, wann er sich wohl wieder plumpsen

lässt und keinen Schritt mehr weitergehen will. Sich tragen zu lassen findet er äußerst attraktiv. Er kann so lange jammern, bis Mama oder Papa sich erweichen lassen – und sich den Rücken ruinieren.

Am ersten Kindergartentag gehe ich kein Risiko ein. Ich packe Henri in den Buggy und schiebe los. Vor der knallgelb lackierten Eingangstür lade ich ihn ab. Sofort fällt er auf seinen Po. Mit einer roten Pudelmütze auf dem Kopf sitzt er da und schaut ein bisschen ängstlich abwartend aus der Wäsche. Ich nehme ihn auf den Arm und schleppe ihn rein.

Die Erzieherin der Gruppe begrüßt uns. »Hallo«, sagt sie freundlich, »wer bist du denn?«

»Ja«, sagt Henri. Sprechen kann er noch so gut wie nichts, zumindest nicht mit der Stimme: Er sagt »Mama« und »Papa« – »Papa« konnte er zuerst –, »mäh« für ein Schaf, »muh« für die Kuh, »miau« für die Katze und »tatütata« für ein Polizeiauto. Wenn man gut zuhört, kann man auch »hallo« und »tschüs« verstehen. Tschüs nicht wirklich, denn Henri, der echte Kölner, sagt natürlich »tschö«.

Ich hänge all die Dinge, die ich mitgebracht habe, an Henris Haken vor dem Gruppenraum: Hausschuhe, Matschhose, Gummistiefel, Wechselklamotten, Mütze, Kindergartentasche mit einer von Henri geliebten Brezeln und das große Windelpaket, denn Henri ist noch lange nicht trocken. Auch eine eigene Tasse sollte er mitbringen. Emilys Tasse war aus Porzellan, Henris ist aus Plastik, denn die Gefahr, dass er sie nach dem Trinken fröhlich hinter sich wirft, ist noch immer groß. Auf dem Henkel ist ein grünes Krokodil abgebildet.

Die Erzieherinnen sind toll: Sie sind liebevoll, ehrlich an Henri interessiert und unaufgeregt. Vieles, was Henri anders braucht als die anderen, ist kein großer Akt: Es steht ein kleiner Ausflug zum Kleintierpark auf dem Programm. Wenn Henri nicht mehr laufen will oder kann, dann kommt er eben in den Buggy. Es wird Fasching gefeiert, den Henri als Kölner natürlich nur als Karneval kennt. Auch beim Umzug einmal rund um den Kindergarten sitzt er geschminkt und fröhlich im Buggy und fängt Süßigkeiten, die wir Eltern an den Straßenecken werfen. Die heißen hier nicht »Kamelle« wie in Köln, sondern »Gutsle«. Und wenn Henri in die Hose macht, wird er eben umgezogen.

Wir haben das große Glück, im Kindergarten auf Erzieherinnen zu treffen, die Henris Gebärden aufnehmen, verstehen und mit den anderen Kindern gemeinsam lernen und anwenden. Deshalb hat Henri zwar eine Sonderrolle als einer, der lange nur mit den Händen spricht, Außenseiter ist er aber nie.

Oft will Henri morgens erst einmal Bilderbücher anschauen. Dazu geht er vorsichtig auf allen vieren die Treppe zum zweiten Gruppenraum hoch und kuschelt sich auf die vielen Kissen. Später sagt er dazu: »Ich meine Ruhe!«

Doch er lässt sich auch motivieren, etwas zu arbeiten: »Auf, Henri!« ist der Motivationssatz, den seine Erzieherinnen immer wieder sagen, wenn sie Henri bewegen wollen. Er lernt, einen Stift zu halten und auszuschneiden. »Das kann der jetzt schon bald besser als Papa«, sagt Emily trocken.

Bald werden die ersten »offiziellen« Kindergartenfotos von Henri gemacht. Die gibt es dort einmal im Jahr, meist vor Weihnachten, als Geschenke für Tanten und Omas. Henri guckt noch ziemlich schüchtern in die Kamera. Auf den Vorschulkinderfotos drei Jahre später lacht er frech.

Die anderen Kinder gehen völlig unbefangen mit ihm um. »Jeder Jeck ist anders«, sagt der Kölner. Die Kinder hier leben das zu allen Jahreszeiten. Sie sind seine Vorbilder.

Er möchte genauso »cool« wie die anderen kleinen Jungs sein. Am Anfang schaut er ihnen beim Toben und Ballspielen zu. Irgendwann steht er auf und fängt auch an zu rennen. »Auf, Henri!«, sagen seine Erzieherinnen wieder, und Henri schnappt sich den Fußball und will ihn schießen. Am Anfang plumpst er gleich wieder um, denn dafür muss man auf einem Bein stehen können. Also lernt er auch dies – alles übrigens, ohne dass ihm eine Krankengymnastin je gezeigt hätte, wie man das macht! Er hat einfach Freunde, mit denen er mithalten möchte. So viel lernt er von ihnen durchs Abgucken und Nachmachen!

Henri liebt es, sich zu verkleiden. Im Kindergarten gibt es dafür viele Sachen, auch die so begehrte »echte« Polizeimütze. Er ist Polizist, Pirat und Ritter. Und manchmal im rosa Kleidchen zu sehen.

Denn auch die Mädels sind wichtig, die ihm beim Rollenspiel schon mal eine Rüschenschürze umbinden.

Henri ist kein Wilder, der immer nur herumrennt. Gerne sitzt er mit den kleinen Mädchen in der Puppenecke und spielt Kaffeetrinken.

»Darf es noch ein Tässchen mehr sein?«, fragen sie ihn. »Ja, gerne!«, antwortet Henri. Formvollendet spreizt er seinen dicken kleinen Finger ab, wenn er die Kaffeetasse hält, und erweitert seinen Wortschatz um die wichtigen Worte »bitte« und »danke«.

Und sie gebärden mit ihm: »trinken« und »fertig« und »mehr«.

»Was können wir denn machen, damit Henri in der Morgen-runde richtig mitmachen kann?«, fragt uns die Erzieherin bei einem der regelmäßigen Elterngespräche. Morgens sit-zen die Kinder zunächst einmal alle im Kreis und berichten vom Vortag und dem, was ihnen heute wichtig ist. Und sie stellen sich mit Namen vor. Henri kann das alles nicht. Also geben wir ihm einen »Talker« mit, ein kleines kassettenre-korderähnliches Gerät mit einem dicken roten Knopf drauf. Das können wir Stück für Stück zu Hause besprechen. Henri ruft die Aufnahmen dann einzeln ab, indem er auf den di-cken Knopf drückt. Aufnahme 1 ist immer: »Ich bin Henri«, Aufnahme 2 dann das, was wir am Vortag gemacht haben, gesprochen von mir. Alle Kinder sind begeistert.

Nach und nach kann Henri immer mehr Wörter: Zuerst spricht er seinen Namen. Dann einzelne Wörter, die zu dem passen, was wir unternommen haben. Schließlich denken wir, er könne jetzt ganz gut selbst von sich erzählen. Der Talker bleibt zum Leidwesen der Gruppenkinder zu Hau-se. Er wird durch Kärtchen ersetzt, auf die wir Dinge malen, die wir getan haben. Kleine Gedankenstützen für Henri und eine Verständnishilfe für die Erzieherinnen, während Henri versucht, selbst von seinem Leben zu erzählen.

Ich stelle mir oft vor, dass es in Henris Kopf so aussieht wie in einer übervollen Schublade. Man weiß einfach nicht so genau, was man als Erstes herausziehen soll. Da hilft es, wenn irgendetwas ganz deutlich oben liegt, man es neh-men und davon dann erzählen kann. Und dafür sind die Kärtchen da.

Nach einer kleinen Mittagspause spielen die Kindergarten-kinder meistens auf dem großen Außengelände mit Schaukeln, Klettergerüst und großen Rasenflächen. Hoch zufrieden sitzt Henri fast jeden Tag in der Sandkiste und buddelt. Im Sand zu buddeln hat noch heute eine fast schon therapeutische Wirkung auf ihn. Gerne kriecht er auch in ein langes Rohr, manchmal auch, um ganz am Ende gemütlich in die Hose zu machen. Das allerdings gibt Ärger mit den Erzieherinnen, die ihm dorthin nicht hinterherkrabbeln können. Am allerliebsten ist er in der sogenannten »Vogelnestschaukel«. Dort lässt er sich stundenlang schaukeln, ohne dass ihm schlecht wird oder er einen Drehwurm bekommt. Wenn ich ihn abhole, schaue ich immer zuerst in die Vogelnestschaukel, und meistens werde ich dort fündig.

Immer wieder staune ich über die Geduld und den Langmut der Erzieherinnen. Henri wird beachtet und geachtet, aber nicht mit einem Sonderblick argwöhnisch beäugt. Das tut ihm und uns gut. Mit vielen kleinen »Katastrophen« gehen sie wirklich locker um. Henri stößt einen Farbtopf um. Sie stellen ihn wieder auf und wischen die ausgelaufene Farbe auf. Ein Stück Pizza landet im Dreck. Dann gibt es eben ein neues. Henri weint, weil im Theaterraum nicht die Kostüme sind, die er jetzt gerade braucht. Sie finden eine Lösung. Niemals wird ein kleines Problem zu einem großen. Vielleicht liegt das auch daran, dass im Kleinkindalter einfach jeden Tag alles Mögliche passiert, immer ein Kind weint, ein anderes Unterstützung braucht, zwei sich zanken und ein drittes etwas umwirft. Manchmal sehe ich Mütter in einem der Gärten in unserem Neubaugebiet, die seelenruhig miteinander Kaffee trinken, während um sie herum eine Kleinkinderschar fröhliches Chaos anrichtet.

Henri findet im Kindergarten viele Freunde. Alle wohnen sie im Ort. Es sind Kinder mit Behinderung und Kinder ohne Behinderung. Es beginnt das, was auch heute noch gilt: Henri sucht sich seine Freunde selbst aus.

Henris bester Kindergartenfreund Emil ist einen Kopf größer als er und von Geburt an gehörlos. Er trägt Implantate, die ihm das Hören ermöglichen. Wie Henri hat er spät sprechen gelernt. Es gibt ein besonderes »Band« zwischen den beiden, das wir noch heute spüren, wenn wir ihn treffen.

Dann ist da Sascha. Er hat russische Eltern und spricht lange Zeit nicht viel mehr als Henri. Wir besuchen ihn auch dann noch, als er in eine andere Stadt zieht. Später, in der ersten Klasse, hat er viele Probleme. Henri und er schaukeln bei uns im Garten so wild in der Hängematte, dass ich Angst habe, sie überschlägt sich.

Tina lebt auf einem Bauernhof. Henri besucht sie und darf kleine Schweine streicheln. Das rieche ich noch, als ich ihn abends abhole. Außerdem hat er einen roten Bart – es gab ganz eindeutig Nudeln mit Tomatensoße zum Mittagessen. Als Tina uns besucht, wollen die Kinder mit Wasserfarben malen. Sie sitzen am Küchentisch und pinseln. Tina schreibt sorgfältig ihren Vornamen unter das große Bild: T-I-N-A. Henri will das auch. Ich zeige ihm, wie man ein H schreibt. Henri schreibt es sorgsam ab. Seitdem tragen seine Kindergartenkunstwerke ein H als Zeichen dafür, dass sie von Henri stammen. Wie ich klemmt er die Zunge zwischen die Lippen, wenn er besonders konzentriert ist.

Auch Julia ist Henris kleine Kindergartenfreundin. Sie winkt ihm immer nach, wenn ich ihn abhole. Die beiden sitzen oft gemeinsam in der Puppenecke oder in der Sandkiste. Mir ihr baut Henri keine Tunnel und Burgen, sondern backt liebevoll kleine Kuchen, die er mit einem etwas helleren Sand als Puderzucker überstreut. Ihrer Mutter erzählt Julia leise, dass sie Henri heiraten möchte, wenn sie groß ist. Heute lächelt sie ihn auf dem Schulhof noch genauso schüchtern an wie damals schon.

Und auch Selma lernt er kennen, ein körperlich eingeschränktes Mädchen. Sie wohnt in der Nachbarschaft, ist ruhig und klug. Ihre Behinderung sieht man ihr auf den ersten Blick nicht an. Selmas Mutter und ich freunden uns an. Aus gelegentlichen Treffen werden viele Gespräche abends bei einem Glas Wein. Selmas Krankheit ist fortschreitend, das heißt, ihre Einschränkungen werden im Laufe ihres Lebens mehr werden. Wann und wie schnell das geschieht, ist nicht vorhersehbar. Mir gefällt, wie Mutter und Tochter offen darüber sprechen.

»Wir wissen nicht, was kommt«, sagt Selmas Mutter zu ihrer Tochter, »aber wir haben doch immer eine Lösung gefunden. Und das werden wir auch weiterhin schaffen.«

Von Selmas Mutter habe ich einen Spruch, den ich inzwischen oft sage: Ich mache mir die Sorgen erst, wenn sie da sind. Für alles andere habe ich weder Zeit noch Kraft. Und vielleicht mache ich mir ja sonst auch ganz überflüssige Sorgen über die Dinge, die dann doch nie eintreten.

Henri und Selma werden viele Jahre ihren Weg gemeinsam gehen.

Henri lädt seine Freunde gerne zu sich ein. Stundenlang spielen sie Playmobil oder mit Bauernhoftieren. Er feiert Piratengeburtstag. Henris Hochbett ist das Schiff. Ich habe Angeln mit einem Magneten am Ende der Stange gebastelt. Die Fische sind Süßigkeiten mit einer aufgeklebten großen Büroklammer. Dazu läuft eine CD mit Seemannsliedern:

»Alle, die mit uns auf Kaperfahrt gehen, müssen Männer mit Bärten sein ...«

Henri ist ein glücklicher kleiner Kindergartenbär.

Langsam, aber sicher

Für uns als Eltern sind Henris erste Kindergartenjahre mit vielen Geduldsproben verbunden. Denn Henris Fähigkeiten wachsen zwar, aber sie wachsen langsam.

Wir schauen uns ein Buch an, immer und immer wieder. Auf jedem Bild ist irgendwo eine Katze zu sehen. »Wo ist die Katze?«, heißt das beliebte Spiel. Henri entdeckt sie immer zuverlässiger. Eines Tages fällt ihm etwas auf: Auf einem Bild ist nicht nur die reale Katze abgebildet, sondern auch eine, die auf einem gerahmten Bild an der Wand zu sehen ist. »Da und da«, sagt er und zeigt auf beide Katzen.

Henri liebt es, wenn man ihm vorliest. Dann klatscht er in die Hände und gebärdet: »Mehr!« Wenn er von etwas begeistert ist, ist er absolut begeistert und will nicht mehr aufhören.

Während Emily als Dreijährige »Bobo Siebenschläfer« liebt, kann Henri mit ihm nichts anfangen: Was bitte hat ein Siebenschläfer, ein Tier, mit ihm und seinem Leben zu tun?

Wir basteln ihm eigene kleine Bilderbücher mit Fotos aus seinem Leben. Eines heißt »Wo ist das Krokodil?« und beschreibt die Suche nach einem kleinen Gummikrokodil im Haus. Gefunden wird es schließlich von Papa im Badezimmer unter einem Handtuchstapel. Nur sein Maul schaut heraus. Wenn ich die Fotos im Büchlein heute so anschaue, denke ich: Damals haben wir auch schon nicht so viel geputzt und aufgeräumt!

Henri liebt nach wie vor große, starke Tiere. Und Playmobil. Zum Geburtstag wünscht er sich nichts anderes, obwohl wir schon viele Kisten voll haben. Alles unsortiert. Denn jegliche Sortierversuche sind zum Scheitern verurteilt. Einmal, weil Henri viel mehr Spaß am Auseinandernehmen als am Aufbauen hat. Und weil Henris Playmobil-Spiel von einer inneren Logik geprägt ist, die wir bis heute nicht wirklich verstehen. Oft sind lange Schlangen aus Playmobil-Männchen durchs ganze Haus gebaut, manchmal nur Pferde, manchmal Ritter in voller Montur. Nur Haare hat keines der Männchen. Die macht Henri konsequent ab. Wir wissen nicht, warum. Aber eines wissen wir: Es tut verdammt weh, wenn man nachts im Dunkeln barfuß auf eines der vielen Playmobil-Männchen tritt. Auch wenn es keine Haare hat.

Irgendwann ist das Buch vom Krokodil »out«, und Kuddel Kurz und Kuddel Lang kommen. Es ist ein Buch über zwei ganz unterschiedliche Figuren. Einer ist groß, einer klein, einer rot angezogen, einer grün, einer fährt langsam, einer fährt schnell, wie das eben so ist im Leben. Besonders gefällt Henri, dass Kuddel Kurz Tuba spielt, so wie Mama.

Kuddel Kurz und Kuddel Lang müssen später den Asterix-Heften weichen. Die hat Norbert inzwischen so oft vorgelesen, dass Henri damit in »Wetten dass« auftreten könnte. Denn er weiß ganz genau, welcher Satz aus welchem Asterix-Heft ist. Beim Belenus!

Inzwischen habe ich mit Henri einiges vor. Denn er will tanzen. Wenn er kleine Mädchen in Balletttrikots und Röckchen sieht, bekommt er glänzende Augen. Also melde ich ihn in der örtlichen Tanzschule zum Kindertanz an, wo er fortan neben rosa berüschten Mädchen hüpft und springt. Vieles, was er heute kann, hat er dort gelernt: Seit-galopp, Beine strecken und sich aufrecht halten.

Natürlich kommt ihm hier zugute, dass er so gelenkig ist. Spagat ist für Henri kein Problem, ebenso wie seine Füße im Sitzen bis an die Ohren zu heben. Manchmal spielen wir »Henri telefoniert mit dem Handy«. Das Handy ist dann sein eigener Fuß.

Henri liebt seine erste Tanzlehrerin abgöttisch, ihr zu Liebe macht er sogar bei zwei großen Tanzaufführungen mit. Um ein solches Großereignis zu bewältigen, muss man sich um Henri kümmern. Tut man es nicht, geht gar nichts. Hier geht alles: Einmal sind es die großen Tanzmädels, beim zweiten Mal ist ein cooler Tanzlehrer zur Stelle, der dafür sorgt, dass Henri rechtzeitig auf der Bühne steht. Er hat sich sogar als Pflanze grün schminken lassen. Nun sitzt er in einem Riesenblumentopf und zappelt korrekt nach Musik als fleischfressende Pflanze. Am Ende verbeugt er sich ausgiebig und glücklich. Im Verbeugen ist Henri Weltmeister. Emily sitzt in der ersten Reihe, klatscht begeistert und ist stolz.

Die Generalprobe war noch kritisch. Als Henris Gruppe dran war, wollte er partout nicht mit auf die Bühne. Sobald der Tanz vorbei war, erhob sich Henri und sagte: »So, jetzt tanzen!« Aber zu spät. Henri hat bitterlich geweint. Doch als es »ernst« wird, hat er Menschen an seiner Seite, die ihm helfen. Das ist gut. Denn dass es manchmal im Leben darauf ankommt, zu einem ganz bestimmten Zeitpunkt etwas ganz Bestimmtes zu tun, das hat Henri noch nicht verstanden.

In den Sommerferien fahren wir, seit Emily auf der Welt ist, mit einem Kinderreiseveranstalter fort. Während Emily und Henri mit anderen Kindern Spaß haben, können wir uns erholen und auch mal wieder etwas als Paar unternehmen. In Italien ist Henri, jetzt als Kindergartenkind, zum ersten Mal im Kinderprogramm mit dabei und dort willkommen. Auf seiner Homepage widmet der Veranstalter »beeinträchtigten Kindern« eine extra Rubrik. Der Gründer des Reiseunternehmens hat selbst einen Sohn mit einer schweren Behinderung. Nicht alle Quartiere und Ausflugsziele sind barrierefrei, aber die »Software« stimmt. Die Kinderbetreuerin ist tough, Sonderpädagogik-Studentin und Handballerin. Sie trägt Henri viele Meter lang auf ihren Schultern durch ein ausgetrocknetes Flussbett. Manchmal holen wir ihn früher aus der Betreuung ab. Wir zögern, ob wir ihn zum Stadtausflug mit der Kindergruppe mitschicken sollen. Die Betreuer ermutigen uns. In der mittelalterlichen Stadt regnet es. Auch wir Eltern schlendern mit Regenschirm und Kapuze durch die Gassen. Zufällig treffen wir die Kindergruppe. Alle Kinder sitzen unter einem Torbogen auf dem Boden um eine Riesenpizza herum. Mittendrin, tomatenverschmiert und bester Dinge: Henri!

Auch Emily ist in der Kinderbetreuung. Sie soll aber nicht für Henri zuständig sein, das ist uns wichtig. Denn manchmal wird es ihr zu viel. Mit Henri kann man nirgendwo inkognito sein. Immer ist er auffällig, sind wir als Familie auffällig »mit dem behinderten Kind«. Manchmal nervt sie die Aufmerksamkeit, die Henri auf sich zieht, wenn er plappert, singt oder klatscht. »Mensch, Henri, halt doch mal die Klappe!«, sagt sie dann wütend. Inzwischen ist sie allerdings in dem Alter, in dem nicht mehr die Geschwister, sondern eher die Eltern peinlich sind.

Einmal fahren wir mit einem anderen Reiseveranstalter in den Urlaub. Das sogenannte Familienhotel im Wendland bietet auch eine Kinderbetreuung an. »Waldschrat« nennt Emily den rustikalen bärtigen Kinderbetreuer, der als Einziger für eine ganze Kinderschar vorgesehen ist. Doch der ist nicht darauf eingestellt, auf ein Kind zu reagieren, das nicht brav hinter ihm her durch den Wald stapfen will. Als wir die Kinder wieder abholen, wirkt Henri bedrückt, und Emily schluchzt. Es dauert eine ganze Weile, bis wir aus ihr herausbekommen, was passiert ist. Henri, noch immer ziemlich lauffaul, wollte nicht dorthin gehen, wo die Kindergruppe hinsollte. Der Betreuer versuchte, ihn zu überreden, dann schimpfte er, wurde noch ein bisschen lauter, und schließlich wurde Henri im wahrsten Sinne des Wortes mitgeschleift. »Da gehe ich keinen Tag mehr hin«, sagt Emily entschlossen. Wir beenden die Betreuung für beide. Aus dem Hotel, das viel weniger ist, als es verspricht, reisen wir einige Tage früher ab als geplant.

Emily spielt Klarinette in der Stadtkapelle. Auch Henri ist dort natürlich längst bekannt. Also melde ich ihn für die musikalische Früherziehung an, als er vier Jahre alt ist. Heute würde ich sagen, das war viel zu früh. Inzwischen habe ich, seit ich selbst Kindermusikkurse gebe, viele ganz normal entwickelte Vierjährige erlebt, die sich mit diesem Programm schwertun. Henri ist im Kurs unkonzentriert und chaotisch, und doch wird er mit viel Liebe und Geduld aufgenommen. Wenn ich sein Musikschulheft durchblättere, sehe ich viel Gekritzel von Henri und viele Eintragungen von mir. Ich frage mich: Hat er überhaupt etwas von diesem Kurs gehabt?

Henri gibt mir die Antwort: Wenn wir das Musikschulheft gemeinsam durchblättern, singt er mir alle Lieder vor und erklärt mir, was es mit den Noten auf sich hat und dass wir damals Luftballon-Männchen dazu gebastelt haben.

In der Hängematte im Garten spielen Henri und ich oft ein Spiel: Jeder singt dem anderen eine Melodie vor, und der andere muss raten. Einige der Melodien hat er im Kurs kennengelernt. Henri liebt dieses Spiel. Unfassbar ist für mich, dass noch in den Fünfzigerjahren des vergangenen Jahrhunderts geschrieben wurde, Kinder mit Downsyndrom könnten nicht singen.

Henri singt, aber manchmal haben wir Zweifel, ob er wirklich alles gut hört. Immer wieder erleben wir, dass wir etwas von ihm wollen, er jedoch nicht reagiert: »Henri, komm, jetzt musst du dich ausziehen. Der Tag ist zu Ende!« Nach vielen Besuchen bei Ohrenärzten steht fest: Henri hört prima, nur hört er nicht immer auf uns! So wie auch viele andere Kinder manchmal nicht auf ihre Eltern hören.

Hatten wir mal wieder ein medizinisches Problem erwartet, nur weil Henri »behindert« ist?

»Erwartet das Unerwartete«, sagt Alf, der Außerirdische, in einer Serie, die ich in meiner Jugend sehr geliebt habe.

Henri versteht alles. Nur waren wir vor seiner Kindergartenzeit ein bisschen skeptisch, ob man ihm auch zutraut, dass er alles versteht. Deshalb hatte er ein »Ich-Buch« mit im Kindergarten. Darin hatten wir geschrieben: »Ich kann zwar wenig sprechen, aber: Achtung, unterschätze mich nicht, denn ich verstehe alles!« Dieses Problem, unterschätzt zu werden, haben übrigens auch viele nicht sprechende Erwachsene.

Ja, wir unterschätzen Henri manchmal. Lange ziehe ich ihn morgens an, helfe ihm, Kleidungsstücke auf die richtige Seite zu drehen, Ärmel und Hosenbeine zu unterscheiden oder zerknüllte Pullover wieder zu glätten. Eines Tages, als ich besonders im Stress und in Zeitdruck bin, steht er komplett angezogen in der Küche. Er hatte einfach keine Lust mehr gehabt, noch länger auf Mama zu warten.

Oder die Sache mit der Cola-Flasche. Sauer ist er, weil Emily heimlich aus seiner Flasche getrunken hat, er will eine neue. Wir haben immer kleine Glasflaschen mit Kronkorken zu Hause.

»Nein«, sage ich, »das ist albern. Ich will keine zweite anbrechen. Du kannst diese gut zu Ende trinken!« Als ich nach ein paar Minuten wieder in die Küche komme, stehen auf dem Tisch zwei geöffnete Flaschen. Da ist mir klar: Henri weiß natürlich, wo der Flaschenöffner ist und wie man ihn benutzt. Und eine Flasche aus dem Keller holen kann er auch.

»Erwartet das Unerwartete«, sagt Alf. Und als die Familie, bei der er mit seinem Raumschiff durchs Garagendach gekracht ist, fragt, was sie denn nun mit ihm machen soll, sagt er: »Mich einfach liebhaben.« So hatte es ja auch unser Kinderarzt formuliert.

Und so führen wir ein ganz normales Familienleben. Einkochen zur Erdbeerzeit, Eier auspusten zu Ostern – immer mit viel Gematsche und einigen zerdrückten Eiern –, Basteln vor Weihnachten. Alles mit beiden Kindern. So wie unser Musikfrühstück.

Einige Jahre läuft unser Sonntagsfrühstück folgendermaßen ab: Wir legen eine CD oder eine Schallplatte auf, erzählen den Kindern über diese Musik und welche Bedeutung sie in unserem Leben hat. Norbert steuert Rock, Jazz und Klassik bei, ich eher Liedermacher und Pop. Wenn uns Informationen fehlen, schauen wir sie im Lexikon oder auch im Internet nach. Emily liebt diese Stunde. Einmal kommt sie aus der Schule und sagt fast empört: »Mama, die aus meiner Klasse kennen noch nicht mal die Beatles!«

Henri ist immer dabei. Vor allem die großen Schallplattenhüllen liebt er. Die Begeisterung für Rammstein, seine absolute Lieblingsband, entsteht bei einem Musikfrühstück, genauso wie seine Liebe zu Mozart. Aufgeregt spricht er von »Tillemann«. Wie immer müssen wir genau zuhören, um zu verstehen, dass er Till Lindemann, den Frontsänger von Rammstein, meint. Auch der Vorname »Wolfgang Amadeus« gefällt ihm gut. Er weiß, dass sein Großvater Wolfgang hieß. Der starb schon, während ich noch studierte, sodass Henri ihn nur aus meinen Erzählungen kennt.

Einmal sind wir mit ihm bei einer Feierstunde, die mit klassischer Musik beginnt. Henri, der es sich schon auf seinem Platz gemütlich gemacht hat, ohne Schuhe im Schneidersitz, sagt laut: »Oh, Mozart!« Es ist Beethoven.

Wenn Papa Saxophon im Keller übt, setzt sich Henri oft einfach dazu. Er zieht sich seine Crocs aus, lässt sich im Schneidersitz auf dem Boden nieder und ist ganz still.

Vieles läuft so, wie es mit zwei Kindern ohne Behinderung auch laufen würde. Dennoch muss ich nachmittags oft Entscheidungen treffen: Therapie oder Tanzen, doch mal zur Logopädie oder Verabredung mit Freunden? Nicht immer ist alles miteinander zu vereinbaren. Schon in diesen Jahren senkt sich die Waage immer mehr in Richtung normales Kinderleben.

Vorschulkind Henri

Henri wird größer: erst noch ein Kindergarten-»Zwerg«, dann schon im zweiten Jahr ein »Wichtel«.

Unser Wichtel spricht immer mehr. Er kann Gebärden, Laute und kleine gesprochene Wörter zu Sätzen zusammenfügen. Sein Lieblingssatz ist: »Bauch voll.« Als Norbert Rückenschmerzen hat, fasst Henri sich mit großer Geste an den Rücken, stöhnt und sagt: »Papa, alter Mann!«

Henri spricht mehr und besser, weil er verstanden werden will: nicht in erster Linie von uns oder seinen Erzieherinnen, sondern von seinen kleinen Kindergartenfreunden. Die sagen schon mal zu ihm: »Henri, wir verstehen dich nicht! Sprich deutlicher!« Dann seufzt Henri zwar, aber er versucht es noch einmal.

Eine Zeit lang begleitet Henri die Wörter, die er schon sprechen kann, mit Gebärden, vor allem als er sie noch so undeutlich spricht, dass er nicht sicher sein kann, ob andere ihn verstehen. Lange klingt sein »Schwein« wie »Maus«. Und über das Wort, das »Ketchup« bedeuten soll, grübeln wir alle verzweifelt, bis wir es verstehen. Ketchup ist wichtig, denn den isst Henri gerne mal als Aufstrich auf dem Brötchen, auch ohne Bratwurst. Als er sicher ist, dass »Schwein« auch als »Schwein« verstanden wird, braucht er die Gebärden nicht mehr und lässt sie weg.

Ich lese von einer Untersuchung, dass mehr als achtzig Prozent der Kommunikation mit Menschen mit einer geistigen Behinderung in Befehlen und Sätzen bestehen, die man mit »Ja« und »Nein« beantworten muss. Mich beschäftigt das sehr. Ich möchte, dass Henri mehr Möglichkeiten hat, dass wir ihm mehr Möglichkeiten geben, zu sagen, was er fühlt, was ihm wichtig ist und wie es ihm geht.

Doch wenn ich Henri beobachte, muss ich sagen: Von der Ja-Nein-Kommunikation ist bei ihm keine Spur. Das höre ich auch immer wieder aus seinem Zimmer, wenn er ganz in seinen Rollenspielen aufgeht. Dann spielt und spricht er wie Balu aus dem Dschungelbuch oder wie der kleine Ritter Trenk.

»Ergib dich, du Wicht«, schallt es durchs Haus oder: »Immer diese doofen Affen!«

Weihnachten führt Henri das Lied »Kling, Glöckchen« mit Emily gemeinsam unterm Tannenbaum auf. »Dingedingeding«, singt Henri und gebärdet das Wort für »Glocke«. Bei »Öffnet eure Türen« singt er »Üren« und gebärdet eine Tür, die sich öffnet und wieder schließt. Und am Ende des Liedes heißt es »Ist so kalt der Winter«. Da macht Henri eine große Pantomimenshow draus mit Frieren, Zittern und Schlottern.

Henri mag Weihnachten keine Tannenbäume. Er mag gar keine Grünpflanzen und alles, was damit zusammenhängt: Büsche, Dornenzweige, herunterhängende Äste. Wir sagen scherzhaft: Man muss bloß vier große Grünpflanzen um Henri herumstellen, dann braucht man keinen Babysitter. Vielleicht liegt das an den schlechten Erfahrungen mit dem »Waldschrat«. Vielleicht liegt seine »Grünpflanzen-Phobie« aber auch an Douglas. Douglas ist ein singender und sprechender Tannenbaum, so ein grünes Plastikteil mit Sensor. Man schreit es an oder klatscht in die Hände, schon klappt es große rollende Augen auf und beginnt zu singen: »Jingle bells!« Am Ende ruft es mit metallener Stimme: »Happy New Year!« Norbert, Emily und ich finden das Ding, das wir in einem Laden entdeckt und sofort gekauft haben, köstlich. Henri findet es nur gruselig. Vielleicht denkt er seitdem, jeder Tannenbaum, auch der »echte«, fange irgendwann zu singen an.

Er weigert sich konsequent, den Weihnachtsbaum mit Lametta und Kugeln zu schmücken.

Beim Krippenspiel, das Kinder aus der »Kleinen Kirche« aufführen, macht Henri auch mit. Er ist ein Hirte. Und hat drei Sätze Text. Diese drei Sätzchen sind eine echte Herausforderung für ihn. Für die Gemeinde ist es neu: ein Kind mit Downsyndrom unter den anderen kleinen Schauspielern, dazu noch mit einer Sprechrolle. Und so geht ein Raunen durch die Kirche, als Henri ins Mikrofon sagt: »Es ist ein Wunder!«

2009, mit sechs Jahren, soll Henri eigentlich eingeschult werden. Doch wir entscheiden uns dafür, ihn noch ein Jahr im Kindergarten zu lassen. Auch die Erzieherinnen raten zu. »Er kann hier noch so viel lernen. Und es geht ihm ja wirklich gut bei uns«, sagen sie. Das stimmt.

Im Kindergarten ist Henri jetzt ein »Riese«. Endlich ist er ein Vorschulkind. Er lernt die ersten Buchstaben und Zahlen und ist selbstverständlich beim umfangreichen Vorschulprogramm dabei. Inzwischen spricht er kleine Sätze, singt mit Begeisterung Lieder, zählt – nicht immer in der korrekten Reihenfolge – und übernimmt beim Vorlesen gerne Passagen, die er auswendig kennt. Bei der »Gewitterzauber«-Aufführung im Kindergarten hat er einen großen schwarzen Zaubererhut auf. Mitsprechen will er nicht. Aber er souffliert aus seiner sicheren Ecke heraus allen anderen Kindern ihren Text.

Vorschulkind Henri mag keine bunten Farben. Alle Farben nennt er »muddellila«. Wenn er ein Bild mit Wasserfarben malt, dann in Grau und Schwarz. Überredet ihn dann doch mal jemand dazu, bunte Farben zu nehmen, taucht er gerne in einem unbeobachteten Moment den Pinsel in den schwarzen Farbtopf und malt blitzartig alles über.

Auch zu Hause lernt Henri eine Menge. Wenn er mit Emily spielt, muss er zählen können. Sie spielen eine vereinfachte Form von »Mensch ärgere Dich nicht« oder »Kinder-Memory«. Emily lässt nicht durchgehen, dass der Kleine immer Felder überspringt oder die falsche Augenzahl vorzieht: »Ey, Henri«, ruft sie, »nicht schummeln, oder ich spiele nicht weiter!« Da bleibt Henri gar nichts anderes übrig, als Zahlen und ordentliches Ziehen zu lernen, wenn er mitmachen will. Die Augen auf dem Würfel kann er irgendwann mit einem Blick erfassen, nur eben viel später als andere Kinder. Bei zwei Würfeln liebt er es besonders, wenn er »Pasch« rufen kann.

Auf dem Weg in die Schule

Inzwischen arbeite ich in Stuttgart. Ich bin einen ganzen Tag in der Woche und viele Abende und Nächte fort. Die Nachtschichten sind besonders anstrengend. Denn während ich morgens völlig erledigt nach Hause komme, ist Henri quietschfidel. Auch der Dienstplan macht mir oft Kopfzerbrechen. Nicht jeder meiner Chefs sieht ein, dass ich Weihnachten nicht arbeiten kann. Henri aber versteht es einfach nicht, warum Mama an diesem für ihn so unendlich wichtigen Tag nicht da ist. Das zu verstehen oder zu akzeptieren fällt sicherlich allen Kindern schwer, aber Henri fragt immer und immer wieder, wo Mama denn ist, und wir haben nicht das Gefühl, dass unsere Erklärung ihn überhaupt erreicht. Als das Schichtmodell so verändert wird, dass ich Henri eine ganze Woche lang praktisch nicht sehen würde, wird es richtig schwierig für mich. Morgens, wenn ich aufbrechen müsste, würde Henri noch schlafen, abends, wenn ich endlich heimkäme, wäre er schon im Bett. Ist nicht eine Ausnahme möglich? Nein, ist sie nicht.

Ich habe viele Reformen in vielen Funkhäusern miterlebt und mitgemacht. Stets waren sie absolut notwendig und ausnahmslos. Nach ein paar Jahren war nach diversen weiteren Reformen alles wieder wie zuvor. Der Reform-Kreislauf hatte sich geschlossen.

Ich lasse mich immer häufiger aus dem Dienstplan streichen und spüre: Dieser Job hier ist endlich!

Manchmal fühle ich mich kobehindert. Ich bin in vielen meiner Möglichkeiten eingeschränkt, und zwar auch da, wo das nicht unbedingt so sein müsste.

Die anderen Eltern aus unserer Downsyndrom-Gruppe mit Familien aus der Gegend rund um Walldorf beschäftigt das Thema ebenfalls. Die Behinderung des Kindes wirkt sich auf die ganze Familie aus. In der Gruppe können wir offen darüber sprechen. Ein Vater hat seinen Job als Facharbeiter aufgegeben und fährt nun Taxi, um sich flexibler um seine Tochter kümmern zu können. Im Leben einer anderen Mutter, selbst Lehrerin, bricht immer das Chaos aus, wenn der Kindergarten anruft, sie möge doch bitte ihren Sohn abholen. Viele der Mütter würden gerne wieder arbeiten, kapitulieren aber irgendwann, denn der Organisationsaufwand, um immer eine gute Betreuung außerhalb der Sondereinrichtungen zu finden, ist enorm. In vielen Familien ist das Geld knapp, auch die Geschwisterkinder merken das. Die Scheidungsquote bei Ehepaaren mit einem Kind mit Behinderung ist deutlich höher als beim Rest der Bevölkerung.

Noch ist Henri im Kindergarten. Wird der Organisationsaufwand rund um sein Leben irgendwann weniger oder sogar mehr? Ich kann es noch nicht sagen.

Schon als Henri im zweiten Kindergartenjahr ist, erscheint immer häufiger ein Wort am Horizont: Schule.

Eigentlich ist das ja zu diesem Zeitpunkt noch lange hin. Dennoch müssen wir überlegen: Was wollen wir für Henri?

»Na, dass es so weitergeht, mit seinen Freunden, hier am Ort, ist doch klar«, sagt Norbert. Das finde ich auch. Aber ist das überhaupt möglich in Baden-Württemberg, einem Bundesland, das in puncto Inklusion noch ganz am Anfang steht?

In unserer Elterngruppe ist Inklusion umstritten. Viele möchten lieber einen Schonraum für ihr Kind.

»Müssen wir den hier schonen?«, fragt Norbert und zeigt auf Henri, der in unserem Garten auf dem Riesentrampolin hüpft.

Ich: »Aber er braucht schon Rücksicht.«

Norbert: »Rücksicht brauchen wir alle. Niemand kann immer im Gleichschritt marschieren.«

Ich: »Das ist ja auch nicht das Ziel.«

Norbert: »Ich finde, wir sollten ihn nicht unterschätzen!«

Henri hüpft einmal hoch, lässt sich dann auf den Po fallen und hüpft wieder weiter. Jetzt streckt er, begeistert über sich selbst, die Arme hoch und ruft: »Applaus!«

Ich fahre erstmalig zu einer anderen Elternselbsthilfegruppe nach Heidelberg. Es ist eine örtliche Gruppe der bundesweiten Elternbewegung Gemeinsam leben – gemeinsam lernen, die schon seit dreißig Jahren dafür kämpft, dass alle Kinder mit Behinderung an der Gesellschaft teilhaben können und nicht ausgesondert werden. Es ist Montagabend: ein kleiner Raum, eine Grünpflanze, ein Tisch und um ihn herum ungefähr zwanzig Eltern, viele sind deutlich älter als ich. Sie sind kampferprobt, ihre Kinder schon groß. Sie werfen mit vielen geheimnisvollen Begriffen und Namen von mir völlig unbekannten Menschen um sich: Es geht um Schulräte und Sozialamtsmitarbeiter, um Außenklassen und um Einzelintegration. Ich fühle mich erschlagen.

Eine Mutter erzählt: Auch ihr Sohn besucht einen normalen Kindergarten. Zusätzlich zu den Erzieherinnen gibt es eine sogenannte Integrationshelferin, die für das Kind mit Behinderung bewilligt wurde. Nach außen hin wirkte alles in Ordnung und wurde vom Team auch so dargestellt. Zwei Dinge allerdings machten die Mutter stutzig. Es war die Aussage ihrer Logopädin: »Der spricht immer weniger und schlechter, da stimmt irgendwas nicht!«

»Und dann«, sagt sie, »habe ich neulich erlebt, wie seine Kindergarten›freunde‹ mit ihm umgehen. Die kommandieren ihn richtig rum, sagen immer wieder, er darf nicht mitmachen, er kann das doch alles nicht, er soll sie in Ruhe lassen.«

Durch Nachfrage der anderen Eltern wird an diesem Abend deutlich, dass der Kindergartenalltag gar nicht inklusiv gestaltet wurde, es also gar nicht das Ziel war, dass alle Kinder gleichberechtigt im Rahmen ihrer Möglichkeiten an sämtlichen Angeboten teilhaben können. Wenn der Junge mit Behinderung »störte«, ging die zusätzliche Kraft eben mit ihm raus in den Flur oder in die Sandkiste, eine Runde buddeln.

»Ich werde mir nach den Ferien einen neuen Kindergartenplatz suchen«, sagt die Mutter seufzend.

Meine Güte, was haben wir doch Glück mit Henri im Kindergarten, denke ich und bin wieder einmal nur dankbar für all das, was Henri dort erleben darf.

Aber wie ist das mit der Schule?

»Am besten, du fühlst schon gleich mal beim Schulamt vor«, raten mir die »Alten«.

»Aber Henri ist gerade mal vier Jahre alt«, gebe ich zu bedenken.

Antwort: »Du kannst gar nicht früh genug anfangen!«

Sie berichten von den Anfängen der Elternbewegung: Da trafen sie auf eine Schulverwaltung, die damals noch voll auf das Sondersystem setzte und nichts anderes gelten lassen wollte. Ein Beamter des Kultusministeriums wird zitiert, der sich abfällig äußerte, sie seien alle »Arztgattinnen mit zu viel Zeit«. Eltern, die die Behinderung ihrer Kinder nicht wahrhaben und akzeptieren wollten.

»Natürlich akzeptieren wir die Behinderung unserer Kinder«, sagt die Vorsitzende, »aber nicht, wie sie behindert werden.«

»Und ist das inzwischen anders?«, frage ich. Die Antworten sind vorsichtig ausweichend.

Die »Alten« erzählen viele Geschichten aus den Anfangsjahren der Elternbewegung. Zum Beispiel von einem kleinen Jungen, der nach langem Kampf der Eltern dann doch zwangsweise der Sonderschule »zugewiesen« wurde. Er hatte schon einen Schulranzen. »Doch den brauchte er in der Sonderschule nicht«, sagt seine Mutter, »da reichte ein Vespertäschchen mit ein paar Broten.«

Ich fahre nach Hause, und mir schwirrt der Kopf. Eines ist mir klar: Wenn wir für Henri einen inklusiven Weg wollen, dann muss ich mich auf die Expedition in einen Dschungel machen, gemeinsam mit den anderen. Als wir an diesem Abend mit einem Glas Wein auf dem Sofa sitzen, sage ich zu Norbert: »Alleine werden wir das nicht schaffen!«

Wie empfohlen, mache ich mich erst einmal auf ins Staatliche Schulamt. Der Schulrat – Jeans, Stoppelhaarschnitt und Ohrring – hört sich freundlich an, welche Vorstellungen wir haben. Als wir ihm sagen, es sei uns am wichtigsten, dass Henri an seinem Wohnort in die ganz normale Grundschule gehe, entgegnet er bestimmt: »Wenn Sie das wollen, dann müssen Sie klagen!«

Aus einer Ahnung wird die Gewissheit: Henris Schullaufbahn wird kein Sonntagsspaziergang!

Von da an gehe ich jeden ersten Montag im Monat zum Treff der Elterninitiative, deren Vorsitzende ich vier Jahre später sein werde.

Henri findet über unser Elternengagement auch einige gute Freunde mit Behinderung: Niklas, mit dem er sich stundenlang ins Kinderzimmer zurückzieht und Playmobil oder Lego spielt. Immer mal wieder hört man lautes Gekichere im Duett. Oder Enno, mit dem er so gerne Fußball spielt, obwohl beide Jungs die Regeln noch nicht so ganz begriffen haben und den Fußball zwischendurch auch mal in die Hand nehmen. Ennos Vater hatte ich schon in der örtlichen Downsyndrom-Gruppe kennengelernt.

Allerdings ist die Behinderung allein kein Freundschaftskriterium. An Laura mit Downsyndrom findet Henri am besten, dass sie zwei coole große Brüder hat.

2009 – es ist das Jahr, in dem Henri schulpflichtig wird – ist für Inklusion ein ganz besonderes Jahr: Deutschland unterschreibt die UN-Konvention über die Rechte von Menschen mit Behinderungen. Diese internationale Vereinbarung ist eine Präzisierung der allgemeinen Menschenrechte. Darin verpflichtet sich Deutschland dazu, eine inklusive Gesellschaft zu werden, auch in seinem Bildungssystem. Inklusion ist also Menschenrecht. Nicht alle Bundestagsabgeordneten haben damals verstanden, was sie da in einer Abendabstimmung im Deutschen Bundestag beschlossen haben. Vor allem nicht, welche Auswirkungen das haben würde. Manchen wird es heute klar, und manchem wird angst und bange. Denn die Konvention legt genau das fest, was wir in Deutschland eben nicht haben: dass Menschen mit Behinderung in ihrer *community,* in ihrer sozialen Gemeinschaft, aufwachsen, lernen, arbeiten und leben dürfen wie alle anderen Menschen auch. Dass sie nicht zwangsweise Sonderwege gehen müssen, sondern dass ihnen die Steine, über die sie auf den normalen Wegen stolpern würden, aus dem Weg geräumt werden. »Angemessene Vorkehrungen« nennt die Konvention das.

»Inklusion ist kein Gnadenakt, der großzügig gewährt oder auch rechtens verweigert werden könnte«, hat es der Hamburger Pädagoge Hans Wocken einmal in einem seiner vielen Vorträge auf den Punkt gebracht. »Sie ist eine humane und demokratische Verpflichtung, die uns alle angeht.«

Es geht also um eine Pflicht, es geht aber auch um ein Recht. Die internationale Staatengemeinschaft hat sich auf die Konvention verständigt, habe ich neulich gelesen, »weil sie von der Annahme ausgeht, dass das Erleben von Vielfalt ein Recht aller ist«. Ich finde, besser kann man das kaum ausdrücken. Geschrieben hat es Valentin Aichele, der Leiter der Monitoringstelle des Deutschen Instituts für Menschenrechte, die in Deutschland die Einhaltung der Rechte von Menschen mit Behinderungen fördert und die Umsetzung der UN-Konvention überwacht.

»Ich Schule«, sagt Henri immer häufiger, wenn wir an der Grundschule vorbeifahren, die ja auch Emily besucht. Für ihn ist ganz klar: Dort gehe ich zur Schule!

Wir bringen es nicht übers Herz, ihm zu sagen, dass genau das noch gar nicht klar ist. Denn einfach ein Kind mit einer geistigen Behinderung an der örtlichen Grundschule anzumelden, das haben wir inzwischen gelernt, geht in Deutschland nicht.

Dreiviertel aller Kinder mit Behinderung in Deutschland besuchen eine Sonderschule oder »Förderschule«, wie sie in fast allen Bundesländern genannt wird. In Europa insgesamt sind es hingegen nur zwei Prozent. Welch ein Unterschied! Deutschland ist gemeinsam mit Belgien »inklusives Schlusslicht«, amtlich von der UNESCO bescheinigt.

In vielen Ländern der Welt ist das grundlegend anders. Schon in der Schule sind Kinder wie Henri mit dabei und werden innerhalb des bestehenden Systems gefördert. Sondereinrichtungen gibt es nur wenige oder gar nicht. Was Menschen aus dem Ausland bei uns oft auffällt, ist, dass man auf den Straßen kaum Menschen mit Behinderung sieht. Eine Freundin aus Kanada hat mich einmal gefragt: »Gibt es denn bei euch keine Behinderten?«

Doch, die gibt es, aber die haben wir aus dem Alltag wegorganisiert. Zuerst schon im Kindergarten, dann in der Schule, später in Behindertenwerkstätten und Wohnheimen.

»So glücklich ist Deutschland« – immer wieder gibt es Studien, die unsere Zufriedenheit und unser Glück untersuchen. Interessant sind die Ergebnisse bei den rund 800 000 Menschen mit Behinderung in Deutschland: Während sich fast jeder zweite Deutsche mit Behinderung in unserer Gesellschaft nicht ausreichend wertgeschätzt fühlt, sind drei von vier Deutschen ohne Behinderung der Meinung, die Lebenssituation von Menschen mit Behinderung habe sich verbessert. Wie kann das sein? Die Antwort muss nicht ich geben, die geben die Autoren der Studien selbst. Sie sagen: Das liegt daran, dass wir viel zu wenig Kontakt zueinander haben. Wir wissen überhaupt nichts darüber, wie es Menschen mit Behinderung wirklich geht und wie sie sich fühlen.

Mich erinnert das Ganze ein bisschen daran, dass viele Menschen sagen, unsere Sonderschulen seien doch so toll. Die wenigsten haben schon einmal eine von innen gesehen. Kinder mit Behinderung kennen viele Menschen nur aus bunten Zeitungsfotos: Wenn man denen bei einem Kinderfest einen Luftballon in die Hand drückt, dann lächeln die immer so glücklich …

Der klassische Weg für Henri ist also die Sonderschule für »Geistigbehinderte« im Nachbarort. Dieser Weg ist seit vielen Jahrzehnten in Baden-Württemberg so vorgesehen und nach wie vor Gesetz. Als einziges Zugeständnis an Eltern, die sich das gar nicht vorstellen können, sind Anfang der Neunzigerjahre die sogenannten »Außenklassen« ins Schulgesetz aufgenommen worden. Hierbei wird die ganze Klasse einer bestimmten Sonderschule an eine allgemeine Schule ausgelagert. In diese Schule, zum Beispiel eine Grundschule, bringt die Sonderschulklasse ihre eigenen Lehrer mit und hat dort auch einen eigenen Klassenraum. Wie viel sie mit den Kindern der Grundschule gemeinsam macht, ist sehr unterschiedlich. Manchmal beschränkt sich die Zusammenarbeit auf wenige Fächer, in denen es »nicht so drauf ankommt«, wie Sport, Kunst oder Religion. Manchmal ist schlicht und einfach das gemeinsame Schuldach das einzig Verbindende. Wollen wir für Henri so etwas?

Ich schaue mir eine solche Außenklasse in einem Nachbarort an. Es ist Montag, und der Schultag beginnt mit der Morgenrunde. Wenn ein Grundschulkind etwas vom Wochenende erzählt, moderiert die Klassenlehrerin. Immer wenn ein Kind mit Behinderung an der Reihe ist, übernimmt die Sonderschullehrerin. Nach der Morgenrunde zieht sie mit »ihren« Kindern in den kleinen zusätzlichen Klassenraum. »Gast« ist übrigens das Wort, das ich an diesem Vormittag am häufigsten von den Sonderschullehrerinnen höre: »Wir sind hier ja nur zu Gast!«

Alle Kinder mit Behinderung bis auf eins werden morgens mit dem Bus zur Grundschule gefahren, denn sie wohnen in anderen Orten. Sie werden die »Buskinder« genannt oder haben einen Spitznamen, der sich vom Namen ihrer Sonderschule ableitet. Bei Elternabenden sitzen ihre Eltern separat. Die Elternvertreter der Grundschulklasse dürfen sie nicht mitwählen.

Ich schaue mir auch eine Sonderschule für Kinder mit einer geistigen Behinderung an. Sie legt den Schwerpunkt auf »lebenspraktischen Unterricht«. Von den sogenannten »Kulturtechniken« wie Lesen, Schreiben, Rechnen wird auf der Homepage der Schule nichts erwähnt. Eine Stunde Deutsch am Tag und eine Stunde Mathematik in der Woche stehen auf dem Stundenplan. Als ich komme, sagt die

Lehrerin: »Tut mir leid, dass ich mich heute gar nicht so viel mit Ihnen unterhalten kann. Ich muss noch so viel vorbereiten, denn heute schneiden wir Obstsalat!«

Von der anderen Schule in freier Trägerschaft erzählt mir eine Mutter in der Elterninitiative: Dort gehen die Kinder mit einer geistigen Behinderung grundsätzlich einen ganzen Schultag in der Woche spazieren. Die Lehrerin findet, das »tut ihnen so gut«. Noch in der vierten Klasse werden die Buchstaben mit dicken Wachsmalkreiden auf einer Vorlage nachgemalt oder mit Wollfäden auf Plakate geklebt. Diese Schule, die ich eigentlich auf meiner Liste hatte, schaue ich mir nicht an.

Als Nächstes besuche ich eine Schule für »lernbehinderte« Kinder, die bei uns Förderschule heißt. Selten, aber manchmal findet man auch hier ein Kind mit Downsyndrom, wenn die Eltern die Schule für geistig Behinderte partout nicht wollten und das Kind aus Sicht der Behörden besonders fit und »nur« lernbehindert ist. Lernbehindert im eigentlichen Sinne sind allerdings die wenigsten Kinder in der Schule, in der ich einen Vormittag verbringe. Viele stammen aus schwierigen Familienkonstellationen, Kinder mit Migrationshintergrund sind überdurchschnittlich vertreten, und die wenigsten Kinder haben zu Hause wirklich Unterstützung. Die Klasse ist sehr klein, aber die Lehrerin hat alle Hände voll zu tun. Fast ihre ganze Energie braucht sie, um Ordnung zu schaffen. Die Disziplin-Ampel, die im Klassenzimmer hängt, steht fast immer auf Rot. Ich beobachte die Jungs: Als einer zu arbeiten anfangen will, stößt ihn ein anderer in die Seite und flüstert: »Ey, spinnst du?«

Die paar Mädchen, die auch in der Klasse sind, schauen schüchtern zu den beiden hinüber und tun vorsichtshalber auch nichts. Ich kann mir Henri hier nicht vorstellen.

Wir möchten etwas anderes. Henri soll nirgendwo nur Gast sein. Er soll Lesen, Schreiben und Rechnen lernen. Zumindest soll er es versuchen und nicht nur Obstsalat schnippeln. Er soll motivierte Kinder um sich herum haben. Und wir möchten, dass er gemeinsam mit seinen Kindergartenfreunden und Nachbarskindern in die Grundschule gehen kann.

Ist das überhaupt möglich? Gemeinsam mit Selmas Mutter habe ich schon zwei Jahre vor der geplanten Einschulung in der örtlichen Grundschule, die auch Emily besucht, vorgesprochen. Der Rektor ist aufgeschlossen. Aus seiner Sicht spricht nichts dagegen, dass Kinder mit Behinderungen an seiner Grundschule lernen. Für ihn, der auch kommunalpolitisch engagiert ist, steht schon lange fest: Alle Kinder aus Walldorf sollen auch in Walldorf zur Schule gehen können. Kein Kind soll sich in einen Bus setzen und irgendwo anders lernen müssen.

Dass aber Kinder mit unterschiedlichen Behinderungen aus einem Ort auch wirklich gemeinsam in die örtliche Grundschule gehen können, ist im Gesetz nicht vorgesehen. Eigentlich ist es einfach und einleuchtend, finde ich. Doch lediglich ein einziges Mal im ganzen Schulamtsbezirk wurde es – auf dringenden Wunsch der beteiligten Eltern – in einer Stadt in der Nähe möglich gemacht. Dazu musste man alle Vorschriften kräftig zurechtbiegen und einen neuen, komplizierten Namen erfinden: »Intensivkooperation«.

Auf diesen Präzedenzfall berufen wir uns jetzt, als wir uns nach den Gesprächen mit dem Rektor mit einem ganz konkreten Antrag ans Schulamt wenden. Inzwischen sind Selmas Mutter und wir nicht mehr allein. Auch die Familie von Robert, der so wie Selma durch eine chronische Krankheit körperlich eingeschränkt ist, stößt zu uns. Die Eltern von

Isaf, der wie Henri als »geistig behindert« eingestuft wird, kommen später hinzu.

Wir haben Glück: Inzwischen ist nicht mehr der Schulrat mit dem Ohrring zuständig, sondern einer, der vorher selbst als Rektor die »Intensivkooperation« im Nachbarort mit ins Leben gerufen hat.

»Dass wir das in Walldorf in der Grundschule so machen, stand zu keiner Zeit infrage«, wird er später einmal sagen. Mein dicker Ordner, die vielen Mails und Gespräche und vor allem die langen Monate, in denen sich, zumindest nach unserem Eindruck als Eltern, erst einmal gar nichts tut – all das spricht eine andere Sprache. Auch ich habe die lange Zeit der Ungewissheit inzwischen fast vergessen, fast so, wie man nach einer Geburt, wenn das Kind erst einmal da ist, die schmerzlichen Wehen schnell vergisst.

Unsere Wehen ziehen sich hin. Denn es ist vieles zu klären in einem Bundesland, das sich so unendlich schwertut, außerhalb von Sonderschulen auch nur zu denken: Von welchen Sonderschulen sollen die zusätzlichen Lehrer kommen? Können die alle Behinderungen pädagogisch abdecken? Welche räumlichen Voraussetzungen sind mit so unterschiedlichen Kindern nötig? Wie werden die Bescheide aussehen? Und vieles mehr.

Erst im April des Einschulungsjahres – Henri ist inzwischen sieben Jahre alt – kommt die Einladung zum entscheidenden »runden Tisch« für die »Inklusionsklasse«. Wir Eltern und unser Rektor nennen sie einfach so und verabschieden uns von dem sperrigen Begriff der »Intensivkooperation«. Denn wir wollten immer, dass unsere Kinder nicht nur intensiv mit den anderen kooperieren, sondern von Anfang an selbstverständlich dazugehören. Doch unsere Verwaltung liebt sperrige Begriffe: Inzwischen trägt die Veranstaltung, in der über die inklusive Beschulung von Kindern mit Behinderung entschieden wird, den Namen »Bildungswegekonferenz«.

Runde Tische, das erlebe ich ab sofort noch häufiger, werden immer dann einberufen, wenn irgendetwas schwierig ist oder schwierig erscheint. Und immer dann, wenn an einer Sache mehrere Personen und Ämter beteiligt sind, von denen keiner ohne den anderen entscheiden will oder kann. Runde Tische können klären, sie können aber auch einschüchtern: Da sitzen dann zum Beispiel mehrere Fachleute und reden auf eine einsame Mutter ein. Ich rate jedem, zum runden Tisch zu zweit zu kommen, entweder mit dem Partner oder einer Person seines Vertrauens.

Norbert und ich gehen zu diesen Veranstaltungen immer gemeinsam. Und Norbert sitzt dann dort mit Schlips und im Anzug, genauso wie die Schulräte und Amtsleiter auch. Meetings sind für ihn normal.

Das kleine Besprechungszimmer im Rektorat der Grundschule platzt bei unserem runden Tisch vor lauter Teilnehmern aus allen Nähten: Mehrere Schulamtsmitarbeiter, Sonderschulvertreter, wir Eltern und natürlich der Rektor sind anwesend. Noch einmal wird uns vom Schulamt die Sonderschule, der klassische Weg, angeboten. Das muss wohl so sein, um den Vorschriften Genüge zu tun. Wir zucken nur mit den Achseln, denn wir haben uns doch längst entschieden. Dann werden im Detail die Behinderungen und Bedarfe der einzelnen Kinder durchgesprochen. Zwar wird vorher gefragt, ob das in Ordnung geht, es in so großer Runde zu thematisieren, es ist aber trotzdem sehr belastend für alle, nicht nur für uns Eltern.

»Ich habe mich ja schon ein bisschen wie ein Bittsteller gefühlt, dabei wollen wir doch nur das, was die UN-Behindertenrechtskonvention vorsieht«, sage ich abends zu Norbert.

Unser Rektor erzählt bis heute jedem, der ihn auf die erste inklusive Klasse an seiner Schule anspricht: »Diese Sitzung werde ich niemals vergessen!«

Nach dem runden Tisch, bei dem eigentlich alles Organisatorische besprochen wurde, geht das Warten weiter: Wir warten auf das Protokoll. Und dann warten wir auf die sogenannten »Feststellungsbescheide«, mit denen endlich alles auch rechtlich abgesichert sein wird. Die Eltern der Kinder ohne Behinderung haben längst die Schulranzen gekauft und das Lokal für das Familienessen nach der Einschulung gebucht. Endlich kommt unser Bescheid. Er trägt das Datum vom 9. Juni. Isafs Eltern warten übrigens am längsten. Sie können keine E-Mails verschicken, um immer wieder nachzuhaken.

Im Bescheid steht es klar und deutlich: Obwohl sie die Grundschule im Ort besuchen, müssen unsere Kinder formal »Sonderschüler« bleiben. Doch im Monat der Einschulung kommt in Baden-Württemberg politisch ein bisschen Bewegung in das Thema Inklusion. Eine sogenannte »Schulversuchsordnung« tritt in unserem Schulamtsbezirk in Kraft, mit der Baden-Württemberg in ausgewählten Modellregionen Inklusion erproben will. Diese Verordnung macht es möglich, dass unsere Bescheide noch einmal geändert werden und Henri und seine Klassenkameraden mit Behinderung keine Sonderschüler mehr sein müssen, sondern ganz normal Schüler der Grundschule werden.

»Ach, das ist doch nur eine juristische Spitzfindigkeit«, sagen manche. Nein, es ist mehr. Viel mehr. Denn es begründet die Verantwortlichkeit der Grundschule für alle Kinder. Henri ist kein ausgelagertes Kind einer Sonderschule. Henri ist kein Gast. Henri gehört von Anfang an dazu. So wie Selma, Robert und Isaf auch.

Selbstständig und selbstbewusst

Henris Kindergartenzeit ist jetzt definitiv zu Ende. Zum Abschied übernachten die Schulanfänger auf Isomatten mit Schlafsäcken im Gruppenraum. Henri liegt mittendrin. Am nächsten Morgen ist Abschiedsfrühstück. Emily war damals bei ihrem Kindergartenabschied morgens völlig am Ende und wollte zu Hause nur noch ins Bett. Henri ist aufgedreht und vergnügt. Es wird ein Foto mit den Schultüten gemacht. Henri hat mit den Erzieherinnen eine schwarzweiße Tüte mit Kuh-Motiv gebastelt. Die Kuh streckt frech eine rote Zunge raus.

In den Schulferien besucht Henri seinen Kindergarten noch viele Male als »Besuchskind« für einen Tag, so wie das auch etliche andere Kinder tun. Auf diese Tage freut er sich immer besonders. Noch heute weiß Henri ganz genau, wo sein Kindergarten ist. Und wann immer wir dort vorbeifahren, zeigt er darauf und erzählt von seinen Erzieherinnen, den Kindergartenfreunden und natürlich von der Vogelnestschaukel.

Kurz vor seiner Einschulung gehen wir mit Henri nach vielen Jahren doch noch einmal in eine Krankenhausambulanz. Wir möchten von den dortigen Therapeuten einschätzen lassen, wo er so steht, was seine Entwicklung und Intelligenz angeht.

Zunächst sollen wir viele Fragebögen über Henri und seine Fähigkeiten ausfüllen. Meine Lieblingsfrage, die mir noch gut in Erinnerung geblieben ist, lautet: »Kann Ihr Kind zehn Perlen in eine Flasche mit engem Hals füllen?« Ich schreibe: »Ich denke schon, aber: Warum sollte er das tun?«

In der Elterngruppe erzählt eine Mutter, ihr Sohn habe sich bei der Testung geweigert, ein Männchen zu malen. Der Gutachter fand das sehr bedenklich und deutete an, das Kind könne wohl gar kein Männchen malen. Sie sagt: »Hat er eigentlich mal darüber nachgedacht, ob die Aufgabe, ein Männchen zu malen, meinem Sohn schlicht und einfach zu doof war?«

Wir lachen alle, und eine andere Mutter ergänzt, das sei ja wie im Film »Männer«. Darin gab es einen sogenannten »Manager-Test«: Der angehende Manager sollte auf einen Tisch steigen. Er tat es. Resümee im Film: Test nicht bestanden. Ein Manager klettert nicht auf Aufforderung auf den Tisch.

Henri hat bei dem Testungstermin in der Klinik einen ausgesprochen guten Tag. Als ihm der Ergotherapeut einen Fußball auf dem Krankenhausflur zuwirft, nimmt Henri ihn mit dem Fuß in der Luft an und schießt ihn scharf zurück. Der Grobmotorik-Test ist bestanden.

Es sind Sommerferien, und Henri ist fast ein Schulkind. Er wird immer selbstständiger und selbstbewusster. Wenn ihm irgendjemand eine Aufgabe abnehmen will, hebt er abwehrend die Hand und sagt bestimmt: »Henri macht!«

Eines Tages ist ihm langweilig: Mama ist einkaufen, Papa sitzt am Computer, Emily hat keine Lust, etwas zu spielen. Irgendwann fällt auf, dass die Haustür offen steht. Henri ist im Schlafanzug und mit blauen Crocs an den Füßen entwischt und hat sich eigenständig auf den Weg gemacht. Norbert und Emily suchen ihn verzweifelt. Ich stehe derweil entspannt beim Supermarkt-Bäcker, bis mich eine Bekannte antippt und fragt: »Sag mal, hat das seine Richtigkeit, dass dein Sohn draußen ganz alleine auf dem Parkplatz herumläuft?« Sie hat ihn an der Hand. Ich schaue ihn an und frage entgeistert: »Bist du abgehauen?«

»Ja, abgehauen!«, antwortet Henri fröhlich.

Papa braucht ein paar Tage, um sich von dem Schreck zu erholen. Dabei hat Henri den Weg zum Supermarkt über einige große Straßen hinweg ganz alleine gefunden und bewältigt! Als ich ihn wieder mit nach Hause nehme, hält Henri einen Roman in der Hand. Er heißt »A Long Way Down« und stammt von Nick Hornby, der einen Sohn mit Autismus hat und eine Elternselbsthilfevereinigung mitgründete. Warum Henri ausgerechnet dieses Buch, auch noch die englische Fassung, mit auf seinen Ausflug genommen hat, wird wohl für immer ein Geheimnis bleiben.

Teil 2:

Schulkind Henri

Schulanfang

Nach den Sommerferien ist er da: der erste Schultag.

Emily wollte bei ihrer Einschulung unbedingt ihre geliebte, hundertfach geflickte löcherige Jeans anziehen und ließ sich nur mit Mühe zu einer weniger auffälligen Hose überreden. Henri dagegen hat ohne Diskussion die vereinbarten Klamotten angezogen und sich brav zu Fuß mit Emily und uns zur Schule aufgemacht. Lachend steht er, mit seiner Kuh-Schultüte im Arm, vor der Eingangstür der Schule. Dort ist das Wappen der Stadt abgebildet mit einem programmatischen Spruch, den sie sich im hundertsten Jahr ihres Stadtrechts gegeben hat: »Auf die Zukunft!«

An der Hand einer Lehrerin marschiert er mit seinen Klassenkameraden ins Klassenzimmer, und er macht sogar beim Gruppenfoto mit, wenn auch ohne gelbe Erstklässlermütze auf dem Kopf. Mützen gehören für ihn in unsere Verkleidungskiste und sind keine »ordentlichen« Kleidungsstücke, außer man klaut sich eine von Papa und lacht sich dann vor dem Spiegel darüber kaputt, wie man selbst damit aussieht.

Zu Hause gibt es eine große Belohnungs-Pizza, von der Henri wie immer den ganzen Belag abpult und sie dann genüsslich verspeist.

Wir atmen auf. Einschulung geschafft. Die äußeren Bedingungen in der Klasse sind gut: Hier unterrichten Frau Maier, die Grundschullehrerin, und zwei Sonderpädagoginnen. Frau Kauffeld und Frau Becker teilen sich die zusätzliche Stelle tageweise auf. Alle drei haben sich freiwillig für die Inklusionsklasse gemeldet. Sie haben Erfahrung in Außenklassen, dem gängigen Kooperationsmodell. Das, was jetzt hier in der Grundschule entsteht, konnten sie nicht üben, denn zumindest in Baden-Württemberg gab es bisher keine Inklusionsklassen. Auch sie betreten damit Neuland. Sie arbeiten im Team, und alle sind für alle Kinder zuständig. Sie wechseln sich zum Beispiel darin ab, die neuen Buchstaben und Zahlen einzuführen.

»Ave Zenturio!«, begrüßt Henri, der große Asterix-Fan, seine Lehrerinnen morgens. Sie nehmen es mit Humor.

Doch gleich am ersten Schultag wird es schwierig. Henri weigert sich beharrlich, ins Klassenzimmer zu kommen. Frau Kauffeld zerrt ihn schließlich hinein. »Nun bist du in der Schule und nicht mehr im Kindergarten«, schimpft sie. Henri weiß das natürlich. Umsetzen kann er es nicht. Zumindest nicht so schnell, wie er soll und muss.

Ich habe den Eindruck, am Anfang dieser neuen Situation stehen wir alle sehr unter Druck, dass es gut klappen muss. Die Lehrerinnen und auch wir Eltern, denn wir haben schließlich sehr für diese Klasse gekämpft. Diesen Druck übertragen wir auf Henri. Wir alle zusammen. Aber Henri kann diesen Druck nicht aushalten. Er spürt unsere Erwartungen, aber er kann ihnen nicht entsprechen. Und wir alle finden, zumindest am Anfang, kein Rezept, wie wir mit dem Schulkind Henri so umgehen können, dass alle sich wohl dabei fühlen.

Wir bringen ja auch ganz unterschiedliche Voraussetzungen und Vorgeschichten mit. Frau Kauffeld zum Beispiel ist schnell und zackig. Auch ich bin schnell, ich war es immer. Seit Henri auf der Welt ist, habe ich ein Tempo kennengelernt, das von meinem eigenen Lichtjahre entfernt ist. Henri ist die Geduldsprobe meines Lebens! Immer wieder die

Geduld aufzubringen, die für Henri nötig ist, war und ist für mich und auch für uns als Familie eine echte Herausforderung.

Und es geht nicht nur um Geduld, sondern gerade in der Schule auch um das Thema, das uns schon seit Jahren umtreibt: Wenn Henri anders ist, stört er dann, und wen oder was stört er eigentlich?

Jeden Tag ein anderes Problem.

Henri zieht sich zuerst immer Schuhe und Strümpfe aus und sitzt im Schneidersitz auf seinem Stuhl. Als Oberbekleidung findet er ein Unterhemd völlig ausreichend. Seine Lehrerinnen möchten, dass er alles anbehält. Sie haben keine Chance. Drehen sie sich um – zack –, hat Henri den Pulli ausgezogen. Wir versuchen bei der Fußbekleidung eine Zeit lang einen Kompromiss: Wenigstens Hausschuhe soll Henri im Unterricht tragen. Auch das ist nicht wirklich erfolgreich. Noch heute mag Henri keine Socken, er läuft am liebsten barfuß und akzeptiert an den Füßen allenfalls seine geliebten Crocs.

Anfangs war es mir oft peinlich, dass Henri überall immer gleich Schuhe und Strümpfe auszieht und sich in den Schneidersitz setzt. Das macht er auch im Kino und im Zug. »Wir waschen jeden Morgen seine Füße«, habe ich einmal einer pikiert dreinblickenden Mitreisenden gesagt. Viel besser wurde die Situation dadurch nicht. Manchmal kann man Henri locken, seine Schuhe anzubehalten. Diesen Tipp nehmen auch die Lehrerinnen dankend an: »Henri«, sagen sie, »gleich gehen wir in die Turnhalle, da lohnt es sich für dich gar nicht mehr, die Schuhe auszuziehen.« Henri liebt Turnen und behält die Schuhe an.

Vielleicht bin ich an Henris Schuhantipathie nicht ganz

unschuldig, denn auch ich laufe noch bis tief in den Winter barfuß durchs Haus. Ich tue das schon seit meiner Kindheit. »Kind«, hat meine Mutter immer gemahnt, »du wirst dir noch eine ganz fürchterliche Grippe holen.« Auf die warte ich bis heute.

Henri ist, wie viele Menschen mit Downsyndrom, sehr klein. Bei seiner Einschulung ist er gerade mal so groß wie ein Vierjähriger. Doch er soll seinen Schulranzen unbedingt allein ins Gebäude tragen, das ist den Lehrerinnen wichtig. Keiner seiner Klassenkameraden darf ihn ihm abnehmen. Sie tun es trotzdem. Mit seinem Schulranzen, der oft auch viel zu schwer für ihn ist, sieht Henri aus wie eine Schnecke, die ihr etwas zu groß geratenes Haus auf dem Rücken mit sich herumschleppt.

Ich bespreche mit den Lehrerinnen, dass im Ranzen wirklich nur Dinge sein müssen, die Henri von einem Tag auf den anderen braucht. Andere Kinder können das selbst aussortieren. Henri benötigt dabei Unterstützung. Man kann Henri leicht davon überzeugen, einen leichten Schulranzen zu tragen. Einen schweren lässt er einfach im Foyer stehen.

Henri soll bunt anmalen. Bunt anmalen ist in der Grundschule sehr wichtig. Das weiß ich noch von Emily. Da hatten wir uns bei so mancher Hausaufgabe darauf geeinigt: Emily rechnet, Mama malt an. Henri aber malt und schreibt alles mit Bleistift.

Für seine Verhältnisse liebevoll angemalt hat er das Bauernhofbild, das er eines Tages mit nach Hause bringt. Alles natürlich in Grau mit seinem Lieblingsbleistift. Darunter steht: »Bitte sorgen Sie dafür, dass Henri alles noch einmal bunt anmalt.« Ich lese Henri diesen Satz vor. Henri

schaut mich entgeistert an und sagt: »Aber ich liebe Grau!«
Ich schreibe seine Antwort als direktes Zitat unter das Bild.
Henri packt es in den Ranzen, und fertig sind die Hausauf-
gaben. Von den Lehrerinnen höre ich dazu nichts mehr.

Farben sind am Anfang für Henri nicht verhandelbar.
Heute ist seine Abneigung nicht mehr ganz so ausgeprägt.
Es gibt Tage, da malt er sogar ein buntes Bild, an anderen
nach wie vor nicht. Ein Fall für den Kinderpsychiater ist er
deshalb nicht.

Wenn aus ihm mal ein Künstler wird, weiß ich schon
jetzt den Titel seiner ersten Ausstellung: »Graue Bilder«.
Wie heißt es in einem Songtext von Stefan Gwildis: »Dieses wunderschöne Grau, so reich und bedeutungsvoll wie
ein langer tiefer Traum.«

Immer wieder geht es in der ersten Klasse um die Pausen.
»Henri hat sich heute wieder geweigert, nach der Pause in
den Unterricht zu kommen«, lese ich im Mitteilungsheft, in
das die Lehrerinnen die Hausaufgaben und Anmerkungen
zum Schulvormittag schreiben. Die Lehrerinnen sind mit
ihrem Latein am Ende. Als Henri eines Tages wieder einmal
nach der Pause beharrlich auf dem Schulhof sitzt, holen sie
den Rektor. Der hat eine Idee: Er spielt den Büffel, und Henri soll ihn jagen. Blitzartig sind Jäger und Gejagter im Klassenraum. »Noch nie habe ich in meinen vielen Berufsjah-
ren etwas Ähnliches getan«, sagt der Rektor später lachend.

Henri und sein »Büffel« sind seitdem gute Freunde. Beim
Fasching tanzen sie ausgelassen in der Turnhalle und ziehen in einer Polonaise oder »Bolognäse«, wie die Erstklässler an Henris Schule manchmal sagen, durch das Gebäude.
Für Henri, den Kölner, ist das eine ganz normale Fortbewe-
gungsart. Man muss die Feste feiern, wie sie fallen.

Der Rektor kann nicht jeden Tag den Büffel spielen, und so frage ich bei den Lehrerinnen nach, was in den Pausen eigentlich passiert.

Das passiert: Es klingelt. Henri muss jetzt erst einmal sein Bild zu Ende malen, natürlich in Grau. Dann packt er den Stift ins Mäppchen und macht den Reißverschluss zu. Das Bild stellt er in den Stehsammler auf dem Regal an der Wand. Zurück an seinem Platz zieht er die Schuhe wieder an, die er noch immer im Unterricht grundsätzlich auszieht. Dann bewegt er sich in Richtung Tür. Und wenn er Pech hat, klingelt es genau in diesem Moment zum Pausenende.

Ich finde, es ist kein Wunder, dass Henri, wenn er denn endlich mal in den Pausenhof gelangt ist, dort nicht gleich wieder wegwill.

Die Lehrerinnen finden für die kurze Pause eine Regelung. Henri darf im Klassenzimmer sein und sich immer zwei Kinder aussuchen, die bei ihm bleiben. Paul, ein Klassenkamerad, den er schon vor der Einschulung gekannt hat, weil wir Mütter befreundet sind, ist immer sehr froh, wenn er bei diesen Kindern ist. Auch andere hetzen nicht gerne nach draußen, um gleich wieder zurückzukommen.

Übrigens haben viele Schulen, vor allem die inklusiv arbeitenden, die Pausenklingel abgeschafft. Pausen werden gemacht, wenn eine Unterrichtseinheit ein sinnvolles Ende gefunden hat und die Kinder eine Pause brauchen. So wie es kein Lernen im Gleichschritt mehr gibt, gibt es auch keine Pausen im Gleichschritt. Das funktioniert natürlich nur, wenn sich zuvor auch der Unterricht verändert hat, wenn die Kinder viel Freiarbeit machen, nach einem individuellen Lernplan vorgehen und eigenverantwortlich agieren. Im Wörtchen »eigenverantwortlich« steckt bereits drin, dass jeder in seinem Tempo arbeitet und für sein Tempo selbst verantwortlich ist.

Tempo ist das Thema, das uns alle umtreibt und in Atem hält.

Henri ist langsam. So langsam wie Franklin, die kleine Schildkröte in seinen Bilderbüchern. Gehetzt zu werden hasst er. Dann wird er noch langsamer. Wer als Lehrer schon einmal mit einem Kind mit Downsyndrom zu tun hatte, wird mit hoher Wahrscheinlichkeit genau das erleben, denn viele – nicht alle – Menschen mit Downsyndrom sind genauso wie Henri. Die erwachsene Tochter einer Freundin sagt immer: »Schnell kann ich nicht.«

Henri drückt es anders aus. Wenn jemand »Zack, zack« zu ihm sagt, setzt er seinen Wichtig-wichtig-Blick auf und sagt sehr bestimmt: »›Zack, zack‹ sagt man nicht!«

Wer einmal im Schneesturm mit Henri zu Fuß von der Schule nach Hause gegangen ist, erlebt eindrucksvoll und frierend, dass sich Henri nicht beschleunigen lässt. Er hat sein Tempo. Und Punkt. Eine der Puppen des Bauchredners Sascha Grammel, Frederic Freiherr vom Furchensumpf, sagt immer: »Hetz mich nicht!« Wir haben uns ein T-Shirt mit dieser Aufschrift gekauft, weil sie uns so an Henri erinnert.

Henri wird in der ersten Klasse viel gehetzt beziehungsweise er fühlt sich gehetzt. Ich wende mich hilfesuchend an eine Kinderpsychologin: »Wenn er beschleunigt wird«, sagt sie, »dann entschleunigt er.«

Henri kann sich verändern, aber nur aus eigener Kraft und in seinem Tempo. Manchmal ist das so langsam, dass wir Schnellen das gar nicht recht mitbekommen. Dass er zum

Beispiel seinen Stift inzwischen aus dem Mäppchen holt, ohne dass wir es ihm dreimal sagen müssen. Dass er auf einmal beim Umziehen nach dem Sport nicht immer der Letzte ist.

Druck auszuüben bringt gar nichts. Druck lässt Henri nur verzweifeln. Das gilt beim Tempo ebenso wie bei sämtlichen anderen Anforderungen in der Schule rund ums Lernen.

Für Lehrer, Eltern und alle, die mit Henri zu tun haben, bedeutet das, ihm goldene Brücken zu bauen, über die er gehen kann. Ideologisch auf einer Maximalforderung zu beharren ist keine Lösung. Besser ist es, einen Kompromiss anzubieten: Du schreibst den ersten Teil, ich den zweiten. Wir sind ein Team und müssen die Aufgabe unbedingt gemeinsam erledigen, und zwar so schnell, wie du kannst, aber nicht bewusst bummelig. Du machst jetzt erst einmal die ersten beiden Aufgaben, und die nächsten haben Zeit bis nach der Pause. Aber dann erledigst du sie, ohne rumzukaspern oder zu diskutieren.

Wer mit Henri arbeitet, braucht Geduld. Sehr viel Geduld. Wir mussten schon früher immer wieder einen langen Atem haben: beim Sprechenlernen, beim Laufenlernen, beim Trockenwerden. Für die Lehrerinnen ist es neu und damit besonders schwer, auch besonders schwer auszuhalten.

»Wenn man lange genug wartet, wird das schönste Wetter«, sagt ein japanisches Sprichwort. Aber warten ist verdammt schwer. Norbert und ich wissen das nur zu gut.

Ich glaube, dass ein wesentliches Merkmal einer inklusiven Schule ist, mit unterschiedlichen Geschwindigkeiten umgehen zu können, auch wenn das schwerfällt und für viele

Lehrer eine Umstellung bedeutet. Nicht nur Henri lässt sich nicht beschleunigen, sondern auch andere Kinder, und wenn sie es doch zulassen, dann tut es ihnen nicht gut. Das ist nicht immer so deutlich wie bei Henri. Und doch fühlen sie sich gehetzt und dürfen Dinge nicht so schnell oder so langsam tun, wie es für sie richtig wäre.

Ein paar Wochen nach Schulbeginn treffe ich eine Mutter auf dem Schulhof, die ihr Kind in einer Parallelklasse hat. Ihr hatte die Lehrerin bereits mahnend gesagt: »Ihre Tochter rechnet zu langsam!«

Geschwindigkeit ist auch bei Kindern ein Thema, die wir nicht als »behindert« stempeln. Dazu zählt auch ein zu hohes Tempo. Was machen Lehrer mit einem Kind, das jedes Arbeitsblatt in fünf Minuten ausgefüllt hat, ohne dass es etwas daran zu beanstanden gäbe? Das den schwierigen Rechenweg, den der Lehrer nach und nach in einer ganzen Stunde erklären wollte, sofort durchschaut? Von einem Unterricht, der unterschiedliche Geschwindigkeiten von Anfang an mit einplant und nicht per se schwierig findet, würden auch schnelle Kinder profitieren.

In diesen Wochen geht mir oft der Satz von Vernor Muñoz, dem UN-Sonderberichterstatter für das Recht auf Bildung, durch den Kopf, den er in seinen 2007 vorgelegten Deutschlandbericht geschrieben hat: »Nicht die Menschen müssen sich dem Bildungssystem anpassen, sondern das Bildungssystem muss sich den Menschen anpassen.« Hier haben wir in Deutschland im Gegensatz zu vielen anderen Ländern einen großen Nachholbedarf. Bei uns gab es jahrzehntelang nur »Integration«: »Du bist anders, aber wir lassen dich mitmachen – allerdings nach unseren Regeln«, hat es einmal eine Mutter auf den Punkt gebracht. Und dabei liegen die pädagogischen Konzepte, wie man allen Kindern im Unterricht gerecht werden kann, schon seit über 40 Jahren vor. »All das, worüber wir jetzt wieder diskutieren, habe ich in meinen allerersten Aufsätzen schon ausführlich beschrieben«, seufzte neulich eine Pädagogikprofessorin. Sie ist inzwischen über 70 Jahre alt und längst im Ruhestand.

Für mich als Mutter ist es allerdings ein bisschen heikel, mit den Lehrerinnen darüber ins Gespräch zu kommen. Denn die Pädagogik ist ihr ureigenstes Thema. Ich finde es immer schwierig, wenn Eltern Lehrern erklären wollen, wie sie zu unterrichten haben, was ja auch in ganz normalen Klassen häufig vorkommt. Zumindest berichtet eine große Zahl von Lehrern von den vielen Ratschlägen, Empfehlungen und sogar Anweisungen von Eltern, wie sie ihren Unterricht halten sollen. Ich kenne Henri und weiß, wie leicht es sein kann, wenn man den richtigen Zugang zu ihm findet. Doch ich muss den Lehrerinnen gegenüber eine Balance finden zwischen hilfreichen Ratschlägen und Zurückhaltung. Alle Lehrer, auch die in einer inklusiven Klasse, müssen ihren Weg finden, und der steht eben am Ende doch nicht in klugen Büchern, sondern wird im Alltag Stück für Stück erkundet.

Allerdings denke ich, dass es mit drei Lehrerinnen, von denen immer zwei gleichzeitig da sind, möglich sein müsste, mit einem langsamen Kind klarzukommen. Die Lehrerinnen in Henris Klasse finden Wege, doch brauchen auch sie dafür Zeit.

Am Anfang habe ich oft das Gefühl, Henri muss besonders gut funktionieren, viel besser als die »Grundschüler«, von denen natürlich auch vielen die Umstellung schwerfällt. Vor allem den Sonderpädagogen ist es besonders wichtig, dieses »Funktionieren« sicherzustellen, vielleicht aus dem Bedürfnis heraus, es möge nicht gleich zu Konflikten kommen oder die Kinder mit Behinderung sollten nicht gleich so auffallen.

Und die wichtigste Regel in der Schule ist Mitmachen!

Henri ist kein »Mitmacher«. Das wussten wir ja schon. Im Kindergarten hatten es die Erzieher gut geschafft, Henri zum Mitmachen zu animieren: »Auf, Henri!« Das war ihr Satz. Und nach und nach war aus Henris »will nicht« ein »Na dut« geworden: Na gut!

In der Schule ist Henri zunächst ein Zugucker und Neinsager: »Oh nein, ich liebe nicht!«

Ich kenne Zugucker-Kinder sehr gut. Seit einigen Jahren habe ich nebenberuflich eine kleine Musikschule, in der ich nicht nur abends in diversen Bands und Ensembles selbst Musik mache, sondern auch Kurse für Kinder gebe. Da sind sie auch immer wieder dabei: die Kinder, die nicht mitmachen, sondern nur zugucken. Für mich ist das in Ordnung, denn ich habe in all den Jahren gelernt, dass es nichts bringt, sie unter Druck zu setzen. Ich kann sie immer wieder einladen, mehr nicht. Ein kleines Mädchen hat neulich nach zwei Jahren das erste Mal mit mir gesprochen und sich plötzlich aktiv beteiligt. Es war ein Knoten geplatzt. Immer wieder staune ich jetzt, wie sie lacht, singt und redet.

In der Schule wird es für Henri jedoch ernst. Denn wer nicht mitmacht, hat ein Problem und wird zum Problem. Eltern von Zugucker-Kindern fühlen sich oft für dieses Problem verantwortlich. Hier muss auch ich einiges lernen. Es geht um die Frage »Mein Job – dein Job«. Anfangs fühle ich mich sehr dafür verantwortlich, dass Henri so schlecht mitmacht. Ich denke, ich kann es ändern, und ich muss es ändern.

Aber das kann ich natürlich nicht, denn ich bin ja nicht dabei. Was ich kann, ist, mit den Lehrern im Gespräch zu bleiben und gemeinsam zu überlegen, was man verändern kann. Nicht mehr und nicht weniger. Heute sage ich manchmal scherzhaft: »Mein Job ist, dass er morgens einigermaßen gut gelaunt mit gemachten Hausaufgaben und geschmierten Frühstücksbroten die Schule betritt. Und dann endet mein Job zumindest bis 12:30 Uhr!«

Es gelingt besser, als wir und nach und nach alle anderen entspannen: Ich entspanne mich langsam, und auch die Lehrerinnen entspannen sich. Was passiert denn schon, wenn Henri einfach eine Weile nichts macht, nur zuguckt oder »graue Bilder« malt? Gar nichts. Graue Bilder stören nicht, sie entstehen leise, und andere Kinder werden durch sie nicht vom Lernen abgehalten.

Henri entspricht nicht unseren Erwartungen. Dass er deswegen in dieser Zeit weniger lernt, ist durch nichts bewiesen. Was er nicht in der Schule macht, bekommt er als Aufgabe mit nach Hause. Das ist manchmal ein ziemlicher Berg. Und auch Henri versteht nach und nach: Was ich schon in der Schule erledigt habe, ist weg. Was weg ist, muss ich nicht am Nachmittag machen. Ich kann also mehr spielen. Gut, dass Henri die Sache mit der Kausalität schon als Vorschulkind verstanden hatte!

Bis heute bekommt Henri »Mitmachstempel«, manchmal viele, manchmal wenige. Ich schaue sie mir inzwischen zu Hause ziemlich gelassen an. Wenn Henri besonders gut mitgemacht und alle Stempel bekommen hat, erhält er eine Belohnung von seinen Lehrern. Die darf er sich selbst aussuchen. Er möchte dann immer alle Stühle hochstellen. Das kann schon mal eine Viertelstunde dauern.

»Mitmachen« bleibt nach wie vor ein Thema. Ich habe gemischte Gefühle, wenn seine Freunde nach Schulschluss aus der Klasse strömen und mir, die ich Henri abhole, erzählen, Henri habe heute besonders gut mitgemacht. Würden sie das auch einer anderen Mutter als Erstes erzählen, die ein Kind abholt? Mitmachen ist für mich kein Gradmesser für das Gelingen von inklusivem Unterricht. Mir ist es wichtiger, dass es Henri und seinen Mitschülern gut geht und dass sie etwas mitnehmen, also etwas gelernt haben. Das geht auch, ohne immer alles mitzumachen. Allerdings fordert Henri inzwischen die Mitmachstempel selbst ein. Wenn es einmal vergessen wird, ruft er laut: »Stempels!«

Das Mitmach-Thema ist nicht das Einzige, was uns beschäftigt. Immer wieder kommt es zu Situationen, in denen die Lehrerinnen hilflos sind und die für Gesprächsstoff zu Hause sorgen.

Zum Beispiel der Tag, an dem Emily, inzwischen in der 6. Klasse am Gymnasium, ihren kleinen Bruder zum ersten Mal alleine von der Schule abholt. Sie freut sich total. Sie geht bis vors Klassenzimmer. Als es klingelt, schaut sie hinein. Doch da wird sie von Frau Kauffeld mit energischem Ton weggeschickt: Abholen nur vor dem Schulgebäude! Emily ist stinksauer. In ihrer eigenen Grundschulklasse waren einige Kinder noch ein Jahr lang von ihren Müttern ins Klassenzimmer gebracht und von dort wieder abgeholt worden. Manche Mütter hängten sogar noch den Ranzen an den Haken am Sitzplatz ihres Kindes.

Sie wartet grummelnd vor dem Gebäude. Alle aus der Klasse sind inzwischen draußen. Nur Henri fehlt noch immer. Schließlich wird es ihr zu bunt, und sie geht doch hinein. Henri sitzt mit verschränkten Armen schmollend in der Ecke. Die Lehrerinnen haben es nicht geschafft, ihn dazu zu bewegen, die Schuhe wieder anzuziehen. »Los, Bär«, sagt Emily, »Schuhe anziehen! Mama wartet. Es gibt Pizza. Und die mag ich nicht kalt.« Henri zieht seine Schuhe an, Emily schnappt sich den Schulranzen, und beide ziehen von dannen.

Emily hat einen Henri-Erfahrungsvorsprung von sieben Jahren.

Was ist für Henri in der ersten Klasse das größte Problem? Ich denke, es ist, dass er sich in dem, wie er ist und wie er sein kann, nicht genug wertgeschätzt und geliebt fühlt. Wenn ich heute die Kommentare der Lehrerinnen in seinen Mitteilungsheften lese, stoße ich fast nur auf Kritik an ihm. Und mein Herz wird wieder so schwer, wie es damals oft war.

Henri spürt sofort, ob man ihn mag oder nicht. Ob man ihn akzeptiert oder nicht. Ob man ihn in Ordnung findet oder nicht. »Man sieht nur mit dem Herzen gut«, sagt ein Sprichwort von Saint-Exupéry, und mit dem Herzen sieht Henri besser als viele andere Menschen.

Henri mit dem Herzen zu sehen ist allen voran Henris Religionslehrerin gelungen. Ihr bringt Henri immer Fotos von Wegkreuzen, Grabsprüchen und frommen Sätzen mit, die er auf unseren Ausflügen sieht: aus Oberammergau, vom Ribbeck'schen Familienfriedhof oder aus dem Felsenmeer. Sie hat schon eine umfangreiche Sammlung und einen extra Ordner dafür angelegt. Er nennt seine Religionslehrerin »edle Dame«.

Er spürt, ob man ihn ändern will, an ihm »herumschrauben«, wie sein Vater, der Ingenieur, schon mal sagt. Wer das versucht, übrigens letztlich immer vergeblich, ist eben keine edle Dame, sondern eine »blöde Tussi«. Das sagt Henri auch zu Männern.

Zum »Büffel« sagt Henri das nie. Er hat auch keinen Grund dazu. Der Rektor ist in all den Grundschuljahren eine wichtige Konstante für Henri und ebenso für uns. Immer wieder setzt er sich in Gesprächen für Henri ein. Er sieht, wie Henri ist und was er braucht, und er macht es den anderen Beteiligten deutlich. Oft sehe ich ihn schmunzeln, wenn er Henri trifft. Es ist ein Schmunzeln voller Verständnis. Vielleicht liegt es an seiner jahrelangen Erfahrung, vielleicht an seinem christlichen Menschenbild, vielleicht an seinem Wesenszug, gelassen zu bleiben, wo sich andere längst aufgeregt haben. Er sieht vieles mit einer großen Portion Humor. Für Henri ist das genau richtig.

Denn Schimpfen oder dauernde Kritik bringt bei Henri gar nichts. Das erfahren auch Henris Lehrerinnen. Wenn man mit Henri schimpft, ist er entweder beleidigt: »Du doof«, »Blöde Tussi«. Oder er ist traurig: »Du bitte wieder lieb!« Das ist zu Hause so und in der Schule auch. Motivation ist alles: loben, loben und wieder loben, auch bei kleinen Fortschritten. Henri kann nicht zwischen der Kritik an seiner Person und Kritik an der Sache unterscheiden. Ich finde, er hält uns allen hier einen Spiegel vor. Bringt die ewige Kritik unsere Kinder wirklich voran?

Immer stärker fällt mir inzwischen auf, dass wir in einer Aber-Gesellschaft, in einer Kultur der Entwertungen, leben. Wir können uns nicht einfach nur an dem freuen, was positiv und schön ist. Immer müssen wir das Haar in der Suppe suchen. Natürlich auch bei unseren vermeintlich »normalen« Kindern: »Eine ›1‹ hast du, toll! Ach, die Arbeit ist sehr gut ausgefallen, und es gab viele Einsen.« – »Gut hast du dein Zimmer aufgeräumt, aber nächstes Mal will ich das nicht wieder dreimal sagen müssen, und außerdem ist es bestimmt morgen wieder genauso vermüllt, wie es heute war …«

Zwei Jahre später, als ich angefangen habe, mich auch beruflich für Inklusion zu engagieren, habe ich die Gelegenheit, Schulen in Italien zu besuchen, wo Inklusion schon seit über 40 Jahren gelebte Normalität ist. Ich staune über die Lehrerinnen. Alle haben sie Kinder mit Behinderung in der Klasse. Sie sind streng und gleichermaßen zugewandt, sie sind sehr herzlich und gleichermaßen konsequent. Und sie sind sehr ermutigend: Sie loben unendlich viel. Übrigens alle Schüler.

Heute, nach fast vier Jahren, habe ich eine Idee davon, was einen guten Lehrer in einer inklusiven Klasse ausmacht. Es sind für mich drei Dinge: Geduld, Ideen und Humor. Eigenschaften, die wir uns eigentlich bei allen Lehrern für alle Kinder wünschen, übrigens auch am Gymnasium. Diese Eigenschaften sind nicht einfach auf Knopfdruck da. Sie können sich entwickeln, und dabei zeigt sich: Auch Lehrer haben ein bestimmtes Tempo, nicht nur Henri.

Henri und die anderen Kinder

Trotz aller Schwierigkeiten geht es Henri in der Schule schon in der ersten Klasse gut. Und das liegt zum großen Teil an den anderen Kindern. Denn sie haben viel weniger Probleme, sich an Henri zu gewöhnen, als die Lehrer. Das gilt vor allem für Max, Luisa, Anna-Lena, Lisa und Nico. Sie sind die Kinder aus seiner Laufgruppe, der wir uns angeschlossen haben.

Henris Klassenkameraden wohnen allesamt im Ort und treffen morgens aus ganz unterschiedlichen Richtungen zu Fuß, später mit Roller oder Fahrrad, in der Schule ein. Das ist das Besondere an unserer inklusiven Klasse. Die Kinder mit Behinderung sind dadurch keine künstliche Gruppe, von außerhalb zur Schule gebracht, Kinder, die morgens aus dem Bus steigen und mittags wieder verschwinden, alle möglichst mit einer ähnlichen Behinderung, von außen schon gut zu erkennen. In Henris Klasse bilden die Kinder mit Handicap unseren Ort ab. In Deutschland gibt es, statistisch gesehen, mindestens sechs Prozent Kinder mit einem zusätzlichen Förderbedarf in jedem Einschulungsjahrgang. Natürlich haben sie alle unterschiedliche Handicaps, so wie auch in Henris Klasse. »Was gar nicht erst getrennt wird, muss später nicht mühsam integriert werden«, hat der frühere Bundespräsident Richard von Weizsäcker einmal über das Wesen der Inklusion gesagt.

Der Schulweg ist besonders wichtig. Die Grundschule liegt, von unserem Neubaugebiet aus gesehen, beinahe am anderen Ende unserer kleinen Stadt, genau 1,3 Kilometer entfernt. Am Anfang sind wir unsicher, ob Henri diese Strecke zu Fuß bewältigen wird. Doch wir sind entschlossen, es zu versuchen. Also schließen wir uns besagter »Laufgruppe« aus Kindern der Klasse an, die sich jeden Morgen an der Litfaßsäule um die Ecke trifft. Jeden Morgen, schon bald ist Herbst, und zu diesem Zeitpunkt ist es noch dunkel, stehen Henri, Nico, Max, Luisa, Anna-Lena und Lisa an der Litfaßsäule. Wenn sie loslaufen, werden sie manchmal von einer anderen Laufgruppe aus der Klasse überholt. Dort laufen Tim, Arno und Anne mit. Finn treffen sie meist nach dem ersten Zebrastreifen.

Am Anfang wird die Laufgruppe immer von einem Erwachsenen begleitet. Als das für die anderen Kinder nicht mehr nötig ist, gehe nur noch ich mit, oft auch im großen Abstand zu der Kindergruppe. Meist reiht sie sich auf ihrem Weg in kleinen Grüppchen in die Kinder-Karawane ein, die sich jeden Tag in Richtung Grundschule bewegt.

Henri ist natürlich langsam. Er ist nicht immer der Langsamste der Gruppe, aber oft. Und doch schafft er den Weg. Anfangs mit viel Gejammer und Überredungskünsten, später ganz selbstverständlich. Wenn er gut drauf ist, rennt er den ganzen Weg und hängt sogar Lisa und Anna-Lena, die Sportskanonen, ab. Manchmal ist es morgens für uns mühsam, pünktlich am Treffpunkt zu sein, vor allem wenn wir alle müde oder in Eile sind und Henri sich besonders unwillig gibt. Henri hat leider sehr gute Antennen dafür, wenn alle darauf angewiesen sind, dass es besonders gut und zügig klappt. Doch im Nachhinein muss ich sagen, dass die Laufgruppe, die sich bei Wind und Wetter auf den Weg machte, für Henri und die Inklusion etwas ganz Zentrales war. Die Laufgruppenkinder sind die ganze Grundschulzeit über eng verbunden. Es sind die Kinder, die Henri zuerst am besten kennengelernt haben und umgekehrt.

Sie begegnen Henri ohne Berührungsängste. Und sie tun etwas, was Erwachsene oft nicht tun: Sie fragen! Sie fragen in neutralem Ton, nicht wertend. Max will zum Beispiel wissen, warum Henri so schlecht spricht. Oder warum er so klein ist. Oder warum er seinen Schulranzen nicht alleine trägt. Es ist gut, dass ich dabei bin und ihm antworten kann.

Natürlich schweißen auch Erlebnisse auf dem Schulweg zusammen: als Nico hinfällt und verarztet werden muss. Als Henri Anna-Lenas Mütze in einen unzugänglichen Vorgarten wirft und wir am Haus klingeln müssen. Und als wir in einen Schneesturm geraten und, zu Hause angekommen, alle wie Yetis aussehen. Der Weg hat an diesem Tag fast eine Stunde gedauert. Das lag natürlich auch an den vielen Schneebällen, die geworfen werden mussten.

Dass ein kleiner Junge mit Downsyndrom allein durch den Ort läuft – so hat es manchmal den Anschein, wenn Henri dann doch ein ganzes Stück hinterherlatscht –, sind die Menschen nicht gewohnt. Oft wird Henri erstaunt angeschaut, einmal fragt eine Dame die anderen Kinder: »Wisst ihr, zu wem der kleine Junge dahinten gehört?« Lisa sagt energisch: »Das ist der Henri, und der ist gar nicht klein, der geht in unsere Klasse!«

Auch später, in der vierten Klasse, ist Henri noch immer so klein wie ein Erstklässler. Erst da werden langsam die T-Shirts zu eng, die er schon in der ersten Klasse trug.

An einem Tag ist die Klasse im Zoo. Hausaufgabe ist es, anschließend zu malen und zu schreiben, was jedem am besten gefallen hat. Schon an der Litfaßsäule gucken die Kinder gegenseitig in die Hefte. Sie wollen natürlich auch Henris Hefteintrag sehen. Er hat ein Etwas gemalt, das große Ähnlichkeit mit einer Knackwurst hat, und danebengeschrieben: »Die Robbe war toll!« Die anderen Kinder sind ehrlich begeistert. Lisa, Max und Co. haben schnell verstanden, dass das, was Henri im Rahmen seiner Möglichkeiten schafft, genauso wertvoll ist wie das, was sie machen.

Auf dem Schulweg werden Nachmittagsverabredungen getroffen, auch mit Henri, denn dafür braucht man nicht viele Worte: »Du heute Zeit?«, fragt er Anna-Lena. Und schon hat er ein »Date«. Und natürlich wird, vor allem auf dem Heimweg, über den Schulvormittag erzählt. Auch für mich ist das wichtig, weil Henri die ersten Jahre nur wenig Zusammenhängendes berichten kann.

Der tägliche Schulweg wirkt sich außerordentlich positiv auf Henris Gesundheit und seine Fitness aus. Henri ist fast nie krank. Seine robuste Konstitution ist ein Geschenk, das weiß ich. Aber wir packen ihn auch nicht in Watte. Natürlich wird er auf dem Schulweg immer mal wieder nass oder muss wie alle anderen gegen starken Wind ankämpfen. Wie die übrigen Kinder steht er, auch mal im Regen, vor der Schule und wartet, bis es klingelt und alle hineingehen dürfen. Geschadet hat ihm das nicht, genauso wenig wie die Bananen, die er, als er noch klein war, gerne auch dann noch aß, nachdem sie auf dem Spielplatz in den Sand gefallen waren.

»Hat er eigentlich einen Herzfehler?«, fragt einmal die Erzieherin in einer Ferienbetreuung besorgt, als Henri einen kleinen Weg nur mit Gestöhne und Gejapse geschafft hat. Natürlich ist die Frage sehr aufmerksam. Trotzdem muss ich lachen. »Nein«, sage ich, »er ist nur lauffaul.«

Henri findet schnell Freunde in der Klasse, nicht nur Kinder, die zu seiner Laufgruppe gehören.

Er ist glücklich, als Nico zu ihm sagt: »Henri ist mein Freund.« Und er ist glücklich, als Max auf dem Nachhauseweg meint: »Ich finde das total gemein: Alle waren schon nachmittags zum Spielen bei Henri, nur ich noch nicht!«

Als die Kinder anfangen, sich zu Übungszwecken kleine Kärtchen und Briefe zu schreiben, bekommt Henri eine Karte von Martin, auf der steht: »Halo Henri, wie gedes dir. Ich Möte Mal Wida zu Dir.«

Clara und Bianca, zwei seiner neuen Freundinnen, möchte er ins Kino einladen. Besser gesagt: Er hat das schon getan, als er es mir erzählt. Und er hat klare Vorstellungen, wie das ablaufen soll: Mama fährt alle hin, kauft die Eintrittskarten, Chips und Getränke und dann: »Mama weg.«

Henri trifft seine Schulfreunde in der Bibliothek, beim Einkaufen oder beim Rodeln auf dem kleinen Hügel der »Wilden Wiese«, einem Spielplatz im Neubaugebiet. Sie klingeln nachmittags, wollen mit ihm spielen oder ihn zum Matschspielplatz um die Ecke abholen. Max, Luisa, Anna-Lena und Lisa und andere fahren mit ihm zum Schwimmen. Anna-Lena kommt immer wieder vorbei, um mit Henri das zu spielen, was sie beide so lieben: Verkleiden mit all den Sachen aus unserer Verkleidungskiste. Jedes Mal schlüpfen sie in bunte Kostüme und verschiedenste Rollen. Nico übernachtet bei ihm. Henri hat ein großes Stück normales Kinderleben gewonnen.

Wenn allerdings ein Freund, mit dem er verabredet ist, in allerletzter Minute absagt oder einfach nicht auftaucht, was zum Glück selten vorkommt, weint Henri, der sonst fast nie weint, bitterlich. Für mich ist das nur schwer auszuhalten.

Alle Kinder aus Henris Grundschulklasse wohnen nur einen Fußweg von uns entfernt. Doch vor der Schule kannte er sie gar nicht oder nur vom Sehen. Ein kurzes Zusammentreffen auf dem Spielplatz reicht eben nicht, um sich näherzukommen, wenn man ein Kind wie Henri nicht schon aus anderen Zusammenhängen kennt. Heute bin ich immer wieder erstaunt, wie locker und entspannt die Kinder auch mit Henris Ticks und Macken umgehen. Und wie ehrlich sie sind. Da klopft ihm Paul, einen Kopf größer als Henri, mit Wucht auf die Schulter und sagt: »Henri, du bist mein bester Freund! Ich kann in der Schule alles besser als du – aber dafür kannst du andere Sachen!«

Die ersten Rückmeldungen der Kinder über Henri, die ihre Eltern mir weitererzählen, sind: Henri ist lustig, er sitzt meistens im Unterhemd im Unterricht und zieht sich gerne

Schuhe und Socken aus. Sie lachen oft über ihn, aber sie lachen ihn nicht aus. Sie sind von ihm genervt, wie sie auch von anderen Mitschülern genervt sind.

Neulich habe ich mit einem Vater telefoniert, der überlegt, ob er seinen Sohn, der entwicklungsverzögert ist und schlecht spricht, inklusiv in die normale Grundschule einschulen soll.

»Da wird er doch gleich gemobbt!«, sagte er im Brustton der Überzeugung.

Henri wird nicht gemobbt. Er wird geärgert, wie sich eben Kinder untereinander ärgern, er streitet sich, und er heult auch mal. Am Anfang ist er für einige Kinder schlecht zu verstehen. Wir ermutigen sie, Henri aufzufordern, besser und deutlicher zu sprechen: »Henri, wir verstehen dich nicht!« Und wieder einmal wird deutlich, dass Henri sich Mühe gibt, besser zu sprechen, weil er verstanden werden will – nicht von uns, nicht von seiner Logopädin, sondern von seinen Freunden.

Bald wird Henri nachmittags auch zu den anderen eingeladen. »Muss ich etwas beachten bei ihm?«, fragt Max' Mutter.

Ich überlege kurz. »Das Wichtigste ist eigentlich, dass ihr genug Playmobil, Autos und Lego habt«, sage ich.

»Kein Problem! Und werde ich ihn denn verstehen?«

»Wenn nicht«, rate ich ihr, »dann frag einfach noch mal nach. Und mach dir keinen Stress, wenn er nichts isst. Mit Keksen und Kuchen kannst du ihn nicht locken!«

»Na ja«, lacht sie, »an einem Nachmittag ist ja wohl noch kein Kind verhungert.«

Als ich ihn abends abhole, sagt sie: »Das war ja easy. Ich hab den ganzen Nachmittag von den Jungs nichts gesehen und gehört.«

Henri möchte »cool« sein – so cool wie die anderen Jungs aus seiner Klasse auch. Dazu braucht er natürlich die entsprechenden Klamotten: Wilde-Kerle-T-Shirts, das Trikot der Fußballweltmeisterschaft oder ein Basecap. Wenn ich alte Fotos von Menschen mit einer Behinderung betrachte, Fotos, die schon 60 oder 70 Jahre alt sind, dann sehe ich oft Menschen mit dicken Brillen und wirklich unvorteilhafter Kleidung. Mal ganz abgesehen von den Veränderungen der Mode kommt es mir manchmal so vor, als habe man gesagt: »Bei denen kommt es ja nicht so darauf an. Schicke Klamotten sind nicht wichtig.« Doch natürlich sind sie das! Wie habe ich mich als Teenager danach gesehnt, auch eine echte »Wrangler«-Jeans zu haben und nicht so eine nachgemachte Billighose, die meine sparsame Mutter irgendwo ergattert hatte!

Henri sucht sich seine Klamotten selbst aus dem Kleiderschrank aus. Einen ganz besonderen Tag erlebt er, als er von Freunden eine Lederjacke geschenkt bekommt. Und von seinem Lieblingsbabysitter das schwarze Heavy-Metal-T-Shirt, das dieser am liebsten trägt, in Kindergröße.

Manchmal zieht er tagelang sein Fußball-Shirt an. Ich schreibe dann einen Zettel für die Lehrerinnen: »Ja, es ist immer dasselbe T-Shirt, aber wir waschen es über Nacht!« Während Henri morgens genüsslich zum Frühstück seine Brezeln verspeist, bügele ich das Shirt trocken.

Lernen

»Allen alles allseitig-gründlich lehren« lautete das Credo des Theologen und Pädagogen Comenius. Der ist politisch unverdächtig, denn er lebte schon im 17. Jahrhundert.

Besonders wichtig ist uns von Anfang an, dass Henri in der Schule alles lernen darf, was er lernen kann.

Glücklicherweise hat niemand in der ersten Klasse daran gedacht, irgendwelches »Sondermaterial« für Henri zu bestellen. Deshalb lernt er alle Buchstaben ganz normal aus der Fibel, die auch die anderen Kinder benutzen. »Lexi«, der Tiger, der die Kinder durch die Buchstaben führt, wird auch sein Held. Manche vertiefende Übung lässt er zunächst weg, und manche Seite kopieren wir ihm größer, was wir übrigens bis heute tun. Er füllt alles wacker aus und kann am Ende des ersten Schuljahrs alle großen und kleinen Buchstaben.

Einen Wermutstropfen gibt es: Henri darf zunächst kein Englisch mit lernen, sondern soll dafür gemeinsam mit Isaf in einem extra Raum gefördert werden. Dazu hat Henri natürlich überhaupt keine Lust, denn schnell ist ihm klar, was er verpasst, wenn er Zahlen vertiefen soll: kleine nette Filmchen, lustige »Chants«, also englische Lieder, und die Handpuppe »Max«, die den Kindern den Anfangsenglischunterricht näherbringt. Henri reagiert auf seine Weise: Immer wenn er nach seinem Lieblingsfach in der Schule gefragt wird, sagt er: »Englisch!« Und in der Kleingruppenförderung rülpst er zusammen mit Isaf um die Wette.

Immer deutlicher wird im Laufe des ersten Schuljahrs, dass Henri etwas braucht, worauf er stolz sein kann. Das ist zu Hause nicht anders und nicht ganz einfach mit zwei so unterschiedlichen Kindern. Dem einen Kind geht alles leicht von der Hand, das andere muss sich alles schwer erarbeiten: »Emily, die, die alles kann«, »Henri, der, der nichts kann«. Es war uns immer wichtig, nicht in dieses Schwarz-Weiß-

Denken zu verfallen. Oft steht sich Henri selbst im Weg. Auch in der Schule ist das so.

Da werden bunte Elefanten gebastelt und Fotos von jedem Kind mit seinem Elefanten gemacht. Henri hat natürlich keinen Elefanten basteln wollen. Also gibt es von ihm kein Foto. Er sucht sich vergeblich auf der Fotowand. Henri, der Außenseiter. Erst nach und nach finden die Lehrerinnen einen Weg aus diesem Dilemma, indem sie es so machen wie auch wir zu Hause: Sie helfen ihm. Sie helfen ihm auch über den Ich-will-nicht-Graben hinüber, indem sie zum Beispiel den Anfang selbst machen oder ihn in ein Team stecken, das es dann gemeinsam macht. Und so erfährt Henri immer mehr: Ich kann, wenn auch oft mit Unterstützung, viele Sachen richtig gut hinbekommen. Und ich schaffe Dinge, auf die ich stolz sein kann.

Henri etwas beizubringen ist anstrengend. Viel leichter ist es, ihm nichts beizubringen. Denn Henri hat die Masche »Ich bin nur ein armer kleiner Bär« ziemlich gut drauf. »Ich weiß nicht!« ist eine seiner Standardantworten. Erst wenn wir sagen: »Dann denk nach!«, beginnt er zu überlegen. »Oh, schwierig ...«, stöhnt er gerne oder sagt voller Inbrunst: »Anstrengend!« Henri sagt das so glaubhaft und mit unschuldigem Augenaufschlag, dass Lehrerinnen, Erzieher oder Therapeuten immer wieder darauf reinfallen. Schnell ist er für sie das überforderte Kind. Kaum jemand denkt darüber nach, ob »Oh, schwierig« auch heißen könnte: »Ich bin zu faul!«

Mit dem Lernen ist das nicht anders als mit dem Laufen. Henri merkt schnell, wie es wirkt, wenn er die Ich-bin-arm-und-klein-und-irgendwie-auch-behindert-Karte ausspielt. Wenn er Glück hat, lässt man ihn dann mit all den anstrengenden Dingen ganz schnell in Ruhe.

Doch dieses »Glück« ist natürlich alles andere als Glück. Es ist bei vielen Kindern mit einer geistigen Behinderung der direkte Weg auf ein Abstellgleis. Denn nicht alle Eltern und nicht alle Lehrer schauen so genau hin wie bei Henri. Manchmal können sie das nicht, manchmal wollen sie das auch gar nicht. Dass Kinder erst einmal sagen: »Kann ich nicht«, ist ein ganz normales Verhalten bei Dingen, die anstrengend und unangenehm sind. Viele Eltern kennen das, ob es nun um Schuhezubinden, Aufräumen oder Lesen geht. Bei unseren »normalen« Kindern lassen wir das aber nicht durchgehen. Wir wissen, dass es ein Trick ist. Zusammen mit dem Behindertenstempel allerdings kann es fatale Auswirkungen auf das Kind haben. Im schlimmsten Fall lernen die Kinder mit Behinderung gar nichts. Sie dürfen dann spielen, während die anderen Kinder sich anstrengen müssen.

Einmal war ich zu Gast bei einer Vorlesung über Inklusion an der Pädagogischen Hochschule in Heidelberg. In einem Schaubild über die Kooperation einer Grundschulklasse mit einer Sonderschulklasse las ich Folgendes: 8 bis 9 Uhr Lesewerkstatt (bei den Grundschülern), 8 bis 9 Uhr Ankommen und Frühstücken (bei den Sonderschülern). Warum dieser Unterschied?, frage ich mich. Müssen die einen nicht ankommen und frühstücken und die anderen nicht lesen lernen?

Der Unterschied ist gewaltig: Was wäre passiert, wenn meine kluge Tochter Emily in der Schule nicht lesen gelernt hätte? Natürlich hätte ich mit der Lehrerin gesprochen, über ihre Methoden, über die Dinge, die meiner Tochter im Weg stehen, über Hilfsangebote. Auf die Idee, dass Emily es nicht lernen kann, wäre ich nicht gekommen. Was aber ist, wenn

Eltern von Kindern mit einer geistigen Behinderung zur Lehrerin gehen und beklagen, dass ihr Kind nicht lesen lernt? Wird auch dann die Methodik infrage gestellt? Eine Freundin aus der Elterninitiative hat es erlebt: Die Lehrerin hat sie mild angelächelt und gesagt: »Akzeptieren Sie es doch endlich: Ihre Tochter ist behindert!« Und damit war das Thema vom Tisch.

Es ist ein Teufelskreis aus geringen Erwartungen und geringen Ergebnissen, die die Erwartungen deshalb erfüllen, weil nichts anderes erwartet wird.

Allerdings sind die anderen Kinder in Henris Klasse ein gutes Korrektiv. Denn sie lassen sich nicht so schnell beeindrucken. »Mensch, Henri, zick nicht rum, fang einfach an!«, sagt Paul dann schon mal, wenn Henri vor lauter Gemaule nicht »in die Puschen kommt«, wie man in Hamburg sagt. Und auch Henris Schwester sagt das. Sie hat selbst oft schwierige Hausaufgaben auf, Dinge, zu denen sie keine Lust hat, und Aufgaben zu lösen, die sie anstrengend findet. Dass Henri lernen muss, was er kann, ist für sie völlig normal. Alles andere fände sie ungerecht. Er liest abends vor dem Fernsehen. Sie lernt Vokabeln. Keine Diskussion.

Bei uns zu Hause zieht die »Oh, schwierig«-Nummer also nicht. In der Schule ist das zunächst anders. Ich glaube, das ist auch der Grund dafür, dass die Lehrerinnen lange gar nicht so recht mitbekommen, was Henri eigentlich alles gelernt hat. Denn wenn sie ihn auffordern, etwas vorzulesen, sagt er immer: »Kann nicht.« Sie glauben es ihm lange. Viel länger als wir zu Hause. Die Lehrerinnen sind anfangs skeptisch, als wir erzählen, was wir jeden Abend mit Henri lesen. Erst nach und nach durchschauen sie ihn. Sie wundern sich nicht mehr, warum er manche Aufgaben plötzlich selbstständig erledigen kann. Auch wenn er es nicht zugibt: Er hat die Aufgabenstellung, die darüber stand, ganz alleine und ganz heimlich gelesen. Mit seinen Fähigkeiten oder seinem Wissen zu glänzen, das ist ganz und gar nicht Henris Ding. Was er kann, behält er lieber für sich. Für alle Fälle. Man weiß ja nicht, was sich daraus noch an weiteren Aufgaben entwickeln könnte …

Noch immer lernen gerade Kinder mit einer geistigen Behinderung in der Schule nicht das, was Henri lernt und lernen darf. Das ist ein Thema, das mich sehr beschäftigt.

Uns besucht eine Sonderpädagogik-Studentin. Sie möchte mit Emily ein Geschwisterinterview machen. Sie hat selbst eine Schwester mit Downsyndrom. Über Henris Hausaufgaben staunt sie und sagt: »Meine Schwester kann nicht lesen und schreiben. Sie hat nur gelernt, perfekt zu bügeln.«

Ich weiß natürlich, dass das nicht auf alle Schulen und ganz sicher nicht auf alle Lehrer zutrifft, dass sie Kindern mit einer geistigen Behinderung nicht genug beibringen. Und dass nicht alle Kinder die Fähigkeiten haben, bestimmte Dinge zu lernen. Und doch bin ich sicher, dass gerade Menschen mit einer geistigen Behinderung oder mit »Lernschwierigkeiten«, wie es ja in anderen Bundesländern heißt, mehr lernen könnten, wenn wir ihnen mehr zutrauen und anbieten würden. Was steht uns eigentlich im Weg, das zu tun?

Zum einen ist die Meinung immer noch weit verbreitet, Menschen wie Henri müssten das doch alles gar nicht können. Sie sollten lernen, sich die Schuhe zuzubinden, einzukaufen und aufs Klo zu gehen. Alles andere brauchten sie doch nicht – wozu lesen, schreiben, rechnen lernen? Solche Aussagen machen mich richtig sauer. Und dass all dies später, als Henris Weg allgemeines Diskussionsthema wird, in vielen Internetforen und Leserbriefen immer wieder zu lesen ist, macht mich auch ein Stück fassungslos. Ich frage mich: Welches Bild von einem Menschen mit Behinderung steckt hinter all dem? Es ist das Bild des lebenslang unselbstständigen Fürsorgeempfängers. Dazu machen wir Menschen wie Henri.

An manchem runden Tisch zur Berufsfindung ist Selbstständigkeit ein großes Thema. Wie will der junge Mensch auf dem ersten Arbeitsmarkt bestehen, wenn er doch noch immer so unselbstständig ist?, wird dann von den Beratern des Arbeitsamtes gern eingeworfen. Aber wurde Selbstständigkeit denn in der Schule gefordert und trainiert? Was haben wir den Kindern mit Behinderung in dieser Richtung zugetraut? Oft sehe ich Klassen, in denen die Schüler mit Behinderung immer an der Hand der Klassenlehrerin gehen und gehen müssen, wenn sie einmal einen Ausflug machen oder nur zur Turnhalle über den Schulhof laufen. Auch noch in einem Alter, in dem sich andere Kinder das längst verbeten hätten.

Dabei sind andere Wege in der Arbeitswelt möglich, wenn wir sie zulassen und die Kinder entsprechend zur Selbstständigkeit ermuntern und anhalten. In Deutschland und überall auf der Welt. Kürzlich habe ich von einem Mann mit Downsyndrom gelesen, der in den USA sehr erfolgreich sein eigenes Restaurant betreibt. In Spanien gibt es eine Stadträtin mit Downsyndrom. Und in Bayern lebt ein junger Mann mit Downsyndrom, der lange mit seiner Familie in den USA war. Dort hat er seinen Highschool-Abschluss und ein Diplom gemacht. Seine Eltern haben ihn bei allem sehr unterstützt. Seit die Familie nach Deutschland zurückgekehrt ist, arbeitet er an einer privaten Grundschule und bringt den Kindern dort spielerisch und mit viel Musik Englisch bei. Dafür wird er, wie alle anderen externen Kräfte mit Lehrauftrag, ganz normal bezahlt.

All diese Menschen verdienen ihr eigenes Geld und sind nicht in der in Deutschland noch immer üblichen Zwangsläufigkeit zum Sozialfall geworden.

Wer dies bei uns verhindern und, oft wieder unterstützt von seinen Eltern, ganz normal arbeiten will, muss noch einmal dicke Steine aus dem Weg räumen. Manchmal steht er auch vor einer massiven Gebirgswand. Vom inklusiven Arbeitsmarkt sind wir in Deutschland mindestens so weit entfernt wie vom inklusiven Schulsystem. Doch was wird sein, wenn Kinder wie Henri nach neun oder zehn Jahren ihren inklusiven Schulweg zu Ende gegangen sind? Werden sie dann auch klaglos akzeptieren, dass unsere Gesellschaft für sie nur den Weg in die Werkstatt für Behinderte und ein Taschengeld, das es dort zu verdienen gibt, vorsieht? Ich denke, nicht.

Allerdings ist die Tatsache, dass ein Kind mit Behinderung tatsächlich eine bestimmte Menge lernen und vielleicht einmal auf dem ersten Arbeitsmarkt arbeiten kann, keine Voraussetzung für Inklusion. »Ich habe ein Kind mit Downsyndrom, das ist total fit, und deshalb soll es in die allgemeine Schule gehen«, höre ich manchmal Eltern sagen. Ich möchte dann oft antworten: Und auch wenn es nicht so fit wäre, hätte es genau den gleichen Anspruch darauf! Denn Inklusion ist Menschenrecht. Und Menschenrechte sind nicht teilbar in dem Sinne, dass sie für einige gelten, aber für andere nicht. Dass Henri so viel lernen kann, ist also ein Glück, und dass wir auf Menschen treffen, die bereit sind, ihm vieles beizubringen, ist ebenfalls ein Glück. Voraussetzung für sein Recht, in einer inklusiven Klasse zu lernen, ist das allerdings nicht.

Henri lernt vor allem dadurch, dass er abguckt, was andere machen. Als seine Mitschüler anfangen zu lesen und mit dem Finger unter den Zeilen entlangstreichen, um den Text nicht zu verlieren, macht er das auch. Henri ist ein visueller Mensch. Auch wenn er Dinge sieht, die nicht so schön sind, macht er sie nach. Den »Stinkefinger« kann er, seit er ihn bei Peer Steinbrück auf dem Titelbild des Magazins der Süddeutschen Zeitung gesehen hat. Und wie man rülpst, indem man Luft schluckt, hat ihm auch jemand gezeigt – und wie man damit seine Lehrer wahnsinnig macht! Henri braucht unbedingt Vorbilder, gute Vorbilder. In der Grundschule hat er sie. Er braucht sie weiterhin.

24 Kinder sind in Henris Klasse. Ich bin froh, dass sie da sind, denn von allen profitiert Henri: Die netten, mütterlichen Mädchen umsorgen ihn. Luisa und Anna-Lena gehören zu ihnen. Die »toughen« Mädels wie Lisa sorgen dafür, dass er ins Arbeiten kommt. Die verspielten Jungs wie Tim und Paul fühlen sich gleich in Henris Playmobil-Welt zu Hause und hocken glücklich stundenlang mit ihm in seinem Zimmer. Und die wilden Jungs wie Nico und Max braucht Henri ebenso. Schließlich muss auch er lernen, sich durchzusetzen und zum Beispiel beim Reinlaufen in die Schule mal ordentlich mit zu drängeln.

Als er einmal eine Woche lang neben der besonders energischen Bianca sitzt, frage ich ihn, ob er denn seinen Wochenplan geschafft habe.

»Jaha!«, sagt er genervt. Und Bianca erzählt mir stolz, nur

ihr und keinesfalls den Lehrerinnen sei zu verdanken, dass Henri diese Woche so viel gearbeitet hat.

Paten, Eltern und das erste Zeugnis

Auch die nicht behinderten Kinder erleben einen anderen Grundschulalltag als üblich. Sie haben immer zwei Ansprechpartner. Sie profitieren von unterschiedlichen Stilen der Wissensvermittlung, weil der Stoff eben nicht nur von der Grundschullehrerin, sondern auch von den Sonderpädagogen für alle Kinder aufgearbeitet wird. Viele Eltern haben Angst, dass ihre Kinder ohne Behinderung in einer inklusiven Klasse kürzertreten müssen. In Henris Klasse erlebe ich das Gegenteil: Wenn es einem Kind nicht gut geht, wenn es einmal eine Einzelbetreuung braucht oder sich zwei Kinder streiten, dann kann das eine der Lehrerinnen übernehmen, während die andere weiterunterrichtet. Diese Möglichkeit haben Lehrer, die allein vor einer Klasse stehen, nicht. Auch auf die schnellen Kinder kann die zweite Lehrerin eingehen.

Ich habe während der ersten Grundschuljahre nicht den Eindruck, dass Henris Klasse nicht hinter den Parallelklassen zurückliegt, und die Lehrkräfte bestätigen dies. Vor allem, weil sich die Lehrerinnen gemeinsam für alle verantwortlich fühlen, haben auch die anderen Kinder etwas von der Inklusion. Bei allen Gesprächen, die sie mit den Eltern der nicht behinderten Kinder führen, sind sie zu zweit.

Eine wichtige Rolle spielt in der ersten Klasse Henris Patin. Bei uns an der Schule ist es üblich: Schüler der vierten Klassen nehmen die kleinen »Neuen« in ihren ersten Schulwochen an die Hand. Sie zeigen ihnen das Schulhaus, erklären die wichtigsten Regeln und kümmern sich einfach um sie.

Henris Patin Larissa ist großartig, und Henri liebt sie noch heute. Irgendwann hat man den Eindruck, die ganze vierte Klasse hat Henri adoptiert, so groß ist der Pulk der Kinder um Henri und seine Patin, wenn sie gemeinsam auf dem Schulhof sind. Viele Patenschaften lockern sich schon nach wenigen Wochen. Henri, Larissa und zwei ihrer Freunde sind auch bei Schuljahresschluss noch immer eine eingeschworene Gemeinschaft. Die drei Großen besuchen Henri zu Hause. Sie sitzen auf der Treppe und schneiden wilde Grimassen. Sie treffen sich im Freibad. An der Rutsche gibt es ein großes Hallo, und ich habe für den Rest des Nachmittags frei. Beim Schulsportfest sind sie seine größten Fans und stehen jubelnd in der ersten Reihe. Noch heute ruft Henri, wenn er seine Patin in der Stadt trifft: »Mama, da ist Larissa!« Larissa und ihre beste Freundin sind inzwischen auf dem Gymnasium, der Dritte im Bunde, ein Junge, auf der Realschule im Ort.

In Italien ist das Patesein ein fester Bestandteil der Inklusion. Alle Kinder sind einmal Pate. »Sono tutor«, sagen sie dann und kümmern sich zum Beispiel eine Woche lang besonders um ein Kind mit Unterstützungsbedarf. Wenn es in einen Differenzierungsraum geht – so nennt man den Raum, in dem die Schüler mit Behinderung hin und wieder getrennt unterrichtet werden –, gehen sie oft mit. Dass sie in dieser Zeit Teile ihres eigenen Stoffs verpassen, stört niemanden. Denn jeder ist schließlich mal dran und holt das dann eben nach. Das Helfen wird von den Lehrern zudem als gleichwertig angesehen.

Hierzulande dagegen gibt es Eltern, die versuchen, den Lehrern zu verbieten, dass ihre Kinder, wenn sie mit den Aufgaben schneller fertig sind, den Langsameren helfen dürfen. Ihre Kinder sollten dann doch, bitte schön, zusätzliche Arbeitsblätter bekommen.

Ein Schüler hilft dem anderen – das ist das Lieblingsthema von Hans Wocken, dem Hamburger Inklusionspädagogen, der in seinen Vorträgen immer wieder sagt, er habe manchmal das Gefühl, dass viele Menschen denken, wenn man einem anderen helfe oder ihm etwas erkläre, dann müsse man das eigene Wissen weggeben. So nach dem Motto »Jetzt hast du es, und ich habe es nicht mehr«! Dabei ist das Gegenteil der Fall: Dadurch, dass ich einem anderen etwas erkläre, festige ich selbst mein Wissen und merke erst, ob ich es wirklich verstanden habe.

Emily erlebt das immer wieder, wenn sie Nachhilfe gibt. Eines Tages kommt sie ganz erschöpft nach Hause und sagt: »Wir haben heute die ganze Zeit das große Einmaleins geübt, so lange, bis mir selbst der Kopf gebrummt hat. Ich glaube, nun kann auch ich das im Schlaf.«

Anderen etwas erklären zu können ist in vielen Berufen eine Kernkompetenz. Auch in Henris Klasse ist das wichtig. Es macht die anderen Kinder stolz. Eine Zeit lang gibt es«Helfer-Stempel«, wenn ein Kind einem anderen Kind besonders gut geholfen hat. Martin hütet seinen Stempel wie einen Schatz.

Auf dem ersten Elternabend in Henris Klasse wird unter anderem nach der Inklusion gefragt.

»Wie läuft das denn so? Ich kann mir das gar nicht richtig vorstellen«, fragt eine Mutter. Sie hat einen besonders schweigsamen Sohn. Die Lehrerinnen erzählen von ihrem Unterrichtskonzept und von den Anfangsschwierigkeiten. Ein Problem, so schildern sie, ist die vom Schulamt vorgegebene Konstruktion des Unterrichts mit drei Lehrerinnen. Dadurch, dass zwei an unterschiedlichen Tagen da sind, ist es für sie schwierig, einen guten Kontakt zu allen Schülern aufzubauen. Auch die Eltern haben diese Rückmeldung von ihren Kindern bekommen: »Wie schade, dass Frau Kauffeld nicht da war, als wir den Ausflug gemacht haben.« Und auch Frau Becker, die nur zwei Tage anwesend ist, bekommt vieles nicht mit. Für die Elternvertreter ist das der Anlass, sich beim Schulamt kurz vor den Sommerferien für eine Reduzierung des Teams auf zwei Lehrerinnen einzusetzen. Inzwischen vermeidet das Schulamt in inklusiven Klassen diese Stückelung der sonderpädagogischen Stunden und sorgt dafür, dass nur eine zusätzliche Lehrkraft für möglichst viele Stunden kommt. Als unsere Klasse entstand, hatte das Amt dieses Problem noch nicht im Blick. Schließlich ist es ja auch ein »Schulversuch Inklusion«. Es kommt deshalb beim Elternabend auch die Frage auf, ob es irgendwann einmal eine Auswertung des Versuchs geben wird. Unsere Lehrerinnen wissen nicht, ob so etwas geplant ist.

In der Klasse werden die Besonderheiten der Kinder immer dann thematisiert, wenn Fragen aufkommen. Welchen Grund es hat, dass Henri so klein ist und eine lange Narbe auf dem Bauch hat? Warum darf ein Kind im Unterricht trinken? Was ist zu tun, wenn das Gerät im Ohr eines Mädchens blinkt? Als sie etwas älter sind, probieren die Kinder mit einer Simulationsbrille aus, wie es ist, nur wenig zu sehen. Das ist gut so. Denn in der Elterngruppe höre ich von einem Kindergarten, in dem ein Kind aus gesundheitlichen

Gründen nicht im Sand spielen darf. Die Gefahr, dass es sich mit einem Keim infiziert und schwer krank wird, ist einfach zu groß. Fast täglich kommt es vor, dass die anderen Kinder genau dieses Kind mit Sand bewerfen und es besonders lustig finden, wenn es schreiend davonläuft. Niemand hat ihnen oder ihren Eltern etwas erklärt.

Sprechen über Behinderungen fällt uns oft schwer. Das ist nicht verwunderlich. Nicht einmal jeder Zehnte in Deutschland kennt Menschen mit Behinderung aus seiner Schulzeit. Jeder Dritte hat überhaupt keinen Kontakt zu einem Menschen mit Behinderung. So ging es mir auch: Ich kannte zum Beispiel keinen einzigen Menschen mit Downsyndrom, bevor Henri auf die Welt kam. Und in meiner ganzen Schulzeit ist mir nur ein Mädchen begegnet, das einen Autounfall schwer verletzt überlebt hatte. Sie kam in der 9. Klasse an unsere Schule. Die Lehrer bereiteten uns Kinder darauf vor. Trotzdem habe ich immer nur sehr verschämt in ihr von Brandwunden übersätes Gesicht geschaut. Dass ich sie einfach angesprochen hätte, daran kann ich mich nicht erinnern.

In meiner Selbsthilfearbeit lerne ich einen Mann kennen, der im Rollstuhl sitzt und sehr schwer verständlich spricht. Immer wenn ich ihn treffe, rollt er auf mich zu und will mir viel erzählen. Aber ich verstehe ihn so schlecht. Am Anfang war es mir einfach nur peinlich, und ich habe so getan, als würde ich ihn verstehen. Das hat nicht gut geklappt. Eines Tages habe ich mir ein Herz gefasst und gesagt: »Ich kann dich einfach nicht gut genug verstehen! Schreibst du mir heute Abend eine Mail?« Seitdem haben wir viele Mails ausgetauscht. Wenn wir uns heute treffen, sagt er nach ein paar Sätzen immer: »Mehr per Mail!« Diesen Satz verstehe ich inzwischen gut.

Nachfragen, um zu verstehen. Das muss auch ich lernen. Auch die Reihenfolge: erst fragen, dann ärgern!

Wieder einmal macht Henri mit seiner Klasse einen Ausflug. Am nächsten Tag fragen die Kinder schon am Treffpunkt, was Henri denn über den Ausflug geschrieben hat. Henri schaut ratlos. Er hat gar keine Hausaufgaben aufgehabt. Das ist blöd, denn so kann er nichts zum Gespräch beitragen. Hatten die Lehrerinnen es Henri nicht zugetraut, etwas aufzuschreiben? Auf meine neutrale Nachfrage kommt heraus: Die Lehrerinnen haben schlicht und einfach vergessen, die Hausaufgabe in Henris Mitteilungsheft zu schreiben. Also muss es diesmal mündlich reichen: Am besten haben Henri die vielen Springbrunnen und Wasserbecken im großen Park gefallen, den sie besucht haben. Er hat auch ziemlich viele nasse Klamotten mit nach Hause gebracht.

Eine Zeit lang hat Henri oft die Finger im Mund. Ist er vielleicht gerade überfordert?, deuten die Lehrer an. »Komm, Henri, mach mal den Mund auf«, bitte ich ihn, schaue mir die Zähne genau an, rüttle mal hier und mal da und entdecke einen ganz normalen Wackelzahn. »Erst fragen, dann spekulieren«, das gilt auch für die Lehrer.

Am Ende von Henris erstem Schuljahr gibt es nicht nur das klassische Berichtszeugnis für die Eltern, sondern auch ein »Kinderzeugnis« für alle. In Henris Zeugnis steht: »Lieber Henri, du hast in deinem ersten Schuljahr viel gelernt. Du kannst schon viele Wörter lesen und schreiben. Zählen hast du auch gelernt. Gerne hast du zugehört, wenn wir aus Bilderbüchern vorgelesen haben. Im Sportunterricht hast du geturnt und Fußball gespielt. Manchmal gab es auch Ärger, weil dir etwas nicht gepasst hat. Mit deinen Schulsachen bist du oft nicht sorgfältig umgegangen und hast alles auf den Boden geschmissen. Du hast viele Freunde in der Klasse gefunden und oft schön mit den Kindern gespielt. Wenn sich ein Kind wehgetan hat, hast du es getröstet. Das war sehr lieb von dir!«

Es hat ein ganzes Jahr gedauert, aber Henri ist jetzt in der Schule angekommen!

Das Kinderzeugnis benennt eine von Henris großen Stärken ganz richtig: Empathie und Anteilnahme. Nicht nur seine Klassenkameraden haben das von Anfang an erlebt. Auch wenn sich jemand zu Hause verletzt, rückt »Dr. Henri« unverzüglich mit dem Kinder-Erste-Hilfe-Koffer an. Dass es jemandem nicht gut geht, kann er schwer aushalten. Und er sieht es früher als viele andere. »Du nicht Kopfschmerzen!«, sagt er zu mir, denn er will nicht, dass es mir schlecht geht. Was auch immer er aus der Schule über kleine Kinderdramen noch mit wenigen Worten erzählt, stimmt: wer hingefallen war, wer sich mit wem gehauen hat, wer krank zu Hause lag. Henri bekommt alles mit, und es bewegt ihn. Henri nimmt Anteil am Leben der anderen. Wenn ich mich abends mit einer Freundin treffe, fragt er gleich am nächsten Morgen: »Und, war schön?« Unsere große Tochter sitzt zu dieser Zeit noch ziemlich wortkarg am Frühstückstisch. Oder wenn ich vormittags beim Arzt war, fragt er immer sofort nach der Schule: »Was Arzt gesagt?« Henri selbst ist ja selten krank. Als er einmal Fieber hat und ich mich die ganze Zeit nachts um ihn kümmere, sagt er morgens: »Ich muss bei dir bedanken. Du mich gerettet mit Zäpfchen und Saft.«

Im Verlauf von Henris erstem Schuljahr werde ich Vorsitzende der örtlichen Elterninitiative in Heidelberg, die sich für Inklusion einsetzt. Dort ist ein Generationenwechsel angesagt. Die »Alten« kümmern sich um Inklusion im Beruf und beim Wohnen, wir mit den »jungen« Kindern möchten andere Familien auf inklusiven Wegen in Kindergarten und Schule unterstützen. Auf diesen befinden wir alle uns mit unseren Kindern.

Inzwischen ist der kleine Raum im Selbsthilfebüro bei unseren Schultreffen immer überfüllt. 20 bis 30 Personen quetschen sich dann an den Tisch und neben die Grünpflanze. Es werden von Treffen zu Treffen mehr.

Außerdem ist es dringend nötig, dass wir weiter nach vorne schauen. Auch bei den jungen Erwachsenen im Übergang von Schule zu Beruf ist viel zu tun. Ein Vater erzählt den anderen von seiner Tochter mit Downsyndrom, für die er händeringend die Möglichkeit sucht, das zehnte Schuljahr zu besuchen. Doch niemand im Schul- oder Arbeitsamt hat dafür Verständnis. Die junge Frau habe doch verschiedene Praktika im Kindergarten gemacht, dort als Helferin gearbeitet und sei gut zurechtgekommen. Was sie denn noch wolle? Sie will nur eins: Sie möchte lernen! Eine andere junge Frau möchte einmal in der Woche zum Fitnesstraining gehen. Dafür beantragt sie die Kostenübernahme für eine Begleitung, denn alleine kann sie das nicht schaffen. »Persönliches Budget« heißt das Instrument, das Menschen mit Behinderung eigentlich mehr Freiheit und Selbstbestimmung bringen soll. Warum sie denn unbedingt zum Fitnesstraining wolle, fragt die Sachbearbeiterin, sie könne doch auch einfach weniger essen.

Ein Unfall

Henris zweites Schuljahr beginnt. Es bleibt nur noch eine der Sonderpädagoginnen in der Klasse. Frau Kauffeld verlässt das Team, Frau Becker ist jetzt die ganze Woche da. Die Klassenlehrerin und sie bilden ein dauerhaftes Zweierteam.

Frau Maier und Frau Becker entscheiden: Henri darf am Englischunterricht teilnehmen. Er ist happy. Stundenlang hört er seine Englisch-CDs, die es zum Buch dazu gibt, auch zu Hause.

»Oh nein«, brüllt Emily aus ihrem Zimmer. »Nicht noch mal das Lied ›English is fun‹! Ich werde noch wahnsinnig!«

Am ersten Wochenende nach Schuljahresbeginn sind wir mit der ganzen Familie auf dem Sommerfest eines befreundeten Vereins, der sich für Inklusion in Hessen einsetzt. Das Fest findet auf einem Sportplatz statt, und Henri macht begeistert alle Angebote für Kinder mit. Ein Foto zeigt ihn, wie er mit zwei Jungs energisch an einem Seil zieht. Für mich ist dieses Foto ein Sinnbild für das Engagement in Sachen Inklusion: Nur wenn wir alle an einem Strang ziehen – Eltern von Kindern mit Behinderung, Eltern von Kindern ohne Behinderung, Eltern von Kindern mit einer körperlichen Behinderung und Eltern von Kindern mit einer geistigen Einschränkung –, werden wir eine inklusive Gesellschaft werden.

Ich habe dieses Foto auch in besonderer Erinnerung, weil es viele Wochen dauern wird, bis Henri wieder auf zwei Beinen stehen kann.

Denn nur vier Tage später passiert es: »Schulhof, gestolpert, Baumwurzel, Bein kaputt«, sagt Henri. Der Unfallhergang ist unklar, auf jeden Fall bricht sich Henri in der großen Pause das Bein. Sein Schienbein ist einmal ganz durchgebrochen. Von Fußballern wissen wir, wie unglaublich weh das tut und wie lange es braucht, wieder zu heilen. Norbert fährt mit ihm noch freitags nachmittags zu den Unfallchirurgen und trägt ihn die Treppe hoch in die Praxis. Auftreten kann Henri gar nicht mehr. Er weint und sitzt wie ein Häufchen Elend auf Papas Schoß. Doch als sein Bein geröntgt werden soll, ist er fast wieder der Alte: »Oh, sehr nett«, und: »Aber gerne doch«, sagt er.

»Das hat zu mir noch nie ein Kind gesagt«, wundert sich eine der Arzthelferinnen.

Der Chirurg, der dort offenbar ein strenges Regiment führt, verfällt Henris Charme schon nach wenigen Minuten. Das Herz der netten Chirurgin erobert Henri sofort.

Er bekommt einen Gips und darf nicht auftreten. Mit Krücken kommt er nicht zurecht, also sitzt er fast acht Wochen im Rollstuhl. Den ersten Tag verbringt er leidend auf dem Sofa vor dem Fernseher. Luisa bringt eine selbst gebastelte Karte vorbei. Auch sein Rektor, der »Büffel«, besucht Henri. Er schenkt ihm eine CD. Am nächsten Tag will Henri wieder in die Schule. Mit dem Rollstuhl stehen wir also wie immer an der Litfaßsäule. »Ich will Henri schieben«, ruft Nico.

»Nein, ich!« Max ist sauer.

Wir einigen uns, dass beim Zebrastreifen abgewechselt wird. Der Job, Henri zu schieben, ist in der Laufgruppe die ganze Zeit über sehr begehrt. Meistens widerstehen wir der Versuchung, Henri einfach mal schnell mit dem Auto in die Schule zu fahren, außer bei starkem Regen. Beim Schieben geht es manchmal sehr rasant zu. »Heute beim Sport«, erzählt Lisa, »da haben wir alle zusammen Fußball gespielt.

Da ist Henri im Rollstuhl umgekippt!« Es ist besser, Mama weiß nicht alles.

Schwimmen und Tanzen fallen aus, doch seine Freunde buddeln nachmittags mit ihm auf dem Spielplatz und holen ihm die Schaufeln, an die er nicht drankommt. Eltern bieten sich an, ihn auch einmal abzuholen und mit nach Hause zu nehmen. Henri trifft seine Klassenkameraden im Supermarkt, in der Bibliothek und beim Bäcker. Henri ist auch mit gebrochenem Bein »mittendrin«. Ich denke oft an die *community* aus der UN-Behindertenrechtskonvention.

Wieder laufen zu lernen, sich also umzustellen, ist für Henri nicht einfach. »Ich jetzt immer Rollstuhl«, sagt er bestimmt, als der Gips ab ist und er wieder laufen soll. Ich bekomme eine Krise. So wie früher, als er klein war, habe ich ihn all die Wochen in unserem Haus die Treppen hoch- und runtergeschleppt. Nur, dass er jetzt viel, viel schwerer ist. Wie damals spüre ich meinen Rücken. Erst ganz am Ende hatte sich Henri getraut, die Treppen wenigstens auf dem Po runterzurutschen.

Wir versuchen, über die Krankenkasse einen Rollator zu bekommen. »Sechs Wochen Wartezeit«, lautet die Auskunft. »Wir brauchen ihn aber jetzt!«, sage ich entnervt. Doch: Dem Ingenieur ist nichts zu »schwör«. Norbert baut kurzerhand aus Teilen eines bunten Plastik-Klettergerüsts, das inzwischen abgebaut im Keller liegt, und großen Rädern ein Rollwägelchen. Damit schiebt Henri dann auf den Weihnachtsmarkt im Ort und in der Schule zum Plätzchenbacken in die Schulküche. »Ist das die Zukunft unseres Gesundheitssystems?«, fragt unser Hausarzt lachend, als er Henri mit dem Wagen sieht.

Als Henri wieder gesund ist, schenkt er den beiden Unfallchirurgen eine Zeichnung von sich selbst: Eines seiner Beine ist auf der Zeichnung ein Strichmännchen-Bein, das andere ist dreimal so dick gezeichnet.

»Komm uns bald mal wieder besuchen«, sagt der Chirurg zum Abschied schmunzelnd zu Henri. »Aber dafür musst du dir nicht noch einmal das Bein brechen!«

Damit Henri nach der langen Zeit im Rollstuhl wieder richtig gut laufen lernt, sind wir wieder einmal bei einer Krankengymnastin. Bei einem der Termine geht es in unseren Gesprächen am Rande auch um das Thema Fahrradfahren. Henri kann noch nicht Fahrrad fahren. Vor seinem Beinbruch hatte er angefangen, ernsthaft zu üben. Doch schnell wurde klar: Motorisch hat er alles, was er braucht, aber er traut es sich schlicht und einfach noch nicht zu.

Ich sage scherzhaft: »Ich kann nur Kinder bekommen, die blond und ängstlich sind, wenn sie noch klein sind.« Emily ist inzwischen nicht mehr blond und gar nicht mehr ängstlich.

Die Krankengymnastin erzählt von vielen Kindern in ihrer Praxis, die sich mit dem Radfahren genauso schwertun. Sie hätten dann einfach ein Dreirad über die Krankenkasse bekommen. Nicht so eins für kleine Kinder, sondern ein dreirädriges Gefährt, mit dem auch Erwachsene fahren können.

»Nein, das machen wir auf keinen Fall!«, entgegne ich spontan und vielleicht etwas zu heftig. Wir möchten Henri die Zeit geben, die er braucht. Erst wenn klar ist, dass er etwas wirklich nicht lernen kann, werden wir nach Alternativen suchen.

Als Henri wieder richtig laufen kann, saust er viele Monate erst weiterhin mit seinem Laufrad und dann mit einem kleinen Fahrrad umher, das Norbert durch Abschrauben der Pedale zum Laufrad umgebaut hat. »Bald kommen die wieder dran!«, hat er angekündigt. Henri hat gleich wieder den Kopf geschüttelt. Der Rennradfahrer und Mont-Ventoux-Bezwinger Norbert wird wohl noch ein bisschen mehr Geduld haben müssen.

Henri lernt weiter

In der zweiten Klasse gibt es noch immer viele Fragen rund ums Lernen. Henri lernt, aber er lernt anders. Ihn auf den gleichen Kurs wie seine Mitschüler bringen zu wollen funktioniert nicht.

Henri braucht weiterhin größer kopierte Texte, und zwar nicht, weil er das Kleingedruckte nicht sehen kann, sondern weil es ihn entmutigt und nach »so viel« aussieht. Dieselbe Menge Text größer kopiert liest er ohne Gemecker.

Henri schreibt nicht in dunkelgraue Kästchen. Das heißt: Eine farbige Vorlage auf schwarz-weiß kopiert hat bei Henri keine Chance.

»Schau mal, Schatz«, sage ich bei den Hausaufgaben, »du kannst die Zahl doch auch neben das Kästchen schreiben!« Henri schüttelt den Kopf. Seufzend hole ich das flüssige Tipp-Ex und pinsele alle Kästchen weiß an.

Wenn Henri etwas ankreuzen soll, kreuzt er grundsätzlich alles an. Auf einem karierten Blatt malt er liebevoll in jedes Kästchen ein Kreuz. Bekommt er ein kariertes Heft in die Hände, sehen am Ende viele Seiten so aus. Bei dieser wichtigen Arbeit lässt er sich nicht gerne unterbrechen. Ich finde diesen Ankreuzzwang besonders deswegen sehr interessant, weil der Gutachter bei den Tests vor der Einschulung zu dem Ergebnis kam, Henri könne keine Kreuze malen, und genau das sei eines der wesentlichen Indizien dafür, dass er geistig behindert sei.

Soll Henri etwas durchstreichen, das falsch ist, dann macht er das ebenso gründlich und streicht sorgfältig jedes Wort durch, auch die richtigen. Ich bitte die Lehrerinnen um andere Arbeitsblätter. Wenn Henri etwas verbinden soll, geht das gut.

Das Auswendiglernen eines kleinen englischen Dialogs ist schwer für ihn. Wenn man den Dialog mit einem Rollenspiel verbindet oder ihn aufmalt, dann geht es leicht. Manchmal ist das geradezu verblüffend.

Oft sind es nur Kleinigkeiten, die über den Erfolg entscheiden. In unserer Elterngruppe erzählt eine Mutter folgende Geschichte: Ein sehbehindertes Mädchen kann die Kopien, die an der Grundschule grundsätzlich auf Umweltpapier gemacht werden, wegen der mangelnden Kontraste nicht lesen. Bis es möglich ist, dass sie alles auf weißem Papier bekommt, braucht es eine ganze Weile und viele Gespräche. Von der Tafel kann sie nur ablesen, wenn diese zuvor nass gewischt worden ist. Denn sonst bleibt ein weißlicher schmieriger Hintergrund zurück, und auch hier reicht ihr der Kontrast nicht aus. Alle Lehrer wissen das. Und doch weigern sich einige, die Tafel nass zu wischen. Das sei doch immer so ein Gematsche und Geklecker!

Mathematik bleibt Henris Großbaustelle. Nach wie vor akzeptiert er keine Farben. Doch beim Rechnenlernen spielen rote und blaue Plättchen eine große Rolle. Vier plus drei sind vier rote Plättchen und drei blaue. Henri benutzt stets nur die blauen. Die sind seinem geliebten Grau am nächsten. Die Rechenmethode funktioniert bei ihm nicht.

Mathematikbücher, die für lernbehinderte Schülerinnen und Schüler konzipiert sind, sind für Henri nicht geeignet. Nur leichter, nur langsamer – das ist nicht das Thema. Das Thema ist vielmehr: Wie finden wir Zugänge, die es auch Henri ermöglichen, mathematische Zusammenhänge zu verstehen? »Rechentürme« à la 7+1, 17+1, 27+1 und so weiter braucht er nicht. Henri versteht das Prinzip und die Logik nicht, die dahinterstecken. Emily hat diese so leicht zu durchschauenden Aufgaben, die für sie nur Abschreiben bedeuteten, gehasst. Die Lehrerinnen probieren viel aus. Wir diskutieren viel. Nicht immer sind wir einer Meinung.

Auch beim Thema Schreibschrift sind wir es nicht. Zum Hintergrund: Noch immer wird Studierenden der Geistigbehindertenpädagogik an manchen Hochschulen gelehrt, Menschen mit einer geistigen Behinderung könnten grundsätzlich keine Schreibschrift lernen, deshalb dürfe man es ihnen auch nicht anbieten. Manche Pädagogen gehen sogar noch weiter und lehren von vornherein nur Großbuchstaben.

Auf jeden Fall fragen unsere Lehrerinnen schon am Ende der ersten Klasse, als die Grundschulkinder mit Schreibschrift beginnen, bei uns nach, wie wir das bei Henri sähen. Sie selbst meinen, er müsse das nicht lernen.

»Und warum nicht?«, meint Norbert. »Ausprobieren kann man es doch wenigstens mal!« Das akzeptieren die Lehrerinnen. Ich nutze mit Henri die sechs freien Ferienwochen, um mit ihm viel zu üben. Es ist nicht leicht für ihn, geht aber immer besser. Seine Schreibschrift unterscheidet sich zu diesem Zeitpunkt nicht sehr von der anderer Jungen, die auch zum Teil noch sehr krakelig schreiben. Nach den Ferien präsentiert Henri stolz in der Schule seine Ferienwerke.

In den folgenden Wochen hat er dann allerdings immer seltener Schreibschriftaufgaben auf. Die Lehrerinnen hatten ja schon ganz am Anfang gesagt, er brauche diese Schrift eigentlich nicht. Soll er, manchmal auch auf meinen Wunsch, etwas in Schreibschrift schreiben, stöhnt er: »So schwierig«, »Kann nicht.« In den Ferien hatte er das nicht gesagt. Das Ende ist leicht vorherzusehen: Nach und nach verlernt er die Schreibschrift immer mehr. Sie wird in der Schule auch nicht mehr eingefordert. Dass er nur zu Hause weiterhin ein paar Übungen dazu macht, reicht nicht. Heute kann er noch nicht einmal mehr seinen Vornamen in Schreibschrift schreiben. Auch Texte, die andere in Schreibschrift verfasst haben, kann er nicht lesen.

Später sehe ich einmal eine junge Frau mit Downsyndrom, wie sie akkurat in Schreibschrift in ein Gästebuch schreibt. Natürlich sehe ich da auch wieder Henri vor mir, wie er konzentriert mit zwischen die Zähne geklemmter Zunge das Schreibschrift-H schreibt, das mit seinen vielen Schwüngen in der lateinischen Ausgangsschrift wirklich ein besonders schwieriger Buchstabe ist. Aber es ist nun mal der wichtigste Buchstabe in seinem Namen. Henris vollgeschriebene Übungshefte habe ich inzwischen im Altpapier entsorgt.

Vieles ist noch schwierig, anderes gelingt ohne Probleme, und zwar immer dann, wenn Henri alles im Rahmen seiner Möglichkeiten mitmachen darf: Wenn es ein Gedicht auswendig zu lernen gilt, lernt er zum Beispiel die erste Strophe. Das Märchen von der Prinzessin auf der Erbse lässt sich, das weiß ich inzwischen, auch ganz prima in zehn einfachen Sätzen erzählen. Und er schreibt große und kleine O, so wie Emily in der ersten Klasse, und wenn seine O schweben, brauchen sie keine Beine. Denn besser kann Henri sie einfach noch nicht auf die Linien platzieren.

Immer deutlicher wird für uns als Eltern, was »zieldifferenter Unterricht« bedeutet: Alle lernen am selben Gegenstand, aber jeder auf seinem Niveau. Die Ziele der Schüler in ein und derselben Klasse unterscheiden sich also, das Unterrichtsthema dagegen nicht. Wenn die Kartoffel auf dem Lehrplan steht, lernen alle etwas über die Kartoffel – nur schreiben die anderen zum Beispiel einen kleinen Aufsatz darüber, während Henri einen Lückentext ausfüllt. Der Test für Henri muss natürlich speziell vorbereitet werden. Das macht bei uns die Sonderpädagogin, weil sie die ganze Woche vor Ort ist. In anderen inklusiven Klassen machen es die Lehrer der allgemeinen Schule, beraten von Sonderpädagogen, die nur einige Stunden da sind. Viele Menschen können sich das nicht vorstellen. Kaum einer von uns hat einen derartigen Unterricht in seiner Schulzeit erlebt. Lernen im Gleichschritt, so wie bei Emily in der ersten Klasse, in einer vermeintlich »homogenen Gruppe«, ist in Deutschland noch immer pädagogische Realität.

Bei Henri ist das anders. Er bekommt den Unterricht, der es ihm erlaubt, jedes Thema im Rahmen seiner Möglichkeiten zu bearbeiten. Wenn alle Kinder am gleichen Gegenstand lernen, gibt es auch weiter gemeinsame Gesprächsthemen.

»Das Gedicht ist echt schwer, oder?«, fragt Nico Henri, als sie hier am Esstisch nach dem Mittagessen gemeinsam lernen.

»Geht so!«, antwortet Henri. Er hatte aufbekommen, die erste Strophe auswendig zu lernen.

Wenn eine Hausaufgabe einmal zu sehr reduziert wird oder ein Arbeitsblatt viel zu einfach ist, schreibe ich manchmal dazu: Von Henri in 30 Sekunden erledigt.

Immer wieder werde ich am Beratungstelefon von Eltern nach dieser neuen Art des Unterrichts gefragt. Auch Lehrer sind bei Diskussionsveranstaltungen skeptisch. Oft höre ich schon am Ton der Fragesteller, dass es sich weniger um eine Frage handelt und vielmehr um ein »Das geht doch gar nicht!«.

»Doch, es geht«, sage ich dann. »Fragen Sie unsere Lehrer, fragen Sie die Pädagogikprofessoren, die darüber schon seit über 30 Jahren veröffentlichen, fragen Sie die Schulleiter der inklusiven Schulen!«

»Ich bin Mutter«, entgegne ich einmal einem besonders penetranten Nachfrager bei einer öffentlichen Veranstaltung. »Soll ich unseren Lehrern, die es können und bisher so gut gemacht haben, sagen, es geht nicht?«

Alles, was Henri lernen soll, ist im Idealfall anschaulich und möglichst auch anfassbar. »Lernen mit allen Sinnen« ist in Kindergärten und Grundschulen inzwischen für alle Kinder angekommen: Anlautgebärden, Fühlmemories, Zahlenhüpfen und vieles mehr. In weiterführenden Schulen, vor allem in Gymnasien, werden diese Methoden belächelt. Dabei nützen sie allen. Ich habe viele Jahre lang Kommunikationskurse für Führungskräfte gegeben. Als es darum ging, mitreißende Statements zu halten, hatte ich ein Feedback-System mit Pfefferkörnern entwickelt. Wem es gelungen war, seinem Vortrag eine besondere Würze zu geben, durfte sich schwarze Pfefferkörner aus einem kleinen Säckchen nehmen. Viele Jahre später treffe ich einen Vorstandsvorsitzenden bei einer Tagung. Er sagt zu mir: »Ihren Namen weiß ich nicht mehr. Aber Sie sind die Frau mit dem Pfeffer!«

Henri braucht beim Lernen viele Wiederholungen: Was andere Kinder bei zweimaligem Anschauen verstehen, dafür benötigt er vielleicht zwanzig Mal. Und dann kann er es. Bei Dingen, die ihn interessieren, hat er ein Gedächtnis wie ein Elefant. Wetterkunde zum Beispiel beeindruckt ihn sehr: Gewitter und tödliche Blitzeinschläge. »Nur kurz klären«, sagt Henri, und ich weiß: Jetzt will er wieder stundenlang über den Faraday'schen Käfig sprechen.

Henri lernt für Klassenarbeiten so wie seine Freunde auch. Denn er schreibt alle Arbeiten auf seinem Niveau mit. Wenn ein Diktat ansteht, muss er wenigstens die Lernwörter korrekt schreiben können. In Mathematik kommen die Aufgaben aus dem Zahlenbereich, den er kennt. Lange wurschtelt er bei den Zahlen bis 20 herum. Und in dem Fach, in dem es um die Natur und unsere Welt geht, das heute neudeutsch »Menuk« genannt wird, lernt er viel über Getreide, Kartoffeln und wichtige Verkehrsschilder. Mit Emily hatten wir all das zum ersten Mal gelernt. Beim Lernen für die Arbeit übers Getreide ist wieder die ganze Familie eingespannt, sich zu merken, welches Getreide denn nun keine Grannen hat. Die letzte Frage in Henris Arbeit ist: »Wie heißt das fiese Tier, das die jungen Pflanzen kaputt frisst?« Gemeint war der Kartoffelkäfer. Henri schreibt »Bine«.

Dass Kinder mit einer geistigen Behinderung Klassenarbeiten mitschreiben, ist in der Sonderpädagogik und auch für viele Eltern neu. Einmal sitzen wir bei einer Feier gemein-

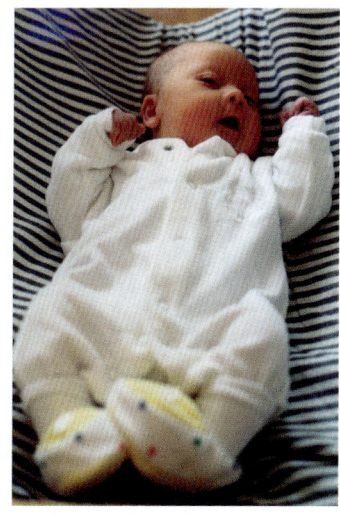

Das Foto in der Geburtsanzeige

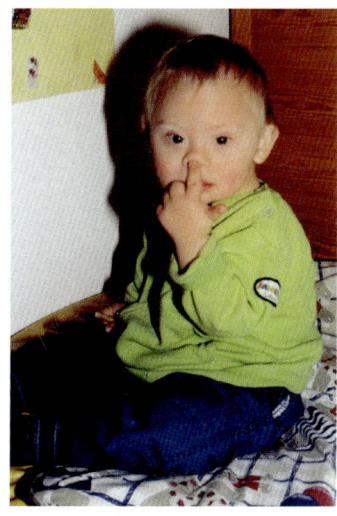

Henris erste eigene Gebärde:
»Ich möchte eine Knabberstange.«

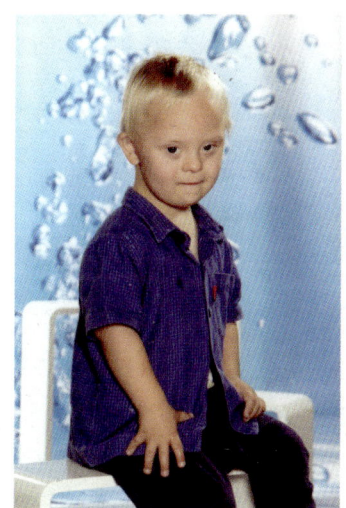

Kindergartenfotos: vom schüchternen
Fratz zum …

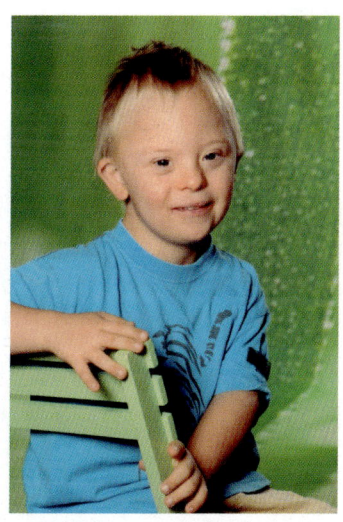

… fröhlichen Vorschulkind

Baby Henri und Emily beim Campingurlaub in Holland

Henri und Emily beim Kickern

Wenn Emily es vormacht, lässt sich auch Henri schminken.

Wir alle: Henri, Kirsten, Emily und Norbert

Henri mit Mama bei einer SWR-Autogrammstunde

Spielen mit der Verkleidungskiste: Henri und eine seiner Freundinnen aus der ersten Klasse

Henri und eine Klassenkameradin als Piraten beim Kinderzirkus

Henri und einer seiner Freunde beim Sommergrillen der Elterngruppe

Ziehen an einem Strang: Henri und zwei Jungs beim Sommerfest

Pizza schmeckt immer: Henri und einer seiner Freunde aus der Grundschulklasse

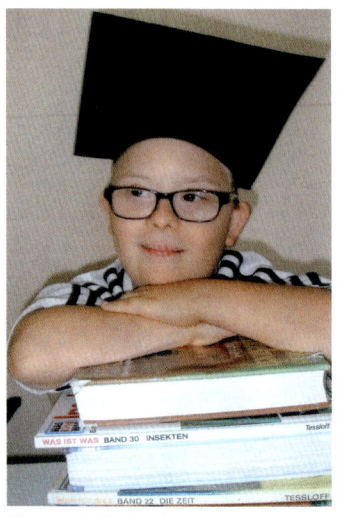

Henris Einschulung in die örtliche Grundschule

Henri mit Doktorhut: Abschlussfoto der 4. Klasse

Henri zu Gast bei der Streicherklasse im Gymnasium

*Henri und sein geliebter
Sonderpädagoge*

*Henri und der »Büffel« beim
Fasching*

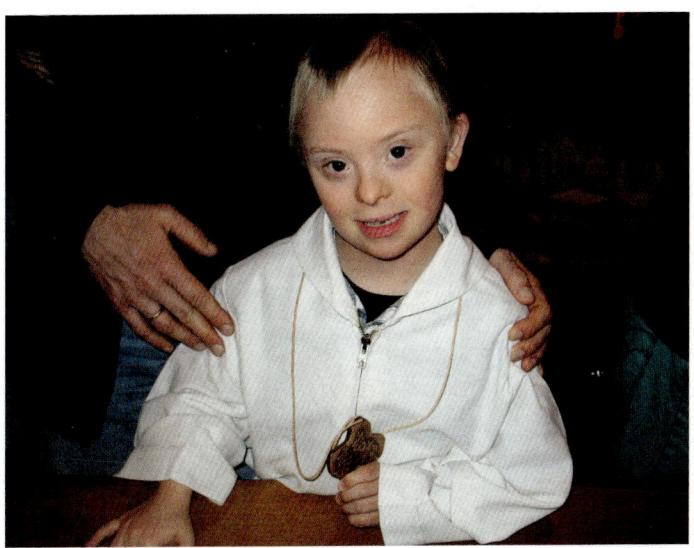

Henri bei seiner Erstkommunion

Kindergartenausflug zur Feuerwehr

Henri und der Wald:
nicht unbedingt Freunde

Henri am Kicker

sam mit vielen anderen Eltern und Kindern mit Behinderung. Es wird immer später, bis ich schließlich sage: »Wir müssen jetzt wirklich los, denn Henri muss ins Bett. Morgen schreibt er eine Klassenarbeit.« Da lachen viele laut.

Auch dass er wie alle anderen Hausaufgaben aufbekommt und sie dann ordentlich macht, ist nicht selbstverständlich. In einer Außenklasse in einem Nachbarort müssen die Kinder mit Behinderung nur dann ihre Hausaufgaben machen, wenn sie Lust dazu haben. »Das war vielleicht ein Theater«, erzählt mir eine Mutter, die ihr nicht behindertes Kind in der Grundschulklasse hat, mit der die Außenklasse kooperiert. »Gestern kam meine Tochter aus der Schule und hat mir kategorisch erklärt, sie mache ab sofort ihre Hausaufgaben nur, wenn sie Lust dazu habe. Die anderen dürften das doch auch. Ich wusste gar nicht, wie ich argumentieren sollte: Dass es aus Sicht der Lehrer bei denen wohl nicht so drauf ankommt, bei ihr aber sehr wohl? Das kann's doch nicht sein!«

Henri lernt mit allen gemeinsam in der Klasse und manchmal auch in einer kleinen Gruppe im sogenannten »Differenzierungsraum«. Im ersten Schuljahr gab es diesen Raum, in den die Lehrerinnen ausweichen konnten, nicht wirklich. Er lag im Keller und war nicht praktisch. Sehr traurig war ich darüber nicht. Denn allzu oft hatte ich bei den Treffen der Elterninitiative gehört, dass ihre Kinder mit Behinderung am Ende fast nur noch unter sich im kleinen Raum saßen.

Unsere Sonderpädagogen erliegen nicht der Versuchung, mit ihren Schützlingen möglichst viel allein in einem separaten Raum zu machen. Das ist nicht überall so. »Weihnachten trenne ich die Kinder dann immer«, erklärte mir einmal eine Außenklassenlehrerin während einer Inklusionsveranstaltung. »Da kommen die Kinder mit Behinderung in Deutsch und Mathe dann nicht mehr mit.«

»Aber das wissen Sie doch vorher gar nicht, ob das so sein wird?«, fragte ich sie erstaunt. Sie zuckte mit den Achseln.

Ob diese Trennungen nötig sind oder nicht, wird oft gar nicht wirklich überlegt oder infrage gestellt. Sie sind einfach üblich. Man kann Kindern mit Behinderungen diese Trennungen auch angewöhnen. Am Anfang weint Niklas, der Sohn meiner Freundin aus der Elterninitiative, wenn er mit den anderen »Sonderkindern« in einen separaten Raum muss. Inzwischen weint er, wenn er im großen Klassenzimmer bei den Grundschülern bleiben soll. Am Anfang hatten die Lehrerinnen Niklas' Eltern versichert: »Wir machen alles gemeinsam!« Stutzig wurden die erst, als Niklas auch vier Wochen nach der Einschulung nur die Namen der Kinder mit Behinderung kannte. Die Namen der Kinder ohne Behinderung aus der Grundschulklasse kannte er nicht, weil er mit ihnen nur sehr selten zusammen war.

Inzwischen gibt es in Henris Klasse einen kleinen Raum, den die Stadt in das recht große Klassenzimmer eingebaut hat. Zum Glück ist der Raum bei allen Kindern begehrt. Und so sitzen darin keinesfalls nur Henri und andere Kinder mit Handicap, sondern alle, die mal ganz in Ruhe etwas arbeiten wollen. »Ich habe mich extra mit der Aufgabe beeilt«, erzählt Anna-Lena, »damit ich dort reindurfte.«

Differenzierungsräume gibt es auch in Schulsystemen, die inklusiv sind. »Laboratorio« heißen sie in Italien. Dort fragte ich einmal einen kleinen Jungen, wo er denn besser lerne, sich besser konzentrieren könne. Er zeigte auf das Laboratorio. Sein Lehrer nickte zustimmend. »Und wo sind

deine Freunde?«, fragte ich weiter. Da zeigte er auf das große Klassenzimmer und lächelte ein bisschen verlegen.

Henri kann weiterhin im Unterricht und bei den Hausaufgaben vieles nicht allein. Etwas ausschneiden, sortieren
und aufkleben endet an schlechten Tagen mit klebrigen
Fingern, an denen Papierreste hängen, einem verknüllten
Blatt und einem beleidigten Henri. Wenn es also bei einer
Aufgabe eigentlich um die Inhalte geht, dann denkt Henri, und Mama klebt. So wie bei Emily, für die ich nicht nur
farbig angemalt, sondern mit Lineal unterstrichen und die
Rechtschreibfehler wegradiert habe. Das taten alle Mütter
der Klasse und freuten sich über die guten Heftführungsno-
ten ihrer Kinder. Manche sagten dann anschließend: »Wir
haben dafür eine 1 bekommen.«

Trotzdem ist mir bei Henri immer wichtig, dass Dinge,
die er kann, auch wirklich von ihm kommen. Was möchte Henri im Rahmen seiner künstlerischen Möglichkeiten,
natürlich mit viel Grau, zu einem Gedicht malen? Es ist gut,
ihn zu fragen, denn Henri hat immer eigene Vorstellungen,
und die sind oft überraschend.

Als die Kinder in der Schule das Adjektiv lernen, geht es
darum, allen Familienmitgliedern bestimmte Eigenschaften zuzuordnen, die sich die Kinder frei ausdenken dürfen. Henri diktiert mir: »nett (Mama, Emily), dick (Mama),
hektisch (Mama), alt (Mama, Papa), schön (Mama), fett
(Mama), fies (Emily), fleißig (Emily), bucklig.« Wen er mit
diesem letzten Adjektiv meinte, lässt er offen.

Henri möchte in den Schulchor. Freitags bringe ich ihn also
eine Stunde früher als sonst. In der Aula: ein Klavier, 40
Kinder und eine Musiklehrerin der örtlichen Musikschule.

Henri mag sie. Trotzdem singt er selten mit. »Henri hat sich heute unter die Bank gelegt und laut geschnarcht«, erzählt Lisa, die auch mitsingt, aufgeregt. Ich rede ein ernstes Wort mit Henri: »Das geht nicht. Du musst dort nicht hin, aber wenn du hingehst, musst du dich benehmen und darfst wenigstens nicht stören.«

Henri will unbedingt weiter zum Chor. Mir fällt auf, dass in seiner Chormappe kurz vor Weihnachten noch immer nur Herbstlieder zu finden sind. Ich spreche mit der Chorleiterin und entdecke die »Bruchstelle«: Wie gelangt der Liederzettel vom Chor tatsächlich in seinen Schulranzen? Das war nicht geklärt. In Zukunft sorgt Lisa dafür, dass sich auch Henri einen Zettel nimmt und ihn ordentlich abheftet. Sie guckt auch, ob er die Chormappe am Ende ins Klassenzimmer mitbringt und in seinen Ranzen steckt. Nun können wir die Lieder auch zu Hause üben. Als der weihnachtliche Auftritt des Chors im Seniorenstift ansteht, ist er gut gerüstet. Er reißt den Mund mit am weitesten auf. Und oft kommt auch tatsächlich die Melodie heraus, manchmal ein klein bisschen zeitversetzt wie ein Echo.

Lisa und die anderen sind für Henri da. Sie sind es auch, die Henri schützen. Ein paarmal gibt es nach der Schule oder in der Pause unangenehme Erlebnisse. Einige sehe ich selbst, von anderen erzählen mir die Kinder oder die Lehrer. Da sind zum Beispiel Viertklässler, die ihren »Spaß« mit Henri haben wollen: Sie fordern ihn auf, Grimassen zu schneiden, oder stellen ihm schwierige Fragen: »Wie weit ist es zum Mond?« Über seine Antwort – »So weit wie nach Heidelberg.« – lachen sie sich dann kaputt. Henri versteht nicht, ob man mit ihm oder über ihn lacht. Manchmal treiben sie es auch so weit, dass Henri irgendwann genug hat und sie am Ende haut. Dann können sie sich über ihn bei den Lehrern beschweren. Doch die Kinder aus Henris Klasse, vor allem die Mädels, sind stets zur Stelle, wenn das geschieht, und holen ihn aus solchen Situationen heraus.

Henri will manchmal bleiben und nennt die, die ihn ärgern, »meine Freunde«. »Nein, Henri«, sagt Lisa bestimmt, »deine wahren Freunde sind wir. Das sind nicht deine Freunde. Die sind einfach nur doof.«

Seit einiger Zeit geht Henri an zwei Tagen in der Woche in die Übermittag-Betreuung in der Schule. Sie ist von der Stadt organisiert. Henri freut sich jedes Mal sehr darauf, denn viele seiner Freunde sind auch da. Wenn ich ihn abhole, will er oft noch nicht mit nach Hause kommen. Einmal spielt er, als ich komme, mit Martin, Arno und einem anderen Jungen »Fünf Freunde« nach dem Kinderbuchklassiker von Enid Blyton. Unklar ist, wer denn nun wer sein soll. Henri soll angeblich »Ann«, das Mädchen, spielen. Aber das will er nicht. Julian, den großen vernünftigen Bruder, will er auch nicht verkörpern. »Der zu groß«, sagt Henri. Timmi, der Hund, wird von einer Schaufel gespielt, die unterm Klettergerüst liegt.

Wir bereuen keinen einzigen Tag, dass Henri hier in der Schule ist. Im Gegenteil: Wir sind glücklich, dass er all das erleben darf. Schule ist die wichtigste Verbindung von Kindern gerade im Grundschulalter: meine Klassenkameraden, die Kinder aus der Parallelklasse, die Kinder aus meiner Schule – und dann kommt erst einmal lange nichts. Wenn Henri gemeinsam mit seinen Klassenkameraden nachmittags auf dem Spielplatz hier im Neubaugebiet ist, kommen manchmal andere Kinder dazu, die Henri nicht kennen. Sie sehen ihn an und fragen: »Ey, wer ist das denn?«

Dann sagen seine Freunde sofort: »Das ist Henri, und der ist in unserer Klasse!« Sie sagen das in einem Tonfall, der nahelegt: »Der ist in Ordnung!«, und keinen Widerspruch duldet.

In Italien habe ich die Mutter eines autistischen Jungen getroffen. Ihr Sohn war sehr auffällig und herausfordernd. Gleichwohl ging er in die örtliche Mittelschule und war dort viele Stunden mit den anderen Kindern des Ortes zusammen. Wenn ihm das zu viel war, wurde er einzeln betreut. Alle Kinder im Ort kannten ihn. Und deshalb konnte er sich auch nachmittags bei schlechtem Wetter in der örtlichen Sporthalle aufhalten, wo die anderen tobten, spielten oder einfach nur herumhingen. Alle wussten, er ist anders, aber exotisch oder bedrohlich war er für sie nicht. Sie erlebten ihn ja jeden Morgen in der Schule. Er war einer von ihnen.

Einmal bin ich mit Henri in einem Nachbarort unterwegs. Ich fahre mit dem Fahrrad, Henri sitzt im Anhänger. Wir fahren an einer Gruppe Jugendlicher vorbei. »Ey, guck mal«, ruft einer von ihnen und zeigt hinter uns her, »da is 'n Irrer!«

Wenn ich mit Henri in der Fußgängerzone unseres Ortes unterwegs bin, rufen Kinder, die ihn kennen: »Da ist der Henri!« Sie rufen nicht: »Guck mal, da ist ein Behinderter!« Für die Kinder im Ort ist er »der Henri«. Ich denke eine ganze Zeit lang, das ist er auch für die Erwachsenen. Doch da bin ich wohl zu optimistisch.

Mein Engagement in der Elterninitiative wird immer zeitaufwendiger. Wir gründen eine ehrenamtliche Inklusionsberatungsstelle, für die wir später mit einem Ehrenamtspreis ausgezeichnet werden. Die Telefon-Hotline läuft bei mir auf. Viele Eltern haben viele Fragen. Das Telefon klingelt gerade in den ersten Wochen mehrmals am Tag. »Da ist schon wieder eine deiner Inklusions-Tussis am Telefon!«, sagt Emily und gibt mir augenrollend den Telefonhörer.

Es ist auch die Zeit, in der wir uns als Familie zum ersten Mal mit dem Thema weiterführende Schule beschäftigen, obwohl Henri erst in der zweiten Klasse ist. Viel früher als andere denken wir weiter, müssen wir weiterdenken. Von der Einschulung her wussten wir ja, dass alle Wege neben den ausgetrampelten Pfaden schwierig sind und die Vorbereitung Zeit kostet. Schon früh ist in der Klasse deutlich geworden, dass voraussichtlich zwei der Kinder mit Behinderung, Selma und Robert, aufs Gymnasium gehen werden. Sie gehören zu den Besten der Klasse. Das Schulamt setzt bevorzugt gruppenbezogene Lösungen um. Das heißt: In einer inklusiven Klasse gibt es nicht nur ein Kind mit Behinderung, sondern es sind gleich mehrere Kinder, die einen Förderbedarf haben. Dadurch kann das Schulamt den jeweiligen Sonderpädagogen dort viele Stunden einsetzen, bis hin zu einer kompletten Doppelbesetzung während der ganzen Unterrichtszeit, so wie in Henris Grundschulklasse. Deshalb haben wir die Idee, dass Henri mit Selma und Robert gemeinsam in eine inklusive Klasse am Gymnasium gehen soll, das auch Emily besucht.

Es ist Oktober 2011, der Tag der Eröffnung des neuen Hallenbades in Walldorf. Norbert und ich sind eingeladen. Auch die Direktorin des Gymnasiums ist anwesend. Wir nutzen den Termin, um auf sie zuzugehen, ihr zu sagen, dass wir die Eltern von Emily und Henri sind, und ihr zu erzählen, wie gut wir uns vorstellen können, dass auch Henri bald Schüler ihrer Schule wird. »Na, hat ja noch ein bisschen Zeit!«, sagt sie.

Auch Emily ist zur Hallenbaderöffnung eingeladen. Zwei Jahre zuvor hatte sie, damals zehn Jahre alt, 150 Kinderunterschriften für eine Rutsche gesammelt, die damals noch nicht vorgesehen war, und sie dem damaligen Bürgermeister übergeben. Die Rutsche wurde nachträglich geplant und mitgebaut. Natürlich ist sie heute bei allen Kindern ganz besonders beliebt.

Das zweite Schuljahr geht langsam zu Ende. Henri schreibt immer besser und mehr. Und er soll mehr schreiben. Also bekommt er einen neuen Job. Er wird Protokollführer unserer Familienkonferenz. Dort werden jeden Sonntag die Termine der kommenden Woche und allgemeine Themen wie Aufräumen, Fernsehzeiten und Ähnliches besprochen. Das Wichtigste wird in Stichpunkten aufgeschrieben, früher von mir, jetzt von Henri, oft unter lautem Stöhnen. Ja, er hat es so schwer … Wenn es allerdings um die anschließende Taschengeld-Verteilung geht, ist er wieder in seinem Element: Für sich schreibt er eine 1 auf, weil er einen Euro bekommt, für seine Schwester immer eine 0. Natürlich weiß er ganz genau, welche Summe sie eigentlich bekommt. Es ist der *running gag.*

Da Henri noch keine sehr langen Sätze schreiben kann und will, zwingt er uns übrigens, die Dinge bei den Familienkonferenzen immer auf den Punkt zu bringen. Wir schreiben nicht: »Mama möchte nicht, dass alle alles überall herumliegen lassen und sie jedem sein Zeug im ganzen Haus hinterhertragen muss.« Henri schreibt einfach: »Mama ist kein Sklave!«

Notenstreit

In der dritten Klasse bekommt Henri eine nette neue Klassenlehrerin: Frau Herrmann. Frau Becker, die Sonderpädagogin, bleibt.

Es werden die ersten Klassenarbeiten geschrieben. Das neue Lehrerinnenteam bittet uns zu einem kurzen Gespräch und fragt, ob wir denn für Henri auch Noten haben möchten. Wir möchten! Also wird ab sofort jede Klassenarbeit von Henri benotet. Unter der Ziffer steht ein Zusatz, dass Henri zieldifferent unterrichtet wird. Bis heute sind wir damit sehr zufrieden.

Üblich ist das nicht. Bislang bekommen Kinder an den »Schulen für geistig Behinderte«, wie sie bei uns heißen, nur einmal im Jahr einen Schulbericht für die Eltern. In integrativen oder inklusiven Klassen finden sich unter ihren Arbeiten schon mal Bärchen-Stempel: Drei Bärchen = gut gemacht! Spätestens jetzt ist den anderen Kindern klar: Das sind die, die nicht so lernen können wie wir!

Anders als den Erwachsenen ist Schülern in der Grundschule oft gar nicht bewusst, wer von ihnen denn die mit sonderpädagogischer Förderung ausgestatteten Kinder sind. Es interessiert sie auch wenig. Ihre Kategorien sind »nett«, »mit der kann ich gut spielen«, »lustig« und »clever«. Ich bin sicher, hätte man Henris Mitschüler in der ersten Klasse gefragt, wer die »inklusiven Schüler« seien, hätte so mancher danebengetippt. Legendär ist die in unserer Elterninitiative viel erzählte Geschichte von einer inklusiven Klasse in einem anderen Bundesland, die ständig Besuch von Schulräten, Studierenden und Wissenschaftlern bekommt. Irgendwann fragt die Klassenlehrerin die Kinder: »Wisst ihr eigentlich, warum hier immer so viele Leute kommen?« Die Kinder überlegen lange, bis sich schließlich ein kleiner Junge meldet und sagt: »Vielleicht liegt das daran, dass wir als einzige Klasse einen neuen Teppichboden haben!«

Doch Noten machen alles klar: Das sind die einen – und das die anderen. Schon am Ende der zweiten Klasse, als es die ersten Zeugnisnoten für Deutsch und Mathe gab, fragten Henris Klassenkameraden: »Was hast du denn?« Er schaute ratlos in sein Zeugnis. Da standen zwei Striche.

Die Kinder vergleichen natürlich ihre Noten. Sie schätzen Henris Zwei für seine Aufgaben genauso wert wie ihre Zwei für ihre Aufgaben. Und sie feiern ihn, wenn er eine besonders gute Note hat.

Nach einer Weile kommt er mit einer schlechteren Note, einer Drei bis Vier, nach Hause. Er ist geknickt. Ich schaue mir seine Deutscharbeit an und sehe, dass er fast alle Punkte bei einer Aufgabe verloren hat. Das ist ärgerlich. Er sollte sämtliche Verben aus einem Salat verschiedener Wortarten abschreiben, hatte es aber nicht getan. Die Lehrer hatten ihn sogar mehrfach dazu aufgefordert, obwohl die Aufgabenstellung deutlich darüberstand und Henri sie natürlich lesen konnte. Doch Henri hat es trotzdem nicht gemacht. Warum, lässt sich nicht recht klären. Ich vermute, dass er es einfach zu anstrengend fand und lieber erst mal eine leichtere Aufgabe lösen wollte. Was ist die Botschaft? Genau die, die ich auch an Emily gerichtet hätte: »Du hast alles wirklich gut gekonnt, aber das mit der einen Aufgabe geht einfach so nicht! Da musst du dich nächstes Mal mehr anstrengen!«

Eine Woche später mault Emily: »Warum muss ich eigentlich immer so viel Latein lernen? Henri hatte in seiner letzten Klassenarbeit auch eine Drei bis Vier!«

Wenn er mit einer besonders guten Note nach Hause kommt, sagt sie zu ihm schon mal: »Kleiner Streber!«

Als es die »Halbjahresinformationen« gibt, kommt Henri allerdings wieder mit einem Berichtszeugnis nach Hause. Von Noten weit und breit keine Spur. Der Direktor der Sonderschule, der Vorgesetzte unserer Sonderpädagogin, will sie auf keinen Fall und hat sein Veto eingelegt.

Es entbrennt ein monatelanger, völlig überflüssiger Streit zwischen uns und dem Sonderschulrektor, der Henri gar nicht kennt, sondern nur vom Schreibtisch aus agiert und dem es »ums Prinzip« geht: »Das haben wir noch nie so gemacht. Da könnte ja jeder kommen!«

Am Ende setzt sich der zuständige Schulrat, inzwischen wieder ein anderer, durch. Wir hatten ihn eingeschaltet. Henri bekommt zum Abschluss der dritten Klasse zum ersten Mal ein Zeugnis mit Ziffernnoten.

Ich schreibe dem Schulrat eine Mail: »Henri ist sehr stolz. Er ist mir gleich entgegengelaufen, hat das Zeugnis schwungvoll aus dem Ranzen gezogen und gerufen: ›Ich super super super gutes Zeugnis!‹ Alle seine Schulfreunde haben ihm gratuliert. Zu Hause hat er es sofort seiner großen Schwester gezeigt. Allein dafür hat sich alles gelohnt!«

Auf dem Gruppenfoto seiner vierten Klasse, das für die Abschlusszeitung gemacht wurde, wird Henri später als Einziger die kleine rote Zeugnismappe in der Hand halten. Er hat sie einfach nicht mehr hergeben wollen.

Ich finde übrigens, dass Kinder in der Schule keine Noten bekommen müssen. Viele Pädagogen plädieren für deren Abschaffung zugunsten von Entwicklungsberichten, und sie haben gute Gründe dafür. Solange die Kinder in seiner Klasse jedoch Noten bekommen, braucht Henri sie auch.

Während Henris drittem Schuljahr ist mein Zeitvertrag beim Radio ausgelaufen. Wieder einmal hat es eine Umstrukturierung in der Redaktion gegeben. Einen neuen Vertrag würde ich nur bekommen, wenn ich ungefähr doppelt so viel arbeiten würde wie bisher. Dies machen mir meine Chefs unmissverständlich klar. Das kann und will ich nicht. Da passt es gut, dass sich mir ein paar Monate später die Möglichkeit bietet, als Projektleiterin »Unabhängige Beratung« der Landesarbeitsgemeinschaft Baden-Württemberg »Gemeinsam leben – gemeinsam lernen« eine Halbtagsstelle anzutreten, bei der ich hauptsächlich von zu Hause aus arbeiten kann. Dieser gemeinnützige Verein ist die Dachorganisation für örtliche Elterngruppen, also auch die Gruppe, in der ich schon lange ehrenamtlich engagiert bin. Nun ist Inklusion auch mein Beruf. Im Mittelpunkt steht die Beratung anderer Eltern, die mit ihren Kindern inklusive Wege gehen wollen, aber immer wieder Stolpersteine auf dem Weg finden. Wir versuchen, sie gemeinsam wegzuräumen.

Im Rahmen meiner neuen Tätigkeit kann ich einige Tage für eine Inklusionsexkursion nach Italien reisen. Veranstaltet wird sie von einer evangelischen Akademie im Rahmen einer Fortbildung zum »Inklusionsberater«. Es können nicht nur die Teilnehmer dieses Lehrgangs, sondern auch sonstige Interessierte mitfahren. Am Ende sind wir eine Gruppe aus Lehrern, Schulräten, Lokalpolitikern. Die Lehrer kommen überwiegend aus dem Grundschul- oder Sonderschulbereich. Ich bin ein paar Tage zuvor 50 geworden und denke, dass ich mir die familienfreien Tage ruhig einmal gönnen kann.

Besonders prägend ist für mich ein Dialog ganz am Anfang unserer Reise. Wir besuchen eine Schule und stellen uns bei der Direktorin vor. Sie fragt:

»Sagen Sie mir doch bitte noch einmal ganz genau, was für Sie hier interessant ist.«

»Wir würden uns gerne den inklusiven Unterricht anschauen, also den Unterricht mit den Kindern mit Behinderung«, antworten wir.

Sie erwidert: »Ja, Kinder mit Behinderung sind bei uns in fast jeder Klasse. Aber was ist daran so interessant?«

Italien hat vor fast vierzig Jahren sein Sondersystem und damit auch so gut wie alle Sonderschulen aufgelöst. Inklusion ist dort schon lange Normalität. Inzwischen arbeitet eine Generation von Lehrern, die bereits als Schüler Inklusion erlebt haben. Infrage gestellt wird sie längst nicht mehr. Natürlich wird auch über Bedingungen und Ausstattung diskutiert, aber eins stellt die Direktorin gleich klar: »Weil wir wissen, dass wir die Kinder nicht irgendwo anders hinschicken können, müssen wir uns ernsthaft Gedanken machen, wie das hier gut funktionieren kann.«

Wann immer es um das italienische Bildungssystem geht, gibt es Menschen, die darauf hinweisen, dass Italien im Pisa-Vergleich ja noch weiter hinten steht als Deutschland. Doch es sind viele Faktoren, die die Ergebnisse dieses internationalen Rankings bestimmen. Einer ist sicherlich, wie viel Geld ein Land für Bildung in die Hand nimmt oder nehmen kann. Ein anderer Faktor ist, ob ein Land, sofern es in den Schulen nicht auf Drill und Druck setzt, Antworten auf die Unterschiedlichkeit aller Schüler gefunden hat. Inklusion ist nur ein Ausschnitt aus der Vielfalt, mit denen die Schulen konfrontiert sind. In Kanada und Finnland zum Beispiel, die an der PISA-Spitze liegen, scheinen alle Faktoren zu stimmen. Dabei haben Kanada und Finnland bereits seit Jahrzehnten ein inklusives Bildungssystem. Das zeigt, dass sich Inklusion und Qualität offensichtlich nicht ausschließen.

In Italien bekommen die Kinder mit Einschränkungen ganz normale Zeugnisse und am Ende des gemeinsamen Lernens in Klasse 8 ein Abschlusszeugnis wie alle anderen auch. Ob darunter denn auch ein Zusatz wie »zieldifferent« oder Ähnliches stehe, will ich wissen.

Die Direktorin der Mittelschule sieht mich ratlos an. »Nein, das ist doch klar, oder? Das müssen wir hier niemandem mehr erklären!«

Doch, wir Deutschen müssen alles erklären, und zwar besonders gründlich.

Henri kann und möchte mehr

Der Notenstreit überschattet für uns das dritte Schuljahr, obwohl es für Henri ein gutes Jahr ist. Er kann mehr, und er traut sich mehr zu.

Die Klasse führt ein Witzbuch. Jeder bekommt es irgendwann mit nach Hause, um einen Witz reinzuschreiben. Auch Henri ist »so witzig«, so sagen seine Freunde immer wieder. »Spaßkanone« nennt Henri sich selbst. Aber: Welche Witze versteht er? Wir suchen lange. Schließlich wird es der: »Was muss man tun, um ein Nilpferd in den Kühlschrank zu setzen? Kühlschrank auf, Nilpferd rein, Kühlschrank zu. Was muss man tun, um einen Elefanten in den Kühlschrank zu setzen?« Dass »Tür auf, Elefant rein, Tür zu« die falsche Antwort ist, hatte auch Henri in der zweiten Klasse schon verstanden. Die richtige Antwort lautet: »Tür auf, Nilpferd raus, Elefant rein, Tür zu.«

Henris Sinn für Humor wächst. Einmal bringt er eine

Zwei in der Religionsarbeit mit nach Hause. Seine Religionslehrerin ist weiterhin die »edle Dame«. Verschmitzt sieht er mich an und fragt: »Und wenn ich eine Sieben hätte?« Ich schaue ihn ernst an und sage dann laut: »Dann würde ich dich verhauen!« Henri kann sich vor Lachen kaum noch halten.

Gerne lesen wir zu Hause den »Grüffelo«, ein überall auf der Welt außerordentlich erfolgreiches und beliebtes Bilderbuch. Henri mag vor allem die Stelle, wo die kleine Maus zum Grüffelo sagt: »Grüffelo-Grütze könnt ich heut gut vertragen.« An einem Abend, an dem wir wieder einmal den Grüffelo gelesen haben, sagt Henri, als ich das Licht ausmache, zu mir: »Mama-Grütze könnt ich heut gut vertragen.«

Henri liebt Emilys Comedyhelden: Frederic, Freiherr von Furchensumpf, die »Hetz-mich-nicht-Bauchredner«-Puppe oder das Känguru von Marc-Uwe Kling. Er lacht so wie Emily Tränen an den richtigen Stellen, obwohl er die Gags unmöglich alle verstehen kann.

Weniger witzig ist die Sache mit den Stiften. Eines Tages höre ich von den Kindern: Henri klaut. Auch mir ist schon aufgefallen, dass Henri immer wieder fremde Stifte in seinem Ranzen hat. Mithilfe der Lehrerinnen gelingt es, zu klären und den Kindern zu erklären, warum das so ist: Henri hat noch kein Gefühl für »meins« oder »deins«. Alles, was in seiner Nähe auf dem Tisch liegt, packt er einfach ein. Vieles, was ihm eigentlich gehört, vergisst oder verbummelt er. Gefühlte tausend Bleistifte, Buntstifte (die Henri ja nicht benutzt), Radiergummis und Klebstifte habe ich inzwischen nachgekauft. Es fehlen ihm also seine eigenen Sachen, dafür hat er immer wieder fremde Sachen dabei.

Wir suchen ein kleines durchsichtiges Mäppchen heraus und schreiben »Das gehört mir nicht!« darauf. Nachmittags durchforsten wir ab sofort gemeinsam seinen Ranzen. Wir sammeln alles Fremde ein, und Henri zeigt es am nächsten Tag vor. So finden die Dinge wieder ihren Weg zurück. Und niemand glaubt mehr, Henri sei ein Dieb.

Wieder einmal ist Sportfest in der Schule. Henri entdeckt das Laufen, Werfen und Springen für sich. Nur ganz so schnell wie die anderen ist er dann doch nicht. Beim abschließenden 800-Meter-Lauf läuft er wie in Zeitlupe stur in seinem eigenen Tempo über die Aschenbahn. Das hat zur Folge, dass er nach einer Runde kurz vor den Schnellsten, die bereits zwei Runden hinter sich haben, auf die Zielgerade kommt. »Henri, Henri!«, skandieren da schon alle Schüler auf den Rängen. Also beschließt Henri, es mit einer Runde zu belassen und sich feiern zu lassen. Alle klatschen ihn begeistert ab. An diesem Tag kommt er sehr zufrieden nach Hause.

Henris Laufstil erinnert übrigens ein bisschen an Emil Zátopek, den legendären Langstreckenläufer und Olympiasieger. »Die tschechische Lokomotive« wurde er genannt.

Auch Schwimmen im neuen Hallenbad steht jetzt auf dem Stundenplan. Henri genießt es natürlich, dass er so gut schwimmen und vielen seiner Freunde etwas vortauchen kann. Henri ist eines der Kinder, die ganz sicher schwimmen. Es ist einer der seltenen Fälle, in denen Henri mal zu den Besten in der Klasse gehört, obwohl hier die Anforderungen an ihn im Vergleich zu den anderen nicht angepasst werden. Seine Lehrer glauben es erst, als sie es mit eigenen Augen sehen.

»Kann der Kleine denn wirklich schon schwimmen?«, fragt auch ein besorgter Bademeister, als wir im Urlaub das berühmte Berliner Badeschiff besuchen. Dass Henri aufgrund seiner Körpergröße und seines Downsyndroms in vielen Dingen unterschätzt wird, wird ihn sein ganzes Leben begleiten. Fürs Schwimmen bekommt er viel Lob von allen Seiten, vor allem deshalb, weil ihm kein Wasser zu kalt ist. Wenn andere bibbernd am Rand sitzen, krault Henri fröhlich stundenlang.

Allerdings ist das Wieder-aus-dem-Wasser-Kommen und Anziehen auch beim Schulschwimmen ein Thema. Mehr als einmal finde ich ihn beim Abholen noch in Badehose vor. Er sitzt mit verschränkten Armen in der Umkleidekabine und sagt beleidigt »Phh!«, weil er mindestens noch eine Stunde weiterschwimmen wollte.

Donnerstags gehen wir weiterhin in die Schwimmgruppe. Henri ist jetzt der Dienstälteste dort. Viele Kinder aus Henris Klasse kommen oft mit zum Schwimmen: Finn, Max, Luisa und Anna-Lena. Manchmal ist mein Wagen voller Kinder. Henri und seine Freunde sind im Becken wilde Piraten, Krokodile oder dicke Fische, die aus dem Wasser gezogen und wieder reingeschubst werden. Henris Begeisterung für das Element Wasser steckt an.

Eigentlich ist es Zeit für das Seepferdchen, das erste Schwimmabzeichen. Natürlich möchte Henri auch so eins haben, so wie Conni in seinen Kinderbüchern. Aber wie machen wir ihm klar, dass er nach Ansage 25 Meter immer geradeaus zu schwimmen hat, nicht mal abbiegen oder dann doch wieder an den Rand darf?

Als wir einmal sonntags im Walldorfer Hallenbad sind, will Henri unbedingt ins Schwimmerbecken. Mit großen

Zügen schwimmt er einmal ganz durch. Neben ihm schwimmt eine ältere Dame, die er nicht kennt. »Das kannst du aber schon toll, du bist ja sogar fast schneller als ich! Wollen wir noch mal gemeinsam zurückschwimmen?«, fragt sie.

Da nutze ich die Gunst der Stunde und raune dem Bademeister, der am Rand steht, zu: »Wenn er das jetzt schafft, hat er dann sein Seepferdchen?« Er nickt.

Henri schwimmt neben der Dame bis zum anderen Ende des Beckens, springt dann noch fröhlich vom Beckenrand und taucht – und hat sein Seepferdchen! Sehr stolz nimmt er den Aufnäher mit nach Hause.

Umziehen nach dem Schwimmen, sich auf seinen Platz setzen, wenn es losgeht, nicht so viele Schimpfwörter sagen – wenn Henri gar nicht hört, bekommt er, wie alle anderen Kinder der Klasse auch, nach mehreren Verwarnungen eine Strafarbeit. Ich hasse Strafarbeiten. Denn Strafarbeiten für Henri sind Strafarbeiten für Mama.

»Warum ich im Unterricht leise sein soll«, muss Henri aufschreiben. Er schaut mich ratlos an. Ich mache ihm mehrere Vorschläge: damit sich die anderen besser konzentrieren können. Damit ich selbst besser lerne. Weil die anderen auch leise sind. Mit keinem Vorschlag kann ich bei Henri landen. Immer schüttelt er den Kopf. »Warum«-Fragen sind schwierig. Fragt man Henri jedoch, ob es wichtig ist, dass er im Unterricht leise ist, sagt er überzeugt »Ja«.

Irgendwann gebe ich auf. Als Kompromiss schreibt Henri am Ende seufzend den Aufgabensatz »Warum ich im Unterricht leise sein soll« dreimal ab. Dann geht er, während ich mir erschöpft einen Kaffee koche, in sein Zimmer und hört laut eine seiner Rammstein-CDs.

Inzwischen ist Henri zehn Jahre alt. Zu seinem zehnten Geburtstag darf er zehn Freunde einladen. Er zählt zehn Kinder auf. Alle sind sie aus seiner Klasse. Er macht eine Übernachtungsfeier. Alle Kinder, Emily und ich übernachten in unserer Musikschule mit Schlafsäcken auf Isomatten. Es ist ein riesiges Gewusel und Gedrängel. Abends lesen wir Gruselgeschichten vor. Dann beginnt das große Gekuschel. Erst will Henri neben Finn schlafen, dann neben Nico. Irgendwann sind alle erst einmal eingeschlafen. Für mich ist es eine unruhige Nacht. Immer wieder rüttelt mich eines der Kinder wach: Auf dem Dach rumpelt es angeblich. Ein Kind schnarcht so schrecklich, dass die anderen nicht schlafen können. Es ist so dunkel, dass man Angst bekommt. Henri schläft derweil wie ein Murmeltier. Morgens ist er früh wach und isst beim gemeinsamen Frühstück fünf Brötchen.

»Kann Henri eigentlich bowlen?«, fragt mich kurz darauf Lisa.

»Ich weiß nicht«, sage ich, »das hat er bisher noch nicht gemacht. Warum?«

Auch sie möchte ihren Geburtstag feiern. Alle Kinder gehen bowlen. Sie möchte Henri einladen.

»Lass es ihn doch einfach mal probieren«, rate ich, »notfalls sitzt er dabei, da hat er sicher auch seinen Spaß.« Als Henri abends wieder nach Hause gebracht wird, sagt Lisas Mutter: »Also satt müsste er eigentlich sein, er hat jede Menge Pommes gegessen!«

Und Lisa kommt am nächsten Tag in der Schule auf mich zu: »Der Henri war gar nicht der Schlechteste beim Bowlen! Der hat das richtig gut hingekriegt.«

Erstkommunion

In diesem Jahr geht Henri zur ersten heiligen Kommunion. Alle katholischen Drittklässler tun das in unserem Ort. Auch Finn, Max, Luisa, Anne, Arno und andere aus Henris Klasse. Es ist ein Vorhaben, das uns immer wieder grübeln lässt. Wie kann das mit Henri gelingen?

Schon bei der Einteilung der Erstkommunionsgruppen wird es schwierig. Es gibt eine Gruppe, die von Eltern geleitet wird, die Henri aus der Kleinen Kirche kennt und die er liebt. Die Kinder dort kennt er jedoch nicht. Und dann gibt es eine Gruppe, in der einige seiner Klassenkameraden sind. Eine der Leiterinnen deutet vorsichtig an, dass sie sich das mit Henri eher weniger vorstellen könne. Ich entscheide mich für die erste Gruppe.

Sehr langsam taut Henri in den wöchentlichen Gruppenstunden auf. Er liebt es, wenn alle ihre Hände übereinanderlegen und gemeinsam rufen: »Go!« Auch die frommen Lieder begeistern ihn: »Wenn zwei oder drei in meinem Namen zusammen sind …« Das Lied stimmt er jetzt auch bei den Mathehausaufgaben an, schließlich geht es da ebenfalls um »2« und »3«.

Allerdings ist Henri auch ehrlich. Sehr ehrlich. »Nein, danke, sehr nett, aber nicht nötig«, sagt er an der Wursttheke, wenn ihm die nette Verkäuferin ein Scheibchen Wurst geben will. Auch Gummibärchen und andere Süßigkeiten lehnt er ab. »Aber ich würde die gerne essen«, raunt ihm Emily zu. Keine Chance! Was Henri nicht mag, mag er nicht.

Und wenn er etwas peinlich findet, dann sagt er das. Peinlich findet er, wenn alle Lieder mit ausladenden Gebärden begleitet werden. Peinlich findet er, wenn der Pfarrer den Kindern ein Kreuz auf die Stirn malt beziehungsweise das andeutet.

»Ich liebe nicht«, sagt Henri, »voll peinlich.«

»Psssst«, ermahne ich ihn manches Mal. Doch natürlich hält er uns auch hier einen Spiegel vor. Denn, Hand aufs Herz, habe ich nicht in 50 Kirchenjahren auch so manches peinlich gefunden, es aber niemals zugegeben?

Einmal auf Probe Ministrant, also Messdiener zu sein, findet Henri prima. Er sieht niedlich aus in seinem Gewand. Die Glocke läutet, und alle Kinder ziehen aus der Sakristei in die Kirche ein. Als Henri sieht, wie voll die Kirche ist und wie viele Augenpaare auf ihm ruhen, legt er den Rückwärtsgang ein. Fünf Minuten später sitzt er, wieder in Hose und T-Shirt, in der Kirchenbank. Eine Bank hinter ihm sitzt der »Büffel«, der Rektor der Grundschule, und lächelt in sich hinein.

Zur Erstkommunionsvorbereitung gehört noch immer, zumindest in unserer Gemeinde, die erste Beichte. Zu beichten hat Henri nichts, aber er kann ja wenigstens dem Pfarrer Guten Tag sagen, der später auch den Festgottesdienst hält. Ich gehe mit in den kleinen Raum. Der Pfarrer fragt, was Henri denn beim Erstkommunionsunterricht besonders gefällt und welche Musik er mag. Henri versteht die Frage etwas allgemeiner und sagt ohne Zögern: Rammstein! Gott sei Dank hat der Pfarrer, der kurz vor dem Ruhestand steht, von dieser Band noch nie etwas gehört.

Wir bereiten 18 kleine Geschenke vor. Es ist so üblich, dass man allen Erstkommunionskindern, die man näher kennt, etwas Kleines schenkt. Bei Henri sind es die Kinder aus seiner Gruppe, aus seiner Klasse, Kinder, die er aus dem Kindergarten kennt, und Kinder aus unserem sonstigen Bekanntenkreis. Stöhnend schreibt Henri 18 Mal »Henri« auf die kleinen Karten zum Geschenk.

Der große Tag ist da. Henri hat zur Feier des Tages sogar zum ersten Mal in seinem Leben ein Oberhemd angezogen. Begleitet wird er von seinem Patenonkel, der aus Köln angereist ist. Er hat selbst vier Kinder, darunter drei Jungs, und geht das Ganze entspannt an. Als Henri die Hostie wie erwartet nicht essen will (»Schmeckt nicht!«), nimmt er sie ihm diskret ab und isst sie selbst. Dem lieben Gott wird's recht sein, denke ich. Dann singen wir alle zusammen: »Wo zwei oder drei …« und atmen auf. Natürlich hat auch Henri jede Menge kleiner Geschenke von den anderen Kindern bekommen.

Zu Festen geht Henri immer besonders gern in die Kirche: Da ist es noch feierlicher als sonst, und es wird viel gesungen. Doch am nächsten kirchlichen Hochfest, zu Pfingsten, sind wir nicht in Walldorf. Wir fahren nach England. Henri nimmt im Bus ganz unbefangen Kontakt zu den Einheimischen auf: »Hello, I'm Henri«, »Good Morning, Sir!« Emily spricht auf der Reise kein einziges englisches Wort.

Henri hat einen großen Sack Schleichtiere mitgenommen. Hektisch wühlt er darin herum. Ich soll suchen helfen. Doch wonach sucht er eigentlich? Es dauert eine ganze Weile, bis ich verstehe, was er sagt: »The crocodile!«

In England besuchen wir auch Alnwick Castle, das Schloss, in dem die Harry-Potter-Filme gedreht wurden. Beim Rundgang kommen wir zu einem unterirdischen Verlies. Man kann nur über ein Gitter dort hinunterschauen. Unten liegt ein Gefangener, eine Puppe. Sie stöhnt und jammert. Die Geräusche kommen vom Tonband. Während Norbert, Emily und ich das ziemlich makaber und »very British« finden, ist Henri begeistert. Immer wieder müssen wir an diesem Tag zum Verlies gehen. Wenn wir später, zum Beispiel auf unserer Familienkonferenz, überlegen, wohin denn der nächste Urlaub gehen soll, ruft Henri immer gleich: »Nach England!«

Das Gymnasium am Horizont

Die dritte Klasse gilt in der Grundschule als diejenige, in der »es ernst wird«. Die Leistungsanforderungen steigen, die weiterführende Schule erscheint am Horizont. Statistiken zeigen, dass sich mehr als die Hälfte aller Eltern in Deutschland wünschen, ihr Kind möge ein Gymnasium besuchen. Auch in Henris Klasse ist das spürbar.

»Ich muss erst schauen, wie viele Hausaufgaben wir aufhaben«, sagen einige Kinder, wenn Henri sich verabreden will. Andere Kinder dürfen keinen Nachmittagsaktivitäten mehr nachgehen, wenn am nächsten Tag eine Klassenarbeit geschrieben wird. Sie dürfen auch nicht an einer von Eltern organisierten Arbeitsgemeinschaft teilnehmen, in der Strohsterne gebastelt werden, auch nicht an einer Geburtstagsfeier.

Nicht nur die weiterführende Schule taucht als Thema plötzlich auf, sondern auch die: Wird mein Kind in der inklusiven Klasse eigentlich ausreichend gefördert und gut aufs Gymnasium vorbereitet? Auf den Elternabenden ist das kein Thema, dafür aber in vielen informellen Gesprächen – Gesprächen am Elternstammtisch, auf dem Parkplatz vorm Supermarkt, bei Verabredungen.

»Meine Tochter ist heute Mittag weinend nach Hause gekommen. Sie konnte all die Fragen zum Aufsatz morgen gar nicht stellen, weil die Lehrer keine Zeit für sie hatten!«, klagt eine Mutter aus unserer Klasse. Warum hatten die Lehrer keine Zeit? Weil sie sich so viel um »die Behinderten« kümmern mussten? Oder weil sie so sehr mit dem traumatisierten Asylbewerberkind beschäftigt sind, das für ein paar Monate in der Klasse ist? Das bleibt offen. Klar wird: Viele Eltern sind nervös.

Auch die Lehrerinnen spüren die Stimmung oder hören die Angst und Zweifel einiger Eltern in Einzelgesprächen. Sie versuchen, dieser Angst zu begegnen: Es ist eine starke Klasse, versichert Frau Herrmann, die gegenüber den Parallelklassen in keiner Weise zurück ist. Und alle Kinder sind auf einem guten Weg! In der Vergleichsarbeit mit den Parallelklassen schneidet die Klasse mit der höchsten Punktzahl, also am besten ab. Im Team zu arbeiten bezeichnet Frau Herrmann als »Luxus«, den sie sehr genießt.

Doch wie sieht es mit dem Gymnasium aus? Schon Anfang des Schuljahres, es ist wohlgemerkt erst das dritte, besuche ich gemeinsam mit Selmas Mutter die Direktorin des Gymnasiums. Nun ist das Ganze ja nicht mehr sooooo lange hin. Sie zeigt sich interessiert, vor allem an dem zieldifferenten Unterricht und Henris anderen Klassenarbeiten. Wir bieten an, ihr und ihren Lehrern die Arbeiten zur Verfügung zu stellen. Zu Hause scanne ich alle Klassenarbeiten von Henri ein. Selmas Mutter kopiert die Originalklassenarbeiten zum Vergleich. Angefordert werden sie vom Gymnasium nie.

Im Januar 2013 geben wir die offiziellen »Meldungen für den Gemeinsamen Unterricht«, so heißen die Inklusionsanträge inzwischen, für die 5. Klasse ab. Selmas Mutter tut das zeitgleich, Roberts Eltern machen es etwas später. Kopien erhalten von uns das Gymnasium und das Regierungspräsidium. Bis zu den Sommerferien bekommen wir eine Eingangsbestätigung vom Schulamt. Eine Mitarbeiterin des Schulamtes trifft sich mit uns zu einem kurzen Erstgespräch. Das ist im Verfahren so vorgesehen. Mehr passiert nicht.

Für das Schulamt sind unsere drei Meldungen mit der Wunschschule Gymnasium zu diesem Zeitpunkt noch ein ganz normaler Vorgang. Das mag überraschen, schließlich ist ein Kind mit Downsyndrom am Gymnasium nun doch beileibe nichts Alltägliches. Doch das Schulamt setzt nun schon seit drei Jahren inklusive Maßnahmen um und hat dafür klare Kriterien: Handlungsleitend ist zunächst einmal der Elternwille, vor allem wenn es um die Frage geht, ob eine Beschulung am Wohnort möglich ist. Dann bildet das Schulamt möglichst Gruppen aus Kindern mit Unterstützungsbedarf, die zum einen pädagogisch sinnvoll sind und funktionieren können und zum anderen auch eine möglichst gute Versorgung mit sonderpädagogischen Stunden gewährleisten. Ob es sich um Kinder handelt, die dem entsprechenden Bildungsgang folgen können oder nicht, war für das Schulamt bislang in keiner der Inklusionsklassen, die es eingerichtet hat, ein Kriterium. Allerdings waren das bislang nur Grundschulen, ein paar Hauptschulen und die neuen Gemeinschaftsschulen, die es aber noch nicht überall in Baden-Württemberg gibt. Dass in Walldorf drei Kinder leben, die sich seit Jahren kennen und die ihren inklusiven Weg in der Schule nun gemeinsam fortsetzen möchten, findet auch die zuständige Schulrätin verständlich. Dass der Weg jetzt ans Gymnasium führen soll, ist für sie – noch – kein großes Thema.

Auch für uns Eltern übrigens nicht. Norbert und ich haben aus genau diesen Erwägungen das Gymnasium ins Auge gefasst. Warum sollten die drei nicht dort weiterhin genauso gut und glücklich, bestens sonderpädagogisch unterstützt, lernen? Dass Henri, auf welcher allgemeinen Schule auch immer, nur auf seinem Niveau und im Rahmen seiner Möglichkeiten lernt und lernen kann, ist für uns schon lange selbstverständlich. Vielleicht zu selbstverständlich.

Beim Schulfest am Gymnasium führt Emily ihren Bruder stolz herum. Sie nimmt ihn an die Hand und sagt: »So, jetzt stell ich dich meinen Lehrern vor und kündige ihnen schon mal an, dass du auch bald hierherkommst!«

Am Ende des Schuljahres verlässt Frau Becker die Klasse. Sie übernimmt an ihrer Sonderschule eine andere Aufgabe. Zur Verabschiedung sollen alle Kinder aufschreiben, was sie ihr wünschen oder mit auf den Weg geben. Henri schreibt: »Ich schenke dir einen Hinkelstein aus meinem Steinbruch.«

Dann sind endlich Sommerferien. Es gibt ein vom städtischen Jugendzentrum organisiertes Ferienzirkusprojekt. Emily hat daran schon einmal teilgenommen. Elegant hing sie, eingewickelt in langen Tüchern, über der Manege. Nun ist auch Henri alt genug, um mitzumachen. Also melden wir ihn an. Eine Zirkuspraktikantin hat ein besonderes Auge auf ihn. Die Chefakrobatin und Anleiterin kümmert sich ebenfalls sehr um ihn. Henri ist eine Woche lang Akrobat, Clown und Pirat. Auch Lisa, die Sportskanone aus der Laufgruppe, macht mit. In der großen Abschlussvorstellung sind weitere Kinder aus Henris Klasse im Publikum. Finn nimmt ihn am Ende beim Spalierstehen am Zeltausgang in die Arme und drückt ihn ganz fest.

»Letztes Jahr hatte ich gar keine Lust, hier hinzugehen«, sagt er, »aber in diesem Jahr wusste ich ja, dass du mitmachst!«

Beim Zirkus werden übrigens Nummern gefunden, bei denen Henri gut mitmachen kann. Besonders viel Applaus gibt es hierfür: Drei Klabautermänner versuchen, ein schweres Fass hochzuheben. »1000 Kilo« steht darauf. Immer und immer wieder versuchen sie, es zu bewegen. Dann kommt Pirat Henri von hinten in die Manege, streicht mit einem dicken Filzstift die drei Nullen durch, und alle vier Kinder tragen das Fass ganz ohne Probleme weg.

»Warum ist Henri eigentlich wieder einmal das einzige Kind mit Behinderung, das hier dabei ist?«, frage ich mich nicht zum ersten Mal. »Warum melden sich nicht auch andere bei den Freizeitaktivitäten an?« Ich glaube, es ist die Angst, mit seinem Kind abgewimmelt zu werden, zu spüren, dass man nicht willkommen ist. Natürlich, viele Eltern kennen es, wie man mitleidet, wenn der Sohn oder die Tochter irgendwo nicht dabei sein dürfen, wenn das eigene Kind nicht zum Geburtstag eingeladen oder aus einer Gruppe ausgeschlossen wird. Wie oft gab es, als Emily noch klein war, »Zickenalarm« und Worte wie »Du bist nicht mehr meine Freundin!« zu hören. Das ist Kinderalltag.

Aber hier geht es um mehr. Immer wieder ist das auch Thema in unserer Elterngruppe. »In der Ausschreibung stand: Kinder mit körperlichen Einschränkungen sind willkommen. Ja, und meins?«, berichtet die Mutter einer Tochter mit Downsyndrom.

»Vielleicht ist das gar nicht so gemeint oder nur nicht zu Ende gedacht«, werfe ich ein.

»Ach, ich habe einfach nicht die Kraft, ständig nachzufragen«, erwidert sie.

Immer wieder geht es um Kraft – Kraft, für unsere Kinder zu kämpfen. Nicht immer haben wir sie.

Auf Klassenfahrt

In der vierten Klasse schickt die Schule für geistig Behinderte Herrn Behringer, einen jungen Sonderpädagogen, als Zweitkraft in Henris Klasse. Männer sind in der Grundschule ja eine Rarität. Wir freuen uns immer, wenn Henri auch mit Männern zu tun hat. »Das wird den Jungs in der Klasse guttun«, sagen auch einige Mütter der anderen Kinder. Herr Behringer ist ein Glücksfall. Es dauert nicht lange, da liebt Henri ihn heiß und innig.

Nur eins hat Henri an ihm auszusetzen: dass er so wenig Haare hat. Henri liebt Haare, vor allem, darin zu wuscheln.

»Du keine Haare, du alt«, sagt er zu Herrn Behringer. »Du bald sterben!«

Der Lehrer ist Ende zwanzig.

Es könnte ein schönes Schuljahr werden, das schönste, das Henri bislang hatte. Wenn da nicht das Thema »weiterführende Schule« wäre …

Doch erst einmal geht es drei Tage auf Klassenfahrt. Es ist eine Fahrt in den Wald, Erlebnistage mit dem Förster. Oh, oh, denken wir, Henri und Wald!

Henri und der Wald, Henri und die Pflanzen, Henri und Waldwandern sind nicht unbedingt Freunde. Auch die Lehrer haben Zweifel, ob sie das alleine hinbekommen. Auf die Klassenfahrt schicken wir also einen jungen Mann, der Sonderpädagogik studiert, als zusätzliche Begleitung mit, finanziert vom Sozialamt.

Robert darf aus medizinischen Gründen nicht mitfahren.

Bei Isaf ist lange unklar, ob er sich traut. Am Ende steht er aber mit einem Koffer am Bus.

Dass der junge Mann mitgefahren ist, ist gut, denn gleich am ersten Tag weigert sich Henri, mit in den Wald aufzubrechen. Der Assistent bleibt zunächst mit ihm in der Jugendherberge. Das entspannt die Lage. Erst ein Lagerfeuer mit Stockbrot zieht Henri dann doch raus in die Natur. Ob er wirklich so richtig stramm mitgewandert ist, bleibt ein bisschen unklar. Es gibt ein Foto, das zeigt Henri hierbei im Wald, die rote Anorakkapuze tief ins Gesicht gezogen. Er zieht eine Flunsch, wie man in meiner Heimat Hamburg sagt. Auf Hochdeutsch: Er guckt verdammt skeptisch!

Trotzdem hat er gute Laune, als er zurückkommt. »Beste Mama der ganzen Welt«, ruft er und rennt in meine Arme. Und: »Ich vermisst dich!« Das sagt er allerdings auch zu Norbert, wenn der nur einen langen Arbeitstag hatte: »Bester Papa der ganzen Welt! Ich vermisst dich!« Doch während der Klassenfahrt war bei Henri, das erfahre ich gleich, von Heimweh keine Spur. Im Gegenteil: Er hat die Zeit mit seinen Freunden genossen, das lange Aufbleiben, die vielen gemeinsamen Spiele und das Lagerfeuer. Den Wald hat er für all das »billigend in Kauf genommen«, wie Juristen sagen würden.

Der Assistent ist wie Henri bester Dinge. »Keine besonderen Vorkommnisse, alles war spitze«, sagt er. »Es war mir ein Vergnügen, Henri zu begleiten.«

In manchen inklusiven Klassen sitzen diese Assistenzkräfte immer, manchmal auch nach dem Motto »Viel hilft viel«. Für Kinder mit einer körperlichen Behinderung sind sie oft unentbehrlich. Sie helfen einem Kind auf der Toilette, beim Umziehen für den Sportunterricht oder kontrollieren die

Sitzposition im Rollstuhl. Was sie für Kinder wie Henri sind, ist sehr unterschiedlich. Sie können eine wichtige Rolle spielen und Inklusionsermöglicher sein. Dann sorgen sie dafür, dass das Kind mit Behinderung mit den anderen Kindern in Kontakt kommt. Sie helfen, wo es nötig ist, halten sich aber auch zurück, wenn sie merken, dass die Kinder ganz gut alleine miteinander klarkommen. Denn sonst sind sie, oft ungewollt und trotz bester Absicht, Inklusionsverhinderer, und zwar immer dann, wenn sie am Kind kleben und eine Erwachsenen-Sperre zu den anderen Kindern errichten. Oder wenn sie bei Konflikten gleich eingreifen. Auch Henri muss lernen, so viel wie möglich selbst für sich zu sorgen. Später wird er, wenn er »mittendrin« leben will, nicht immer jemanden an seiner Seite haben. Nur manchmal braucht er eben Unterstützung. So wie auf der Klassenfahrt.

Um Schulbegleiter geht es oft auch in unserer Elterngruppe. Denn immer wieder ist im Alltag unklar, was diese dürfen und sollen und was nicht. Soll der Assistent die Blätter für das Kind mit einer Sehbehinderung größer kopieren? Darf er dem Kind sagen, dass es in seinem abgeschriebenen Text alle T-Striche vergessen hat? Darf er zeigen, wie eine spiegelverkehrte »5« richtig geschrieben wird? Oder ist all das Aufgabe der Lehrer, eine im Kern pädagogische Angelegenheit?

Eine Mutter erzählt folgende Geschichte: In der Klasse ihrer Tochter gibt es für zwei Kinder zwei Schulbegleiter. In »BK«, Bildender Kunst, sitzen beide entspannt am Rand und tippen in ihre Handys. Die Erstklässler malen mit Wasserfarben. Der erste Wasserbecher kippt um. Die Schulbegleiter schauen kurz auf und kommen zu dem Schluss: »Mein« Kind ist nicht betroffen! Es kippt der zweite Becher um. Wieder von einem Kind ohne Behinderung. Die Klassenlehrerin rotiert …

»Das riecht wieder mal nach einem runden Tisch«, sagt die Mutter und zuckt mit den Schultern.

Henri erntet

Im Unterricht setzt der neue Lehrer in Henris Klasse das fort, was die Lehrerinnen begonnen haben. Henri macht alles auf seinem Niveau mit. Er lernt etwas über Holzblasinstrumente und lässt sich von Emily ihre Klarinette erklären. Er lernt, wie früher auch sie, das Gedicht vom Feuer auswendig, zumindest eine Strophe: »Hörst du, wie die Flammen flüstern, knicken, knacken, krachen, knistern …« Jeder Logopäde wäre begeistert. Und er liest kleine vereinfachte Texte zum Buch »Die Vorstadtkrokodile«, sodass er mitreden kann. Warum sind die Diebe bloß so gemein zu dem Jungen, der im Rollstuhl sitzt?

Er macht eine Buchpräsentation über »Kommissar Kugelblitz«. Die fünf kurzen Sätze über den Inhalt schreibt er selbst. Emily hat ihm aus einem Pappkarton einen kleinen Tresor gebastelt. Den können die Kinder in der Schule gemeinsam knacken und herausholen, was auch die Diebe im Buch erbeuten: Geld, Gold, Ketten und Edelsteine. Aus Emilys Prinzessinnen-Phase hat sich hiervon doch einiges angesammelt.

Und Henri präsentiert wie alle Kinder der Klasse Wochennachrichten. Nachrichten sieht er ohnehin jeden Tag im Kinderfernsehen. Schnell hat er aus unseren Tageszeitungen Fotos zu den Themen rausgesucht, die er vorstellen will: Krieg in der Ukraine, entführte Mädchen in Afrika und Jogi Löw, der seinen WM-Kader vorstellt. Stolz sitzt er in der Schule vor einem Mikrofon und trägt seinen Klassenkameraden die drei »News« vor. Am Ende sagt er: »Das waren die Nachrichten mit Henri. Und jetzt Applaus!«

Auf eine ganz eigene Art interessiert sich Henri für Politik. Präsident Obama, der Papst und die Bundeskanzlerin sind seine Helden. Als die Kanzlerin ihren runden Geburtstag feiert, widmet er ihr sein tägliches Selberschreiben. Er schreibt: »Ich habe Frau Merkel gern.«

Doch der größte Held der vierten Klasse ist Herr von Ribbeck.

Es beginnt mit dem Gedicht, das die Kinder lernen sollen: »Herr von Ribbeck auf Ribbeck im Havelland«. Ich glaube, fast jedes deutsche Kind muss dieses Gedicht irgendwann einmal auswendig können.

Henri lernt die Verse begeistert und plappert sie ununterbrochen bruchstückhaft vor sich her. Vor allem die plattdeutschen Sätze haben es ihm angetan. Als die Kinder im Sachkundeunterricht Bundesländer lernen, kennt er Brandenburg am besten. Schließlich war Herr von Ribbeck dort zu Hause. Bei einem Musikfrühstück spielt Norbert ihm die musikalische Version des Gedichts von Achim Reichel vor. Das löst eine wahre Balladen-Sucht aus. Henri möchte mehr hören, den »Zauberlehrling« oder die Ballade von »Nis Randers«. Er wünscht sich die CD und bekommt sie. Wie vorher seine englischen CDs oder Rammstein läuft nun diese ohne Pause in seinem Zimmer.

Als wir Urlaub in Berlin machen, erfüllen wir Henri einen großen Wunsch: Wir fahren ins Örtchen Ribbeck nach Brandenburg. Und auf dem Ribbeck'schen Familienfriedhof liest Henri alle Grabinschriften. Natürlich wird auch ein

Foto für die Kreuzsammlung der »edlen Dame« gemacht. Als die Ferien zu Ende sind, möchte er allen Klassenkameraden unbedingt eine Birne schenken. Seine eigene Birne soll allerdings nicht gegessen, sondern wie beim Herrn von Ribbeck für sein Grab aufbewahrt werden.

An manchen Schulen nennt man das, was Henri ganz von alleine gemacht hat, eine fächerübergreifende »Epoche« über ein bestimmtes Thema.

Inzwischen zeigt Henri auch von sich aus, was er kann und weiß. Stolz erzählt er Pauls Mutter, als wir uns einmal treffen, von Ribbeck, das in Brandenburg liegt. Das wiederum sei ja ganz nah bei Berlin. Und in Berlin wiederum gebe es das Brandenburger Tor.

»Woher weiß er das bloß alles«, staunt sie.

Und er fragt und fragt. »Dafür gibt es ein Lexikon«, sagt Norbert und holt ein Kinderlexikon, das wir schon für Emily gekauft hatten. Ich höre sie blättern und murmeln: »F, G, H wie Held.«

In der vierten Klasse erntet Henri.

Er macht einen Matheschub. Vielleicht hat es einfach klick gemacht im Kopf? Vielleicht spürt er, dass ihm sein Lehrer viel zutraut? Oder vielleicht klappt es nun, weil die ungeliebten roten und blauen Plättchen, von uns »Bömmel« genannt, endgültig im Haus verstreut und damit letztlich verschollen sind und durch neues Material ersetzt werden: Abacus, Hundertertafel und Geldstücke. Geld interessiert Henri, denn es lässt sich prima damit rechnen, welche und wie viele Münzen man braucht, um eine bestimmte Anzahl seiner so geliebten »Star Wars«-Karten zu kaufen.

Die letzte Mathematikarbeit läuft folgendermaßen ab:

Henri schnappt sich, so erzählen es seine Lehrer, die Zettel mit den Worten »Los, gib her! Ich mach das schon!« und löst alle Aufgaben ganz allein. Er bekommt eine Zwei. »Aber die ist ganz besonders viel wert!«, sagt sein Lehrer. In der ersten Klasse hätte dies niemand für möglich gehalten.

Henri kann inzwischen ohne Probleme Schilder an Wegkreuzungen und auf Bahnsteigen lesen. Am Tag nach dem WM-Endspiel kann auch Henri die Schlagzeile in der Zeitung lesen: »Wir sind Weltmeister«.

Ich erinnere mich gut an die Zeit, als Emily noch nicht so gut lesen konnte, sich aber immer mehr für das Leben in der Welt interessierte. Dann schaute sie die Bilder in der Zeitung an und fragte: »Was steht da?«

Es war eine nervige Zeit für uns und für sie. Sie wollte so gerne selbstständig sein, aber konnte es noch nicht. Für viele Menschen mit einer geistigen Behinderung ist das ein Dauerzustand. Sie verstehen viel und könnten noch mehr verstehen, doch niemand hält es für nötig, ihnen das Lesen beizubringen.

Seinen Personalausweis unterschreibt Henri selbst. Der Beamte im Rathaus staunt nicht schlecht. »Ich weiß nicht, was für Kundschaft ich heute noch habe. Aber mit dir war das richtig nett«, sagt er zum Abschied.

Henri schreibt jetzt nicht mehr nur ab, sondern auch von sich aus und frei. Zum Beispiel, um seine Cola zu verteidigen. Wieder mal hat er eine Cola-Flasche aufgemacht und hat nun Angst, Emily würde von ihr heimlich trinken, während er beim Tanzen ist.

»Dann musst du einen Zettel schreiben, dass es deine Cola ist und sie nicht davon trinken darf«, sage ich.

Henri schnappt sich einen kleinen Zettel und schreibt: »Finger weg!«

Henri gibt Emily nicht nur Paroli, er überrascht seine gro-ße Schwester auch immer wieder. »In der Schule wollen wir jetzt was von Oscar Wilde lesen«, erzählt sie beim Mittag-essen. »Ich habe ›Das Bildnis des Dorian Gray‹ vorgeschla-gen. Was hat Oscar Wilde eigentlich noch so geschrieben?«

»›Das Gespenst von Canterville‹«, sagt Henri wie aus der Pistole geschossen.

»Echt?«, fragt Emily. Ja, echt. Henri hat die CD unzäh-lige Male gehört und ganz offensichtlich auch das Cover gelesen.

Mit einem blauen Einkaufskorb zum Ziehen jagt Henri durch unseren örtlichen Supermarkt. Ich rufe oft: »Pass auf, dass du niemandem über die Hacken fährst!« Henri weiß genau, wo er alles findet. Wenn er irgendwo nicht dran-kommt, weil es in zu hohen Regalen liegt, findet er ganz sicher jemanden, der ihm hilft. In der einen Hand hat er seinen Einkaufszettel. Er hat ihn selbst geschrieben. Ganz oben steht: »Schips«.

Nicht immer hat er Lust zum Schreiben. Henri soll auf-schreiben, was er denn gerne werden wolle, wenn er groß ist. Seine Lehrer berichten, er habe lange zwischen Feuer-wehrmann und Koch hin und her geschwankt. Am Ende wird es Koch. Warum? Henri hatte erkannt: Bei »Koch« muss man nur vier Buchstaben schreiben!

Inzwischen lautet sein Berufsziel übrigens Dichter oder Schriftsteller. Allerdings will er eher Kurzgeschichten schreiben und nicht so viel wie Mama am PC.

Manchmal hat Henri, so wie andere Kinder auch, keine Lust auf Schule und Hausaufgaben. Nach intensivem Üben vor einer Klassenarbeit tippt er in den Computer: »Mama ist *gräzzlich.«* Ansonsten lauten seine Lieblingssätze bei den Schreibübungen am Computer: »Mama ist nett«, »Mama ist dick« und: »Henri ist toll!«

Am Computer sitzen und tippen ist natürlich viel besser, als mit der Hand zu schreiben. Nach jedem Buch, das Henri abends vor dem Fernsehen seitenweise liest, machen wir ein Quiz dazu. Das hatten die Lehrer einmal mit allen Kindern in der Schule angefangen. Henri liebt es immer noch. Ich lese ihm die drei möglichen Antworten vor. Meistens weiß Henri die richtige. Und er findet sie auch blitzartig selbst und klickt sie mit der Maus an. Er liest in den Antworten nur die Schlüsselwörter. Das reicht ihm.

In dieser Zeit korrespondiere ich mit seiner Musiklehrerin. Sie ist unsicher, was Henri aus ihrem Unterricht mitnimmt, und wünscht sich für ihn mehr »praktisches Lernen und Training für die Alltagsbewältigung«. Ob sie damit Kochen, Einkaufen und Anziehen meint? Ich schreibe ihr, wie sehr wir all das, was Henri aus den Musikstunden mit nach Hause bringt, genießen: Als es in der Schule um Smetanas »Moldau« geht, spielen wir die Melodie auf dem Klavier nach und hören uns das Stück noch einmal in voller Länge an. Henri kennt es schon aus der musikalischen Früherziehung bei der Stadtkapelle. Beim »Freischütz« gruseln wir uns gemeinsam über eine besondere Inszenierung der Szene in der Wolfsschlucht, die wir im Internet finden. Und bei »Peter und der Wolf« kennt Henri sowieso jedes Instrument. Natürlich liebt er den Wolf ganz besonders, während er die Ente nicht wirklich beachtet. Die lässt sich ja schließlich fressen.

»Praktisches Lernen und Training für die Alltagsbewältigung« hat Henri zu Hause. Bei »Lehrerin« Emily. Denn seit sie ihre Begeisterung für Kochshows entdeckt hat, werden regelmäßig Kochbücher gewälzt. Die Rezepte kopiere ich für Henri größer, damit er sie besser lesen kann. Dass er im Zahlenraum inzwischen weitergekommen ist, erleichtert die Sache beim Abwiegen. Es gibt ein Foto schon aus unserer Kölner Zeit, da sitzt Henri am Tisch und schneidet Pilze mit dem Messer, gerade mal zwei Jahre alt. Er fängt also nicht bei null an.

Henri hat sich zu einem durchaus serviceorientierten kleinen Jungen entwickelt, der sehr gerne im Haushalt hilft, nicht immer lang andauernd, aber dafür umso engagierter. »Helfer-Henri« nennt er sich dann, wenn er die Waschmaschine mit ausräumt, Socken sortiert oder Papa hilft, wenn es etwas zu dübeln, zu hämmern oder zu sägen gibt. Besonders gern serviert Henri. Jeder Logopäde wäre begeistert über den Satz, den Henri sagt, wenn er Norbert seinen Frühstückskakao bringt: »Mit freundlicher Empfehlung aus der Küche!«

Manchmal darf er auch im Frisörsalon in unserem Ort servieren. Dann bringt er den alten Damen ein Wasser oder einen Kaffee. Natürlich formvollendet. Oder er tippt den Rechnungsbetrag mithilfe des Chefs in die Kasse ein. Der Frisörsalon ist ein beliebtes Ausflugsziel im Ort. Immer wenn sich einer von uns die Haare schneiden lässt, kommt Henri mit. Von dort hat er auch sein Lieblingsspielzeug: kleine bunte Haarsträhnen, die als Farbproben im Salon hängen. Wenn sie ausgetauscht werden, bekommt Henri die alten Strähnen, die sein Ein und Alles sind. Vor allem die roten. Inzwischen haben die Farbproben, die man nicht kaufen kann, auch nicht im Internet, bei uns »Ausgehverbot«, um nicht verloren zu gehen. Im Haus finden sie sich irgendwann immer wieder, oft hinterm Bett oder in einer Playmobil-Kiste.

Es gibt noch viele andere Ziele im Ort, die Henri liebt. Beim »Sommertagszug« in der vierten Klasse – das ist ein großer Umzug der Kinder, um den Sommer zu begrüßen, an dem alle Grundschulklassen teilnehmen – finde ich ihn fröhlich winkend auf dem Wagen des Fahr- und Reitvereins wieder. Der fährt wie ein »Besenwagen« ganz hinten. Henri hat ihn kurzerhand geentert, als ihm das Gelatsche zu anstrengend geworden ist. Herr Behringer, der Sonderpädagoge, geht neben dem Wagen und lacht.

Dinge im Ort allein zu tun macht Henri stolz. Zum Beispiel Brötchen zu kaufen, während ich ein paar Geschäfte weiter etwas anderes besorge. Sehr ordentlich geht er dann schon mal über drei Zebrastreifen: Hand raus, warten, bis die Autos auch wirklich halten, und dann los. Wenn er mit wichtigem Blick die Straße überquert, sehe ich die wartenden Autofahrer lächeln. Glücklich winkend kommt er mit der Brötchentüte und dem Wechselgeld wieder aus dem Laden. Schon als Kindergartenkind hat er kleine »ordentliche« Sätze auswendig gelernt: »Ich möchte gerne zwei Brezeln kaufen.« Und er lernte schon sehr früh: Freundlichkeit zahlt sich aus. Fast immer hatte er in seiner Tüte nicht nur die Brezeln, sondern auch noch Bonbons oder einen Keks. Jetzt wendet er an, was er in den vergangenen Jahren gelernt hat: Verkehrsregeln schon im Kindergarten, als er seinen »Fußgängerführerschein« gemacht hat. Dann noch einmal Verkehrsregeln bei der Fahrradprüfung in der vierten Klasse, die für Henri eine Laufradprüfung war. Und natürlich der Umgang mit Geld. Rechnen hilft dabei.

Doch manchmal gibt es auch unvorhersehbare Kompli

kationen. Henri will mit 2 Euro alleine drei Brezeln kaufen. Ich warte vor der Bäckerei und schaue durch die Fensterscheibe. Zuerst denkt die Verkäuferin offensichtlich, der »Kleine«, der grade mal so knapp über den Tresen gucken kann, gehöre zu anderen Kunden dazu. Sie möchte ihm eine halbe Brezel schenken. Henri will aber keine Brezel geschenkt haben, er will drei Brezeln kaufen! Also lehnt er ab, so deute ich seine Körpersprache, mit Sicherheit so höflich wie immer. Aber die Verkäuferin lässt nicht locker. Er soll unbedingt diese halbe Brezel haben, die sie ihm über den Tresen reicht. Wieder schüttelt Henri den Kopf. Als sie ihm die Brezel weiter hinhält, nimmt er sie schließlich mit einem so lauten Seufzer, dass ich ihn draußen hören kann. Dann wendet sich die Verkäuferin einem anderen Kunden zu. Erst eine zweite Verkäuferin versteht Henri und verkauft ihm drei Brezeln. Als Henri, beladen mit der Brezeltüte, dem Wechselgeld und der halben Brezel extra, nach draußen kommt, ist er total sauer: »Die keine Ohren?«, fragt er. »Ich keine halbe Brezel, ich Brezel kaufen!«

Manche Lerninhalte der Schule hat Henri wirklich verinnerlicht. Ich frage die Kinder: »Und, wer möchte ein Eis?«

»Ich nicht«, sagte Henri mit wichtiger Miene, »schlecht für Zähne!«

»O Mann, bist du ein Oberschlauer!«, seufzt Emily.

Für Emily ist Henri immer noch ihr »kleiner Bruder«. Henri mag das nicht hören: »Ich groß«, sagt er gerne. Er freut sich immer, wenn unser Hausarzt ihn mit den Worten begrüßt: »Na, Großer, wie geht's? Was kann ich für dich tun?«

In manchen Familien kehrt ein Kind mit Behinderung das Familiengefüge um. Das ältere Kind mit Behinderung wird irgendwann von den »Kleinen« überholt. Das ist manchmal nicht ganz einfach für alle Beteiligten. Bei uns ist das nicht so. Henri ist nun mal der Jüngere, aber deshalb nicht unbedingt unterlegen. Wenn er etwas nicht will, gibt er Emily ganz schön kontra.

»Emily, weg«, hat er schon ganz früh gesagt. »Emily, ganz fiese Möpp« ist jetzt einer seiner Lieblingssätze, genauso wie »Emily, komm kuscheln!«.

Kuscheln mit Eltern geht für ein junges Mädchen in der Pubertät natürlich gar nicht. Aber mit Henri schon.

Inzwischen ist Henri ein richtiges Plappermaul. Wenn er »Nur kurz klären!« sagt, wissen wir, dass uns eine ganze Runde »Wir erklären die Welt« bevorsteht. Wird er in seinem Redefluss unterbrochen, sagt er: »Wo ich stehen geblieben?«

Norbert sagt manchmal: »Er muss wohl immer noch die drei Jahre nachholen, die er gar nicht gesprochen hat.« Manchmal ist Henri selbst erschöpft von seinem eigenen Geplapper. »Puh«, sagte er neulich, »jetzt genug«, und lehnte sich in seinem Stuhl zurück: »Hab sauviel geredet.«

Nur mit den Verben steht er nach wie vor auf Kriegsfuß. Die findet er durchaus entbehrlich und beweist, dass man sich auch ohne Verben im Deutschen sehr gut verständigen kann. Noch immer sagt er Sätze wie »Ich Brezel« und »Du doof«.

»Henri«, ermahne ich ihn streng, »bitte mit Verb!«

»Manno!«, mault er dann.

Henri spricht nicht nur mehr, er läuft auch besser und williger. »Das liegt am Wandern«, sagt Norbert gern, »das tut allen Kindern gut.« Emily rollt daraufhin mit den Augen.

Ich erinnere mich an ein Zeitungsinterview, in dem der Entertainer Harald Schmidt über Familie und Erziehung sagte: »Wenn ich sage, wir wandern, dann wird gewandert!« So ist das auch bei uns. Emily würde sagen, wir latschen im Schneckentempo durch uninteressante Landschaften. Denn Henri ist natürlich weiterhin langsam. Wenn wir uns darauf einstellen, geht es: Kein Gehetze zu Bahnstationen, keine festen Streckenvorgaben, stets eine Alternativroute in petto. Henri liebt Wanderstöcke auch in einfachem, flachem Gelände. Er möchte immer wieder unseren Standort auf einer Wanderkarte nachvollziehen können. Norbert trägt die Wanderkarte inzwischen in einer Plastikhülle um den Hals, um sie nicht immer herauskramen zu müssen. Und Henri markiert gerne Wege. Eine Straßenkreide ist also ein nützliches Utensil. Unsere kleinen Sonntagsausflüge und Wanderungen haben nicht nur der »edlen Dame« all die vielen Fotos von Wegkreuzen beschert, sondern in der Tat Henri auch »geländegängig« und sehr viel ausdauernder gemacht.

Wenn wir nicht genug Zeit für eine ausgiebige Wanderung haben, spielen wir auch schon mal Minigolf. Es ist ein sonniger Sonntag. Norbert und Emily bilden eine Mannschaft, Henri und ich die andere. Henri versenkt den Ball gleich beim zweiten Hindernis mit einem Schlag ins Loch und reißt jubelnd die Arme hoch. Norberts Sportart ist das hier nicht. Immer wieder schießt er den Ball aus die Begrenzungen und muss sich eine Sieben anschreiben. Emily stöhnt und sagt: »Ich möchte in ein anderes Team!« Auch meine großen Minigolfzeiten liegen schon ein paar Jahrzehnte zurück. Ich scheiterte kläglich an der sogenannten »Sprungschanze«. Henri stöhnt wie Emily und sagt: »Ich auch anderes Team!« Das Familienturnier endet dann relativ ausgeglichen. Wir essen zum Abschluss ein Eis. Henri will natürlich keins.

Endlich elf

Das vierte Schuljahr wird zunehmend vom Kampf um die Einrichtung der Inklusionsklasse am Gymnasium Walldorf überschattet. Henri bekommt von all dem noch nichts mit. Er feiert jetzt erst einmal seinen elften Geburtstag.

Martin bringt ihm ein besonderes Geschenk mit: viele selbst gemalte Bilder, auf denen unendlich viele klitzekleine, liebevoll gezeichnete Ritter und Piraten zu sehen sind.

»Meine Güte, sind die toll«, staune ich, »daran musst du ja total lange gesessen haben!« Martin nickt verlegen.

Nach dem Geschenkeauspacken geht es wieder mit einer Kinderkarawane Richtung Musikschule. Als Henri nicht mehr weiterlaufen will, haken ihn Anne und Max unter, heben ihn hoch und schleppen ihn weiter. Schon der Weg ist eine Gaudi.

Wir haben einen kleinen Percussion-Workshop organisiert. Henri schaut die meiste Zeit nur zu. Tim auch. Nicht jeder wurde als Mitmacher geboren. Abends gibt es Pizza – es gibt in diesem Buch irgendwie immerzu Pizza –, und alle müssen dringend den neuen Tischkicker ausprobieren, den Henri zum Geburtstag bekommen hat.

Unser halbes Gästezimmer mussten wir dafür räumen. Henri ist noch nicht wirklich geschickt beim Kickern. Aber in den kommenden Monaten wird er jeden Tag trainieren. Oft höre ich die Bälle im Gästezimmer klappern und rollen. Dann übt Henri alleine. Später spielt er gegen mich und Emily, gegen alle, die ihn besuchen, gegen seine Babysitter. Und gegen Papa. Doch gegen den hat er auch heute noch keine Chance. Norbert hat ihm einfach zu viele Jahre Übung voraus.

Henri will übrigens immer die schwarzen Spieler haben. Und er ist entweder »Deutschland« oder »Bayern München«. Da spielt es sich in seinem Deutschland-Trikot mit der Aufschrift »Lahm« auf dem Rücken natürlich besonders gut. Schließlich ist Philipp Lahm auch eher klein. Allerdings nicht so klein wie Henri.

Wie sehen die Kinder Henri eigentlich? Als sich die Klasse im Deutschunterricht mit Gedichten beschäftigt, ist eines so aufgebaut, dass jedem Buchstabe eines Vornamens eine bestimmte Eigenschaft zugeordnet wurde, die mit diesem Buchstaben beginnt. Das sollen die Kinder paarweise auch für ihre Mitschüler machen. Ich weiß nicht, wer von ihnen aufgeschrieben hat, wie er Henri sieht. Auf jeden Fall steht auf seinem Zettel: H wie »Humor«, E (nicht ausgefüllt), N wie »nett«, R wie »Reue« und I wie »intelligent«.

Wie erleben die Kinder aus unserem Freundeskreis Henri? Auch das ist für mich immer spannend. Wir besuchen ein Ehepaar, das wir aus der Elterninitiative kennen, zum ersten Mal zu Hause. Sie haben eine Tochter mit Behinderung und einen cleveren Sohn, einen Viertklässler wie Henri. Die Kinder spielen schön zusammen. Am nächsten Tag sagt mir die Mutter, ihr Sohn sei vor allem von Henris vielen verrückten Ideen und seiner Fantasie beeindruckt gewesen. Und die Tochter habe gesagt: »Ich glaube, der Henri mag mich. Der hat mich beim Abschied ganz fest umarmt.«

»Und ich«, ergänzt sie lachend, »fand es toll, dass er mich

›meine Königin‹ genannt hat. Normalerweise bin ich hier nämlich die Magd, die alle bedient.«

Einmal kassiert Henri in der Schule eine Ohrfeige. Ausgerechnet von Tim, den er so liebt. Natürlich trösten ihn die anderen Kinder. Tim wird von den Lehrern verwarnt. Das ist passiert: Tim hat Henri die Note anvertraut, die er für eine Bastelarbeit bekommen hat. Sie war nicht so doll, denn wie Henri ist auch Tim kein Bastelbegeisterter. Henri hat kurze Zeit später nichts Besseres zu tun, als diese Note laut in der Klasse auszuposaunen. Darüber ist Tim wütend. Ganz selbstverständlich hat er es Henri zugetraut, das Geheimnis für sich zu behalten. Erwachsene hätten vielleicht gesagt: »Das kann der doch sowieso nicht!«

Emily hört sich die Geschichte mittags ziemlich entspannt an und sagt dann zu Henri: »Ja, so was passiert eben den Petzen!«

Es ist Elternabend. Mal wieder fragt jemand, wann sich das Schulamt endlich für die Grundschulzeit der inklusiven Klasse, die doch nun fast zu Ende ist, interessiere. Doch im Wesentlichen geht es um »Geschlechtserziehung«. Aufklärungsunterricht oder Sexualkunde nannte man das früher. Ausführlich erzählen die Lehrer, was sie vorhaben. Das war schon zu meiner Schulzeit so.

Vom eigentlichen Unterricht bekomme ich nicht viel mit. Außer dass Henri plötzlich behauptet, schwanger zu sein. Er zeigt auf seinen ziemlich prallen Bauch, den er noch extra herausstreckt.

»Wirklich?«, frage ich. »Kann das sein?« Da lacht er spitzbübisch.

Einmal steht er morgens vor der Schule. Am Tag zuvor

hat er Julia zufällig im Freibad getroffen und mit ihr wilde Tauchring-Fangspiele gespielt. Auch sie steht auf dem Schulhof und wartet, dass es klingelt.

»Ich verliebt!«, raunt Henri mir zu und zeigt auf Julia.

»Na, dann sag ihr das doch!«, schlage ich vor. Da schüttelt Henri den Kopf und lächelt so verlegen, wie ich ihn gar nicht kenne. Julia ist das Mädchen, das schon im Kindergarten gesagt hat: »Wenn ich groß bin, heirate ich den Henri!«

Seit einiger Zeit fechtet Henri. Zumindest ein bisschen. Jeden Freitag geht er mit zu Emilys Training. Für die zwei jungen engagierten Fechttrainer ist das völlig in Ordnung. Nach einer Stunde holen wir Henri vorzeitig ab. Manchmal sehen wir dann noch, wie er mitmacht: »Schritt vor, Ausfall, drei Schritte zurück ...« Dass er inzwischen sicher zählen kann, ist hier eindeutig von Vorteil. Manchmal sitzt er auch nach einer Viertelstunde schon auf der Bank und schüttelt die Wasserflaschen der anderen Kinder. Ob er irgendwann mal die Prüfung machen will oder kann, die ihn zum »elektrischen Fechten« in voller Montur berechtigt, wissen wir nicht. Wir werden uns darüber Gedanken machen, wenn es ansteht.

Zum Tanzen geht Henri noch immer. Mittlerweile ist er längst der einzige Junge unter den tanzenden Mädchen. Alle in seiner Gruppe sind ein oder zwei Jahre jünger als er. Immer wieder staune ich, wie unbefangen sie mit Henri, den sie seit vielen Jahren kennen, umgehen.

»Du, Henri«, fragt ihn eines der Mädels, »warst du eigentlich beim Frisör?«

»Ja«, sagt Henri, »bei Papa.«

Manchmal ist Henri König beim Tanzen. Dann tanzt er

besonders gut und ausdauernd. Denn ein König muss ja schließlich ein Vorbild sein. Die Tanzlehrerin ist dann seine Königin.

»Und nächste Woche, hat er gesagt, will er sie heiraten«, kichert eines der Mädchen.

Und nun ist Henri auch endlich Ministrant!

Am Ende des Erstkommunionsunterrichts hatten ihm, wie allen anderen Kindern auch, die Nachwuchs-Messdiener einen Zettel in die Hand gedrückt, auf dem stand, ob er nicht bei ihnen mitmachen wolle. Als er sich dafür entscheidet, wird es schwierig. Denn die jungen Gruppenleiter winken erst einmal ab: Sie könnten für ihn keine Verantwortung übernehmen, er brauche ja spezielle Zuwendung, sie seien dafür nicht ausgebildet.

Deutlich wird, sie haben vor allem eines: Angst. Sie sind mit dieser Angst zunächst allein gelassen.

Unser Rektor, der auch in der Gemeinde aktiv ist, vermittelt. Henris Religionslehrerin, die »edle Dame«, bietet sich als Gesprächspartnerin an. Ein vom Gemeindereferenten einberufener runder Tisch bringt die Klärung und zugleich die Lösung. Henri darf ab sofort mit einer Begleitung zu den Gruppenstunden der »Minis« kommen.

Henri ist glücklich. Er ist in derselben Gruppe wie Finn und Max und viele andere Kinder, die er aus der Erstkommunionsvorbereitung und früher schon aus der Kinderkirche kennt. Hektisch sucht er sein kleines Kreuz heraus, das alle Kinder als Anhänger zur Erstkommunion bekommen haben. Ich schicke einen jungen Mann mit zu den Gruppenstunden. Viel tun muss er nicht. Nach ein paar Monaten erreicht mich dann die Mail: Eine Begleitung braucht

Henri nicht mehr. Er kann in Zukunft gern alleine kommen.

Ich bin froh, dass sich das Problem »Begleitung« gelöst hat. Und dass es hinterfragt wurde. Nicht immer ist das so. Die halbtägige Ferienaktion bei der Freiwilligen Feuerwehr in einem Nachbarort sieht so aus: zehn Kinder, davon drei mit Behinderung – einer ist Henri –, fünf baumlange Kerle von der Feuerwehr, zwei freiwillige Helfer aus dem Ort und dann die drei »Betreuer« der Kinder mit Behinderung, die unbedingt mitkommen sollten. »Was haben Sie denn eigentlich gemacht?«, frage ich am Ende »unsere« Betreuerin. Ihre Antwort lautet: »Viele Würstchen gegessen!«

Immer eine Begleitung für Henri zu finden stresst mich. Auf Organisationen kann ich nur selten setzen, die haben oft selbst nicht genügend Personal. Also muss ich Anzeigen aufgeben, herumtelefonieren, Netzwerke bemühen und Vorstellungsgespräche führen. Ein älterer Herr, der Henri stundenweise betreuen soll, kommt einfach nicht zum vereinbarten Kennenlerntermin. Aber als der Tag da ist, für den ich ihn eigentlich brauche, ruft er an und will Henri von der Schule abholen.

»Ja, glauben Sie denn im Ernst, ich würde ihn Ihnen einfach so mitgeben? Oder Henri würde mit einem wildfremden Mann mitgehen?«, frage ich ihn entgeistert.

Bei den Messdienern steht Henri zwar noch nicht am Altar, aber die Rituale des Gottesdienstes liebt er weiterhin. Es kommt schon vor, dass er beim Frühstück den Honig segnet. Dann rollt Emily mal wieder mit den Augen.

In einem von den »Minis«, den Nachwuchs-Ministranten, gestalteten Gottesdienst geht es in der Predigt um Steine und Federn, die man in seinem Rucksack mit sich herumträgt. Steine, die einen belasten, Federn, die das Leben leicht machen. Ich schaue auf Henri, der mit seinen Mini-Freunden und den Gruppenleitern, die ihn inzwischen ins Herz geschlossen haben, in der Bank sitzt, und denke: Nein, Henri findet sein Leben nicht schwer. Er fühlt bis jetzt nur die Federn. Es sind keine Schonraum-Federn, sondern Federn eines kleinen Kriegers, so wie Yakari, Henris kleiner Comicheld, sie an seinem Stirnband trägt. Doch in unserem Rucksack, im Eltern-Rucksack, werden die Steine immer größer und schwerer. Wir sind da schon mitten in der Auseinandersetzung um Henris weiteren schulischen Weg.

Henri kommt am Ende des Gottesdienstes zu mir und sagt: »Du in der Kirche traurig ausgesehen!«

»Nur ein bisschen«, antworte ich.

Teil 3:

Henri und das Gymnasium

Der Schulversuch

Nun beginnt eine Geschichte, deren vorläufiges Ende vielen bekannt ist, weil sie in den Medien heftig und hitzig diskutiert wurde: Wie können Eltern nur auf die Idee kommen, dass ihr Kind mit Downsyndrom auf ein Gymnasium gehen solle? Manche nennen es ganz unverblümt eine Schnapsidee.

Die wenigsten wissen, dass die Idee, eine Inklusionsklasse auf dem Gymnasium einzurichten, ihren Ursprung nicht nur in den Köpfen von Eltern hat. Sie ist auch und vor allem eine Folge schulpolitischer Entscheidungen Deutschlands und des Landes Baden-Württemberg.

Deutschland hat sich mit der Unterzeichnung der UN-Behindertenrechtskonvention zu einem inklusiven Schulsystem verpflichtet. Es gibt daher zwei Gruppen von Akteuren: Da sind wir Eltern, zu denen auch Eltern von Kindern mit körperlichen Behinderungen zählen, die eine Fortsetzung der erfolgreichen Inklusion in der Grundschule möchten. Und da ist die Schulverwaltung, die eine »Schulversuchsordnung Inklusion« umsetzen möchte und muss. Diese ist gewissermaßen ein erster Schritt, mit dem sich das Bundesland Baden-Württemberg auf den Weg gemacht hat, die in der Konvention steckende völkerrechtliche Verpflichtung umzusetzen.

Als der mediale Aufschrei später seinen Höhepunkt erreicht, ist gerade dieser Aspekt irgendwie in Vergessenheit geraten: Kaum jemand kommt noch auf die Idee, die grundlegenden politischen Entscheidungen zu thematisieren oder die politischen Entscheidungsträger zur Verantwortung zu ziehen für ihre halbherzigen Umsetzungskonzepte, die in Walldorf im Chaos endeten.

Doch bleiben wir zunächst bei der Situation zur Zeit unserer Schulanmeldungen: Schritt eins der Umsetzung der UN-Konvention ist in Baden-Württemberg zunächst noch versuchshalber und findet nur in fünf Modellregionen statt. Das Gebiet des Staatlichen Schulamtes Mannheim, in dem wir leben, ist eine dieser Regionen. Hier werden auf der Basis der Schulversuchsordnung inklusive Schulversuche eingerichtet, um all das auszuprobieren, was eventuell einmal in einem neuen, inklusiven Schulgesetz stehen könnte. Es ist sozusagen der Praxistest für ein künftiges inklusives Schulgesetz, das dann in Schritt zwei verabschiedet werden soll. Auf dieser Basis ist auch unsere inklusive Grundschulklasse entstanden.

Diesmal aber haben wir Pech. »Wer zu spät kommt, den bestraft das Leben«, hat Michail Gorbatschow einmal gesagt. Am Ende dieses Jahres weiß ich, dass das Leben auch den bestraft, der zu früh kommt.

Henris Klasse ist die erste inklusive Klasse, deren Grundschulzeit endet. Sofern es die Eltern der Kinder mit Behinderung wünschen, und das tun wir, ist es Aufgabe der Schulverwaltung, nun wiederum die Schulversuchsordnung aufzuklappen und all das, was an der Grundschule stattgefunden hat, auch an einer weiterführenden Schule zu installieren.

Im Nachhinein kommt es mir so vor, als habe das Schulamt lange gedacht, das sei »business as usual«. Auf jeden Fall geht man dort vor wie in den vergangenen Jahren, als man inklusive Klassen an den Grundschulen einrichtete:

Das Schulamt schaut, ob sich genug Kinder für eine Gruppenlösung in einer »Raumschaft«, so das offizielle Wort, gefunden haben. Bei uns sind das drei. Dann guckt sich das Schulamt eine Schule für diese Gruppe aus, und zwar unter Berücksichtigung der von den Eltern angegebenen Wunschschulen oder im Grundschulbereich der örtlich zuständigen Schule. Hier ist es das Gymnasium Walldorf, weil für die Eltern der beiden leistungsstarken Kinder mit körperlicher Einschränkung nur diese ganz konkrete Schule, das haben sie mehrfach erklärt, für eine Fortsetzung der Inklusion infrage kommt. Als Nächstes spricht das Schulamt mit der Leitung der Schule darüber, dass aus Sicht des Amtes eine inklusive Gruppe auf sie zukommt, und fragt, was die Schule noch an Informationen und Unterstützung im Vorfeld brauche. Bei dieser Gelegenheit weist das Schulamt die Schulleiter auch darauf hin, dass für den Schulversuch die Gremienbeschlüsse nötig sind, dass also das Lehrerkollegium zustimmen muss und außerdem das Gremium aus Lehrer-, Eltern- und Schülervertretern, die sogenannte Schulkonferenz. Um welche Kinder mit Behinderung es ganz konkret geht, ist zu diesem Zeitpunkt noch nicht abschließend klar. Manchmal stoßen noch Kinder dazu, deren Eltern die Meldung zum gemeinsamen Unterricht verspätet abgegeben haben oder die für eine andere Gruppenlösung vorgesehen waren, die sich dann doch nicht als passend herausstellt. Später wird das Schulamt entscheiden, mit wie vielen sonderpädagogischen Stunden es diese inklusive Maßnahme unterstützen wird und kann. Zu diesem frühen Zeitpunkt ist das allerdings noch nicht bezifferbar.

All diese Vorüberlegungen und Gespräche finden noch auf einer amtsinternen Ebene statt, bevor den Eltern der Kinder mit Behinderung diese Lösung offiziell in der »Bil-

dungswegekonferenz« angeboten wird und ein »Haken darunter gemacht wird«, wie unser Schulamt gerne sagt.

Insofern ist es für das Schulamt kein ungewöhnlicher
Vorgang, dass das erste Gespräch, bei dem wir Eltern mit
einbezogen werden, erst im November 2013, also ein knap-
pes Jahr vor dem geplanten Schulwechsel, stattfindet. Am
runden Tisch sitzen wir drei Elternpaare, eine Vertreterin
des Schulamtes, eine Vertreterin des Regierungspräsidiums,
das für die Gymnasien dienstrechtlich zuständig ist, eine
Vertreterin der Stadt Walldorf als Schulträgerin und die Direktorin des Gymnasiums.

Bei diesem Treffen geht es um die Rahmenbedingungen
und notwendige weitere Klärungen: Wie kann die Maßnahme umgesetzt werden? Was ist alles an Vorbereitungen
nötig, damit es im kommenden Schuljahr eine inklusive
Klasse geben kann?

Am Ende des runden Tisches gibt es umfangreiche Ar-
beitsaufträge an alle: Die Direktorin soll mit dem Vertreter
der Stadt zusammen in einer Schulhausbesichtigung klären, ob ein Differenzierungsraum eingebaut oder umgebaut
werden kann und welche weiteren Baumaßnahmen nötig
sind. Sie spricht mögliche Lehrer für eine inklusive Klasse
an und »bereitet den Boden«, an diese Formulierung erinnere ich mich besonders gut, für die Gremienbeschlüsse.
Das Schulamt klärt die Zahl der zu erwartenden sonderpädagogischen Stunden, schaut, ob noch weitere Kinder
mit Behinderung für diese Gruppe in Betracht kommen,
und klärt, welche Sonderschule am Ende den zusätzlichen
Lehrer schicken wird. Die Vertreterin des Regierungspräsidiums fährt zurück nach Karlsruhe mit dem Auftrag, zu
klären, welche Bedingungen für die inklusive Klasse möglich sind: Wird es eine Ausnahme vom Klassenteiler geben,

also nicht die üblichen 30 Kinder, sondern weniger? Können die Gymnasiallehrer, die in der Klasse unterrichten, stundenweise entlastet werden, sodass sie Zeit haben, sich auf die Inklusion einzustellen und sich mit dem Sonderpädagogen und dem Schulbegleiter auszutauschen?

Selmas Mutter und Roberts Eltern sind ansprechbar, wenn es um eventuell notwendige Baumaßnahmen, etwa eine separate Toilette und Schallschutz, geht.

Für uns gibt es kein »To do«. Eine Schulbegleitung hatten wir bereits beim Sozialamt beantragt.

Zum Ende des Jahres kommt das Thema weiterführende Schule langsam, aber sicher auch bei den anderen Eltern der Klasse an. Schließlich gibt es bald zum Halbjahresende die sogenannten »Grundschulempfehlungen«, also die Empfehlungen der Lehrer, auf welcher Schulart sie das Kind künftig sehen. Seit 2012 sind diese Empfehlungen zumindest in Baden-Württemberg nicht mehr bindend. Früher wurde den Eltern die Entscheidung abgenommen, jetzt müssen sie selbst überlegen und die Verantwortung übernehmen. Ich denke, diese Verantwortung für eine Schulwahl gegebenenfalls auch gegen die Empfehlung der Lehrer zu übernehmen fällt vielen besonders schwer. Da ist es doch viel besser, die Grundschulempfehlung fällt wunschgemäß aus.

In den Wochen vor den Empfehlungen merke ich, wie angespannt Kinder und Eltern sind. Fällt eine Klassenarbeit einmal schlecht aus, gibt es Tränen. Es kommt zu Meinungsverschiedenheiten mit den Lehrern über die Bewertung von Arbeiten. All das ist ganz normal. Ich kenne das von Emily. Damals war die Empfehlung noch bindend, da lagen bei manchen Eltern die Nerven blank. Doch dieses

Mal haben Mütter und Väter, die unzufrieden oder zumindest unruhig sind, nicht nur die Lehrer im Visier, sondern auch die Inklusion. Immer wieder schwingt jetzt mit, ob das alles nicht mit an »den Behinderten« liegen könnte: dass nicht alle Kinder in jeder Klassenarbeit die Note schreiben, die ihre Eltern erhoffen. Dass die Lehrer für ihr Arbeitsverhalten nicht immer nur lobende Worte finden. Dass eine Klassenarbeit einmal schlechter ausfällt.

»Auch in einer Inklusionsklasse wird mal ein zu schweres Diktat geschrieben«, sage ich vielleicht ein bisschen zu flapsig.

Frau Herrmann seufzt: »Früher war immer ich schuld. Jetzt ist die Inklusion schuld. Aber ich natürlich auch noch.«

Manchmal habe ich den Eindruck, dass in diesen Wochen die Stimmung kippt. Eine Mutter, die es am Anfang noch toll fand, dass zwei Lehrer gemeinsam unterrichten, und die Teamarbeit lobte, meint, als ihr Kind mit einem Lehrer einen Konflikt hat: »Also, von Herrn Behringer, dem Sonderpädagogen, muss sich mein Kind gar nichts sagen lassen!«

Von den 16 Kindern ohne Behinderung in der Klasse bekommen 13 eine Gymnasialempfehlung. Finn, Lisa, Tim, Anne, Arno und Max sind unter denen, die ins Gymnasium wechseln werden. Das ist nicht überraschend. Auch Selma und Robert haben die erwartete Gymnasialempfehlung. Die Eltern von Anna-Lena und Martin entscheiden sich für die Realschule.

Henri fällt es schwer, schon so weit nach vorne zu blicken. Wichtig ist ihm nur, dass er weiterhin mit seinen Freunden ein und dieselbe Klasse besucht.

»Ich weiter in der 5d«, sagt er. Jetzt ist er in der 4d. Er geht selbstverständlich davon aus, dass er mit dem Großteil seiner Klassenkameraden zusammenbleibt. Etwas anderes ist für ihn unvorstellbar.

Immer deutlicher wird in diesen Wochen, dass einige Eltern der Klasse unseren Plan, Henri gemeinsam mit Selma und Robert ans Gymnasium zu schicken, nicht verstehen. Kaum einer sagt das offen, aber es »grummelt«. Norbert und ich schicken eine Mail an alle Eltern und legen unsere Beweggründe dar. Wir schreiben von der guten sonderpädagogischen Unterstützung für alle drei Kinder, die zu erwarten ist, wenn sie als Gruppe weiter zusammenbleiben.

Selma und Robert können zwar auch als sogenannte einzelintegrierte Kinder mit Behinderung ans Gymnasium gehen. Das geltende Schulgesetz lässt das zu, wenn sie grundsätzlich das Ziel – das Abitur – erreichen können und mit einer nur stundenweisen Unterstützung durch ihre jeweilige Sonderschule auskommen. Sie und ihre Eltern haben aber vier Jahre lang etwas anderes erlebt und schätzen gelernt: eine inklusive Klasse, in der es durch mehrere Kinder mit Behinderung und die Schulversuchsordnung möglich geworden ist, dass ein Sonderpädagoge die ganze Zeit dabei ist. Entstanden ist eine ganz besondere Klasse mit einem ganz besonderen Klima. Vielfalt war von Anfang an ein selbstverständliches Thema und wurde geschätzt und gelebt. So konnten Selma, Robert und Henri offen mit ihrem »Anderssein« umgehen und mussten es nicht verstecken oder immer versuchen, so zu sein wie die anderen. Das können sie nämlich aufgrund ihrer schweren Behinderungen nicht.

Dieses Thema, »so sein zu wollen wie alle anderen«, wird vor allem bei der klugen Selma und dem klugen Robert, das betonen ihre Eltern in vielen Gesprächen, mit zunehmendem Alter dringender. Es beeinflusst mehr und mehr den schulischen Werdegang und gefährdet den Erfolg. Denn durch die Ablehnung der für sie notwendigen Unterstützung, die oft spätestens in der Pubertät beginnt, überfordern die Kinder sich selbst. Einzelintegrationen, wie es das Schulgesetz zulässt, das zeigen viele Erfahrungen, sind oft genau daran gescheitert. Deshalb ist auch den Eltern von Selma und Robert eine inklusive Gruppenlösung nach der Schulversuchsordnung so wichtig.

Und was ist uns wichtig? Wir schreiben in unserer Mail an die Eltern das, was wir in den kommenden Monaten immer wieder sagen und schreiben werden: »Henri wird am Gymnasium kein Abitur machen. Das kann er nicht. Er wird weiterhin, wie jetzt in der Grundschule auch, gemeinsam mit seinen Klassenkameraden überwiegend am gleichen Gegenstand lernen, aber auf seinem Niveau. Das wäre übrigens in allen anderen Schularten auch so. Trotzdem lernt er auf diese Art, wie ihr alle wisst, sehr viel. Außerdem lernt Henri im Wesentlichen durch Vorbilder und Abgucken, weshalb eine motivierende und lernorientierte Umgebung für ihn sehr wichtig ist. Wir sind sicher, dass auch eure Kinder all das gut verstehen.«

Unser Rektor findet es richtig, dass wir in die Offensive gegangen sind. Ein Vater schreibt uns: »Ich persönlich finde es schade, dass ihr euch als Eltern gezwungen seht, legitimieren zu müssen, welchen Weg Henri in Zukunft gehen wird.«

All das, was wir jetzt gemeinsam reflektieren und formulieren, werden wir drei Elternpaare noch einmal ein paar Wochen später zu Papier bringen und im Lehrerzimmer des Gymnasiums am Schwarzen Brett aushängen. Kurz vor der entscheidenden Lehrerkonferenz, gut sichtbar und lesbar für alle Lehrer, die es sehen und lesen wollen.

Drei Wochen nach dem runden Tisch vom November gibt es an unserer Grundschule einen Informationsabend, bei dem sich alle weiterführenden Schulen vorstellen. Die Direktorin des Gymnasiums präsentiert ihre Schule. Bei vielen, auch bei mir, ist vor allem ein Satz aus ihrer Rede in Erinnerung geblieben. »Schule ist keine Spaßveranstaltung!«, sagt sie.

»Wird es denn im kommenden Schuljahr auch Inklusion am Gymnasium geben?«, fragt ein Vater. Seine Kinder gehen in unsere Klasse. Die Frage wirkt auf mich abgesprochen. Die Direktorin antwortet ausweichend: Noch sei gar nichts entschieden, vor allem müssten ja noch die Lehrerkonferenz und die Schulkonferenz darüber beraten und beschließen.

»Das klang aber nicht gut!«, sagt unser Rektor am Ende des Abends mit sorgenvoller Miene.

Grundlage für die inklusive Beschulung von Henri ist, wie schon erwähnt, weiterhin die Schulversuchsordnung. Ein neues, inklusives Schulgesetz gibt es noch immer nicht. Das hat die Landesregierung zwar angekündigt, aber letztlich immer wieder verschoben. Weil Inklusion also weiterhin ein »Versuch« ist, müssen die schulischen Gremien der Einrichtung von inklusiven Klassen nach wie vor zustimmen. Tun sie das nicht, hat das Kultusministerium das letzte Wort. Im neuen Schulgesetz ist eine Zustimmung der schulischen Gremien nicht mehr vorgesehen. Mit anderen Worten: Was bald in Walldorf für so viel Aufregung sorgt, wird später Realität an unseren Schulen sein. Es werden inklusive Klassen gebildet, und zwar ohne Wenn und Aber. Lehrer-, Eltern- und Schülervertretungen vor Ort werden dann nicht mehr gefragt werden.

Viele Schulräte, Lehrer, Wissenschaftler und Journalisten werden in den kommenden Monaten die entsprechenden Passagen in der Schulversuchsordnung immer wieder lesen und versuchen, das Juristendeutsch zu verstehen.

In der Vorweihnachtszeit haben wir kein gutes Gefühl. Was haben die sehr zurückhaltenden Äußerungen der Direktorin zu bedeuten? Wie steht sie wirklich zur Inklusion und zu Henri? Sind wir bislang von ganz falschen Voraussetzungen ausgegangen – beschäftigt sie sich gar nicht mit dem »Wie«, sondern stellt das »Ob« infrage? Wird sie am Ende das Zünglein an der Waage sein?

Wir wenden uns hilfesuchend an unser Schulamt. Denn inzwischen ist uns Folgendes zu Ohren gekommen: Manche Lehrer glauben, dass man über die Kinder einzeln abstimmen könne. Im Klartext: Selma und Robert willkommen heißen, Henri aber ablehnen.

Die Schulrätin beruhigt uns: Nein, das ginge natürlich nicht. Über einen Schulversuch könne ein Kollegium nur insgesamt abstimmen. Das habe sie auch so nach Walldorf kommuniziert.

Wir bleiben skeptisch. Es gibt entspanntere Weihnachtsfeste als das in diesem Jahr. Nur für Henri ist alles wie immer: Krippenfiguren, Kerzen und Lieder, die er so liebt, und natürlich viele Geschenke unter dem Tannenbaum. Unsere Sorgen bleiben neben einer Playmobil-Ritterburg Erwachsenensorgen.

Ende Januar gibt es, so hatten wir es vereinbart, einen zweiten runden Tisch, bei dem ein Zeitplan festgelegt wird. Bei diesem Termin sprechen Selmas Mutter und wir ein Thema erstmals offen an, das uns schon länger bewegt: Wir haben nicht den Eindruck, dass die Lehrer des Gymnasiums schon gut über das Thema Inklusion informiert wären oder sich damit wirklich beschäftigt hätten. Wer ist denn eigentlich dafür zuständig und verantwortlich, dass sie auch gute und fundierte Informationen erhalten, auf deren Basis sie später abstimmen können? Was wissen sie wirklich über die drei Kinder, vor allem über Henri und das zieldifferente Lernen? Die Direktorin wiegelt ab: Das sei alles im Werden, natürlich spreche sie mit den Kollegen immer wieder über das Thema.

Sie hospitiert sogar in Henris Grundschulklasse, am selben Tag wie die Rektorin der Sonderschule. Erst die eine, dann die andere. Die Rektorin der Sonderschule ist hellauf begeistert. Die Direktorin des Gymnasiums sagt am Ende zu unserem Rektor: »Also, so können wir nicht arbeiten!« Meint sie: So wollen wir nicht arbeiten?

Allerdings ist der Zeitplan inzwischen eng. Was einmal als so viel Vorlaufzeit erschien, schrumpft immer mehr zusammen. Und so terminiert die Direktorin folgenden Ablauf:

Kurz vor den Faschingsferien soll es zwei große Lehrerkonferenzen am Gymnasium geben. Die erste ist als Informationsveranstaltung zur Inklusion geplant, in der zweiten sollen die Lehrer über den inklusiven Schulversuch abstimmen. Über beide Sitzungen dürfen wir Eltern nichts wissen. Konferenzgeheimnis.

Zur ersten Sitzung ist neben dem Schulamt und dem Regierungspräsidium auch unser Lehrerteam eingeladen, dazu unser Rektor und die Rektorin der Sonderschule. Sie hat inzwischen angeboten, dass unser Sonderpädagoge alle drei Kinder auch am Gymnasium weiter begleiten könnte und dann mit seiner vollen Stelle am Gymnasium vor Ort wäre. Das sind immerhin 26,5 Stunden. Außerdem haben wir für Henri längst eine dauerhafte Schulbegleitung beantragt. So wie der junge Mann während der Klassenreise würde dann immer jemand an Henris Seite sein. All das sind so gute Bedingungen, wie man sie in unserem Schulamtsgebiet kein zweites Mal findet. Die Rektorin der Sonderschule weiß sehr wohl, dass sich das Gymnasium mit Henri auf einen neuen Weg machen würde, und möchte das mit allen ihr zur Verfügung stehenden Mitteln unterstützen.

Es ist eine lange Konferenz, auf der unsere Lehrer und beide Rektoren sehr für die inklusive Gruppe werben. Tenor und dringende Bitte: »Lasst es uns doch versuchen!« Auch das Schulamt erläutert noch einmal die Vorteile der Gruppenlösung. Aber es gibt, auch nach dieser langen Zeit, viele Fragen und Themen der Lehrer. Es geht um alle drei Kinder, aber natürlich geht es vor allem um Henri. Es scheint, als könnten sich ihn viele Lehrer am Gymnasium überhaupt nicht vorstellen! Ein Teilnehmer sagt später zu mir, über manche Fragen und Einwürfe, auch wenn sie nur halblaut getuschelt wurden, habe er sich »fremdgeschämt«. Überdeutlich sei ihm bei den Fragen geworden, wie weit das Thema Inklusion noch vom Gymnasium und den Gymnasiallehrern entfernt ist und wie schlecht und lückenhaft informiert viele Lehrer sind. Kaum einer machte den Eindruck, er hätte sich aus eigenem Antrieb mit dem Thema beschäftigt. Manche wirkten so, als ob sie von alldem zum ersten Mal hörten.

Wir sind in diesen Tagen verärgert und verzweifelt. Denn für uns ist noch etwas anderes überdeutlich geworden: dass auch das Regierungspräsidium, das für die Gymnasien verantwortlich ist, nur wenig Interesse an der Inklusion hat. Es gibt keine Zugeständnisse, die inklusive Klasse kleiner zu machen. Außerdem zählen unsere Kinder mit Behinderung nicht zum Klassenteiler. Das würde also bedeuten, dass dort im schlimmsten Fall 33 Kinder sitzen würden. Es gibt keine Angebote für Fortbildungen der Lehrer. Es gibt keine Angebote, die Unterrichtsverpflichtung der Gymnasiallehrer, die in der Klasse unterrichten, zu senken. »Entlastungsstunden« nennt man das. In diesen Stunden könnten sie sich zum Beispiel mit dem Sonderpädagogen austauschen. Die Vertreterin des Regierungspräsidiums hatte schon bei unserem zweiten runden Tisch auf die Frage, welche Unterstützungsmaßnahmen sie denn anbieten könne, achselzuckend in die erstaunt schweigende Runde gesagt: »Ich habe nichts!« Auch in der Lehrerkonferenz bleibt sie bei dieser Aussage.

Norbert klemmt sich ans Telefon und erreicht die für Gymnasien zuständige Abteilungsleiterin im Regierungspräsidium: Er macht unsere Zweifel deutlich, ob über den Schulversuch jetzt eigentlich schon seriös abgestimmt werden könne. Zum einen wegen der immer noch vorhandenen, aus unserer Sicht gravierenden Informationsdefizite der Lehrer, zum anderen, weil wir sicher sind, dass das Regierungspräsidium noch gar nicht alle Möglichkeiten ausgeschöpft hat, den Schulversuch zu unterstützen. Doch die Abteilungsleiterin hat für diese Probleme kein offenes Ohr. Sie antwortet ausweichend. Verstimmt legt Norbert schließlich auf.

Schon eine Woche später steht die Abstimmung im Lehrerkollegium auf der Tagesordnung. Sie findet in der ersten

Schulstunde statt. Für die Schüler des Gymnasiums fällt der Unterricht aus, auch für Emily. Es ist der letzte Tag vor den Faschingsferien.

Die Entscheidung fällt. Aber wie? Niemand will es uns sagen. Ist ja Konferenzgeheimnis!

Es ist einer der Momente, in denen ich stocksauer werde. Es geht um die Zukunft meines Sohnes, und die erfahre ich nicht?

Gut, dass es den örtlichen Supermarkt gibt. Am nächsten Tag schon höre ich beim Einkaufen zwei Damen in der Nähe des Nudelregals tuscheln: »Nun haben sich die Lehrer ja ganz klar dagegen entschieden. War auch nicht anders zu erwarten!« Ich kenne die beiden nicht, aber ich weiß, worüber sie reden: über Henri und seine Freunde.

Zu diesem Zeitpunkt wissen übrigens weder unser Rektor noch unsere Lehrer das Ergebnis der Abstimmung.

Fest steht also: Der formale Weg zum Schulversuch am Gymnasium Walldorf ist erst einmal zu Ende, der Schulversuch, bevor er überhaupt begonnen wurde, vorerst gescheitert. Dem Schulamt Mannheim ist es nicht gelungen, die Schule von der von ihr geplanten und verantworteten inklusiven Gruppenlösung zu überzeugen. Das Amt hat es aus meiner Sicht lange, zu lange, der Direktorin des Gymnasiums allein überlassen, das Kollegium zu informieren und von etwas zu überzeugen, wovon sie vielleicht selbst nicht überzeugt ist.

Jetzt braucht das Ganze einen anderen Manager. Und der ist schon in der Schulversuchsordnung benannt: der Kultusminister. Noch nie hat ein baden-württembergischer Kultusminister einen Schulversuch, zu welchem Thema auch immer, selbst eingesetzt. Aber Inklusion ist etwas anders als die

Erprobung neuer Fächerverbünde oder eine neue Schreib-schrift für Erstklässler. Inklusion ist von einer internationa-len Staatengemeinschaft als gesellschaftliches Ziel gesetzt.

Wir sind uns sicher: Wenn wir nichts unternehmen, wird die Akte Inklusion jetzt still und leise geschlossen werden. Wir haben keine Signale erhalten, dass das Schulamt oder das Regierungspräsidium noch einmal von sich aus versu-chen wird, die Entscheidung zu revidieren. Dazu müssten sie zum Beispiel bessere Rahmenbedingungen anbieten. Doch wird das Schulamt dem Kultusminister die Ange-legenheit wirklich zügig vorlegen? Was passiert, wenn er einfach den Kopf schüttelt und so wie seine Vorgänger bei den anderen Schulversuchen sagt: Macht kein Aufhebens darum, sucht vor Ort eine andere Lösung?

Wir wollen aber keine andere Lösung.

Wir gehen in die Öffentlichkeit.

Die große Aufregung

Unsere Faschingsferien sind verdorben. Wir basteln, in Ab-sprache mit den anderen beiden Eltern, an einer Informati-on für die Medien. Unsere örtliche Elterninitiative bereitet gemeinsam mit der Landesarbeitsgemeinschaft eine Presse-erklärung vor.

Beides wird am ersten Tag nach den Ferien verschickt: »Inklusionsfreie Zone? Gymnasium Walldorf weist drei Kinder mit Behinderung ab.«

Auf der Presseerklärung prangt groß und unübersehbar das Motto des Gymnasiums Walldorf: »Wahrnehmen und wertschätzen«!

Viele Menschen sind von dieser Öffentlichkeitsoffensive *not amused.* Viel besser hätten sie gefunden, die Sache still und leise zu beerdigen. Das würde bedeuten: Henri abweisen und die anderen beiden Kinder aufnehmen. Denn die sogenannte Einzelintegration wäre nach wie vor möglich, das lässt das alte Schulgesetz zu. Eine inklusive Gruppe wäre das nicht mehr. Unser Sonderpädagoge könnte sie nicht begleiten. Sie würden einzeln von den jeweils für sie zuständigen Sonderschulen für wenige Stunden unterstützt werden.

Auf der Presseerklärung ist ein Foto von Henri zu sehen. Auf dem Bild hält er eine Geige in der Hand. Gemeinsam mit seiner Klasse hatte er dem Gymnasium einen Besuch abgestattet und unter anderem die sogenannte »Streicherklasse« besucht. Auch Emily war in der fünften Klasse bei den Streichern und hat zwei Jahre lang Bratsche gelernt. Die Geige hatte es Henri besonders angetan. »Gib her«, forderte er das Mädchen auf, das ihm das Instrument geduldig erklärte.

Über das Foto sagen nun die einen: »Das ist ja schön, wie er sich interessiert! Er kommt ja auch aus einer musikalischen Familie.« Andere wiederum kommentieren: »Der kann doch sicherlich gar nicht lernen, Geige zu spielen. Da sieht man mal wieder, wie Fotos lügen.«

Was auch immer über Henri in den kommenden Wochen berichtet wird, zu hören und zu sehen ist: Es wird so oder so ausgelegt. Für die einen ist er ein cleverer kleiner Bär, die anderen machen ihn immer mehr zum »Monster«. Das mitzuerleben ist für uns bitter und, je länger es dauert, immer unerträglicher.

»Ach, lass die Leute doch reden!«, sagt Norbert. Aber so richtig überzeugt klingt das nicht.

Es dauert ein bisschen, bis sich die Medien für das Thema »Inklusion in Walldorf« interessieren. Zunächst berichten lokale und regionale Zeitungen. Eine Presseagentur beginnt, zu recherchieren und Fotos zu machen. Als die Geschichte dann schließlich über die Agentur mit den entsprechenden Fotos verbreitet wird, geht es richtig los.

Es sind die Tage und Wochen, in denen wir uns vor Anfragen nicht mehr retten können: Zeitungen, Radio, Fernsehen, Onlinemedien, Presseagenturen – nun wollen sie alle berichten. Das Telefon steht nicht mehr still.

Die anderen beiden Familien wollen oder können mit ihren Kindern und ihrer Geschichte aus ganz unterschiedlichen Gründen nicht in die Öffentlichkeit. Diese Gründe müssen wir akzeptieren. Die Folge aber ist, dass aus dem »Fall Walldorf« immer stärker ein »Fall Henri« wird, obwohl es doch eigentlich um drei Kinder geht.

Außerdem lässt die Direktorin verlauten, nur mit dem »zieldifferenten« Unterricht, also mit Henri, habe man ein Problem, nicht aber mit den körperlich eingeschränkten Kindern: »Die nehmen wir gerne!«

Die Direktorin und das Kollegium des Gymnasiums erhalten vom Regierungspräsidium ein Redeverbot gegenüber den Medien. Deshalb wird man in den kommenden Wochen vor allem die Elternbeiratsvorsitzende hören. Mit der Direktorin wirkt diese sehr vertraut. Eltern aus Henris Klasse seien auf sie zugekommen, sagt sie, weil sie die Inklusion auf keinen Fall fortsetzen wollten. Sie hätten die Nase voll.

Welche Eltern? Wie viele Eltern? Das lässt sie offen.

Als ich sie das erste Mal mit dieser Aussage höre – es ist in einer Talkshow –, bin ich perplex und überrascht. Wie

211

stehen die Eltern aus Henris Klasse wirklich zu unserem Wunsch nach einer inklusiven Klasse am Gymnasium mit Henri? Ich weiß es zu diesem Zeitpunkt nicht.

In jenen Wochen erleben wir das, was ich oft »die große Aufregung« nenne: Es gibt unzählige Leserbriefe, Kommentare im Internet und Foreneinträge. Viele Vereine und Organisationen, die uns unterstützen, schreiben offene Briefe und Presseerklärungen. Auch wir bekommen etliche Mails und Briefe.

An einem der nächsten Samstage ist »Tag der offenen Tür« am Gymnasium, die Veranstaltung, bei der das Gymnasium sich den interessierten Eltern und Kindern der künftigen fünften Klassen präsentiert. Natürlich gehen wir hin. »Natürlich komme ich auch mit«, sagt Emily. Auch für Henri ist es ganz klar, dass wir dort hingehen: Schließlich sind auch Max und Lisa, Anne, Finn und Arno da und Selma, die ihm gleich zuwinkt. Zuerst gibt es eine lange Ansprache. Die Direktorin betont, dass die Abiturdurchschnitte auf dem Gymnasium Walldorf etwas besser sind als der Landesdurchschnitt. Viele Zuhörer klatschen. Henri ist langweilig – es ist wirklich langweilig! –, und er setzt sich auf meinen Schoß.

»Der hält es nur auf dem Schoß der Mutter aus!«, wird hinter unserem Rücken getuschelt, gerade noch so laut, dass wir es hören können.

Henri lässt sich, davon unbeeindruckt, beim anschließenden Rundgang durch die Schule von älteren Schülern interessiert kleine Roboter zeigen, die in einer Arbeitsgemeinschaft entstanden sind.

Emily ist nicht ganz so unbeeindruckt: »Boah, wie die uns alle angeschaut haben«, sagt sie später, »wenn Blicke töten könnten …!« Weil wir noch einen anderen Termin haben, verlassen wir die Veranstaltung kurz vor dem Ende. Am nächsten Tag macht am Gymnasium die Runde: Die mussten früher aufbrechen, weil es mit dem Henri nicht mehr länger ging!

Nur wenige Politiker melden sich in dieser Zeit zu Wort. Sie sind auffällig still. Vom Schulversuch Inklusion oder der Umsetzung der UN-Konvention redet niemand. Lediglich der Beauftragte der Landesregierung für Menschen mit Behinderungen in Baden-Württemberg, Gerd Weimer, nennt die ablehnende Haltung der Lehrer »beschämend« und fordert immer wieder: »Macht es doch einfach, wenigstens für ein Jahr!« Der Fall, so mahnt er, dürfe nicht Schule machen. Er ist auch Gymnasiallehrer. Er bietet sogar an, selbst den Sport- und Erdkundeunterricht zu übernehmen.

Dafür melden sich andere umso lauter zu Wort, allen voran jene, die meinen, Henri sei an einer Sonderschule für geistig Behinderte am besten aufgehoben. Vier Jahre lang habe ich solche Sätze nicht gehört, nun höre ich sie fast jeden Tag. »Kochen« solle er lernen und »eine Bahnfahrkarte zu kaufen«.

Auf dem Parkplatz des örtlichen Supermarkts spricht mich eine Mutter an, die auch einen Sohn für die fünfte Klasse am Gymnasium hat. »Sei mir nicht böse«, sagt sie, »aber ich kann mir das mit Henri dort wirklich nicht vorstellen. Meine Befürchtung ist, dass seinetwegen das intellektuelle Niveau in der Klasse sinkt.«

»Aber das intellektuelle Niveau unserer Familie ist doch auch nicht gesunken, seit wir Henri haben!«, entgegne ich kopfschüttelnd. Das Downsyndrom steckt nicht an. Niemand wird durch Henri dümmer.

Es bleibt eines der wenigen Male, bei denen ich direkt angesprochen werde.

Der Einwand der Mutter erinnert mich an die Diskussion: Wie kann mein Kind noch etwas lernen, wenn in der Klasse 80 Prozent ausländische Kinder sitzen und nicht richtig deutsch sprechen? Werden nicht automatisch starke Kinder mit nach unten gezogen, wenn zu viele schwache Kinder in der Klasse sind?

Das ist eine Sorge, die viele Eltern umtreibt und die berechtigt ist. Sie kann, muss aber nicht mit Inklusion zu tun haben. Sie hat es dann, wenn man Inklusion so umsetzt, dass man Klassen mit Kindern mit besonderem Förderbedarf auffüllt oder überfüllt und die Schulen mit ihnen allein lässt. Unsere Hauptschulen und auch viele Gemeinschaftsschulen sind längst davon betroffen, auch Grundschulen in sozialen Brennpunkten. Sie werden zu unseren neuen Sonderschulen. Hier brauchen wir in der Tat neue Konzepte, die sicherstellen, dass wirklich alle Kinder angemessen lernen können und gefördert werden. Doch die Skepsis vieler Eltern gegenüber dem staatlichen Schulsystem ist groß und wächst beständig. Viele, gerade auch bildungsaffine Schichten, weichen inzwischen in Privatschulen aus.

In der Diskussion geht es sehr bald nicht mehr um Henri, sondern ums »Prinzip«, wie so oft in Deutschland. Es geht um Bildungspolitik im Großen und Ganzen. Und die Zukunft unseres mehrgliedrigen Schulsystems. Um die Frage, wie früh wir die Kinder trennen und warum eigentlich. Um die Zukunft des Gymnasiums als Ganzes.

Schnell macht der Ausdruck vom »Hochleistungsbetrieb« in Walldorf die Runde, geprägt von der Elternbeiratsvorsitzenden. Es gehe schließlich um »Studierfähigkeit« und akademische Reife. Der Philologenverband schlägt in dieselbe Kerbe und erinnert an ein Positionspapier. Gymnasiallehrer unterrichten Schülerinnen und Schüler, die überdurchschnittlich begabt sind, steht da zu lesen.

Beides ist nichts als Wunschdenken. Denn die Realität sieht längst ganz anders aus.

Das Gymnasium ist schon längst nicht mehr, was es einmal war und wovon manche noch nostalgisch träumen. Schon jetzt geht fast die Hälfte aller Kinder eines Jahrgangs auf ein Gymnasium. Wenn in den kommenden Jahren 60 bis 70 Prozent ans Gymnasium strömen, so wie Bildungsexperten voraussagen, muss »überdurchschnittlich« sicherlich noch einmal neu definiert werden, tatsächlich und mathematisch. Das Gymnasium ist längst unsere neue »Volksschule« geworden. Im wohlhabenden Walldorf, dem Firmensitz des Softwarekonzerns SAP, ist es das auf jeden Fall.

Es geht um eine bildungspolitische Diskussion, in der wir uns, wie ich finde, völlig zu Recht darüber Gedanken machen sollten, wie wir auch unsere Elite angemessen in der Schule fördern können und sollten. Elite aber automatisch mit all den Kindern gleichzusetzen, die ein Gymnasium besuchen, passt nicht. Eliteförderung und Inklusion schließen sich sogar weniger aus als eine angebliche »Eliteförderung«, die man zwei Dritteln bis drei Vierteln aller Kinder angedeihen lässt. Die ist nämlich ein Widerspruch in sich. Wer Elite wirklich fördern will, muss ebenso wie der, der die Inklusion gut umsetzen will, Geld in die Hand nehmen oder vorhandenes Geld umschichten. Und er muss vor allem eins tun: das einzelne Kind wirklich in den Blick nehmen.

In der Diskussion hält sich eine Befürchtung, die letztlich ein Missverständnis ist, hartnäckig: Das Niveau in einer Klasse sinkt, wenn auch noch der Schwächste mit durchgezogen werden und mit halbwegs akzeptablen Noten durchkommen muss. Dann müssen die anderen, auch die Stärkeren, seinem Niveau angepasst werden. Fast alle Eltern kennen diesen Fall: Da fällt eine Klassenarbeit so schlecht aus, dass kurzerhand einmal der Notenspiegel korrigiert wird. Dann bestehen die Schlechten so gerade und die Guten, die eigentlich gar nicht so gut sind, haben auf einmal eine richtig gute Note. Oder die nächste Klassenarbeit wird von vornherein deutlich einfacher angelegt. Inklusion bedeutet aber etwas anderes: Es wird zieldifferent unterrichtet. Wenn bei Henri gar nicht der Anspruch erhoben wird, dass er die für das Abitur notwendigen Leistungen erbringen muss, sondern es nur darum geht, dass er im Rahmen seiner Möglichkeiten mitlernen darf, dann hat das mit dem Niveau und den Noten der anderen nichts zu tun.

Inklusion ist also nicht das Thema, das über Wohl und Wehe unserer Bildung entscheidet. Es ist allerhöchstens ein Teilaspekt.

Allerdings ist Inklusion ein Teilaspekt, der uns zeigt: Alles bleiben, wie es ist, kann es nicht, weder in unserer Gesellschaft allgemein noch in unserem Bildungssystem im Speziellen.

Inklusion kostet natürlich Geld. Aber das tun viele andere Anforderungen an ein gutes Bildungssystem auch. Bei der Inklusion haben wir sogar noch das Glück, dass wir das viele Geld, das bislang für das Sondersystem ausgegeben wird und dort noch gebunden ist, umschichten können.

Dazu müsste man allerdings Sonderschulen nach und nach konsequent schließen. Finanzexperten haben vorgerechnet, dass ein inklusives Bildungssystem nur in der Übergangsphase, wo es noch zwei Systeme parallel gibt, teurer ist, aber nicht per se. Dieses Umschichten vorhandener Ressourcen geht bei der Finanzierung anderer, ebenso nötiger Reformen im Bildungsbereich nicht so einfach.

In Walldorf geht es um ein einziges Kind, das auf einem anderen Niveau lernt als die fast tausend anderen Schüler. Als ich die Befürchtung, das intellektuelle Niveau der Klasse könnte durch Henri sinken, einem Freund erzähle, der Gymnasialdirektor in einem anderen Bundesland ist, lacht er und sagt: »Was geben die denn Henri für eine Macht?«

Ich wundere mich immer wieder, auch noch heute, wie sich die Gymnasien selbst präsentierten: achtzig Prozent »Frontalunterricht«, viel zu große Klassen, kleine und oft zu wenige Klassenzimmer, keine weiteren Lernräume, Lehrer, die keine Teamarbeiter, sondern Einzelkämpfer sind und es auch gerne bleiben möchten und die für Differenzierung nicht ausgebildet sind. Finden wir das wirklich erstrebenswert?

Immer wieder sage ich, wenn ich als ehrenamtliche oder hauptamtliche Beraterin Vorträge halte, Inklusion müsse endlich als Pflicht verstanden werden und nicht nur Kür sein. Jetzt erfahre ich zum ersten Mal dieses »Kürdenken« am eigenen Leib. Es ist doch so schön, wenn die Kinder schon früh soziale Kompetenzen lernen, Rücksicht nehmen und auch mit vermeintlich »Schwächeren« gut umgehen. Es ist nett, aber letztlich auch entbehrlich. Grundschule ist ja, das bekommen Grundschullehrer immer wieder zu hören, sowieso nur ein verlängerter Kindergarten: »Da wird doch nur gespielt.« Aber spätestens in der weiterführenden Schule geht das »richtige Leben« los!

»Mit Streicheleinheiten kann man später kein Geld verdienen und eine Familie ernähren«, schreibt jemand in einem Leserbrief.

Also gilt ab Klasse 5: Jetzt ist Schluss mit lustig, jetzt wird es ernst.

Wir haben das immer anders gesehen: Henris jetzige Klassenkameraden, die aufs Gymnasium gehen, werden diejenigen sein, die später einmal über Menschen mit Behinderung entscheiden. Die Gesetze machen, Verwaltungsvorschriften erfinden, Budgets kürzen oder inklusive Konzepte entwickeln müssen. Doch die, über die sie eventuell zu befinden haben, haben sie in ihrer Kindheit und Jugend gar nicht oder nur kurz kennengelernt.

Es gibt Eltern, die das genauso sehen. Aus der Elterninitiative kenne ich eine fünffache Mutter, eines ihrer Kinder hat eine Behinderung. In diesen Wochen geht auch sie in die Öffentlichkeit und betont, sie wünsche sich, dass ihre anderen vier Kinder nicht nur Vokabeln, PowerPoint und Karriereplanung lernen. Sie schreibt: »Auch ich habe leistungsstarke Kinder, die später vielleicht zur Elite gehören werden. Und sie werden besonders gut sein, besonders viel bewirken können, denn sie sind in einer heterogenen Geschwistergruppe groß geworden, sie erleben meinen Kampf um die Inklusion ihrer Schwester täglich mit, und es macht sie stark, eine behinderte Schwester zu haben. Meine Kinder wissen heute schon, was es heißt, Verantwortung für Schwächere zu tragen. Und die Mitschüler in der Inklusionsklasse meiner Tochter lernen das auch. Kinder, die so aufwachsen, werden Schlüsselfiguren in einem Prozess des gesellschaftlichen Wandels sein.«

Was ist eigentlich mit den Eltern aus Henris Klasse?

Die meisten schweigen zu diesem Thema. Eine Mutter schreibt an die Direktorin, ihr Sohn solle gerne und auf jeden Fall in eine inklusive Klasse am Gymnasium gehen, und sie solle ihn doch bitte dafür gleich vormerken. Ein Vater postet im Internet, er wolle auf keinen Fall, dass seine Kinder wieder in eine inklusive Klasse mit Henri gehen. Er ist der Einzige, der sich namentlich äußert. Eine Mutter ist genervt über die beiden Kamerateams, die in der Klasse gedreht haben. Ein Vater spricht uns an und sagt uns, dass er unser Engagement für Henri »großartig« findet und uns das einfach gerne einmal sagen wollte.

Eine Mutter aus Henris Klasse wird mit den Worten zitiert: »Das war ja ganz nett mit dem Henri, aber jetzt muss sich mein Sohn aufs Gymnasium konzentrieren.« Ein bitterer Satz für Henri, wenn er ihn verstehen würde.

Ein anderer Vater setzt einen Blog ins Internet, um sich gegen den Eindruck zu wehren, alle Eltern der Klasse seien gegen Henri am Gymnasium und eine Fortsetzung der Inklusion. Er schreibt: »Auch unser Kind geht in Henris Klasse, und das ist auch gut so.«

Andere Eltern diskutieren anonym in Internetforen. Da schreibt einer, in der Klasse sei es immer so laut und unruhig. Antwort eines anderen: »Was ›Betroffener‹ schreibt, ist richtig. In dieser Klasse ist es laut und unruhig. Was aber nicht stimmt, ist, dass die Unruhe von Henri verursacht wird. Es gibt noch andere behinderte Schüler in der Klasse und vor allem einige, auf welche die Diagnose ADHS zutreffen könnte. Henri wird hier lediglich zum Sündenbock gemacht, und das, obwohl er oft als Opfer für die Rabauken herhalten musste. Die Lehrer sind mit der Situation überfordert. Leider sind es gerade die Eltern der Rabauken, welche ein sehr starkes Auftreten haben. Mir kommt es so vor, als wäre zwischen Gymnasium und Elternschaft gehandelt worden: Nehmt die Rabauken auf, aber lasst den Henri weg, dann haben sie kein Opfer mehr.«

Als ich das lese, bin ich verwirrt, denn ich habe Henri nie als Opfer irgendwelcher »Rabauken« in der Klasse erlebt. Henri hatte sich auch niemals zu Hause über andere Kinder der Klasse beschwert. Unser Direktor schüttelt den Kopf über diesen Interneteintrag. Aber so unterschiedlich können Wahrnehmungen eben sein. Natürlich kann niemand nachprüfen, ob die »Betroffenen« wirklich Eltern aus Henris Klasse sind.

Was ist in den vier Jahren passiert? Unser Rektor sagt in die Fernsehkameras: »Inklusion bei den Kindern ist gelungen!«

Immer wieder werden in der Diskussion Sätze gesagt, die anfangen mit: »Wenn ich ein behindertes Kind hätte, würde ich …« Ich finde sie ärgerlich. Sie sind so ähnlich, als würde ich mir vorstellen, plötzlich im Rollstuhl zu sitzen, und dazu meine Meinung kundtun. Denn natürlich sitze ich nicht wirklich im Rollstuhl, und was ich mir vorstelle, wie es mir dann geht, ist nur eine Aneinanderreihung von Hypothesen und Vorurteilen: »Dann würde ich nicht mehr leben wollen«, hört man manchmal. Dieser Satz sagt viel über unser gesellschaftliches Wertesystem aus. Die Wahrheit derjenigen, die wirklich im Rollstuhl sitzen, ist aber eine ganz andere.

Am Gymnasium Walldorf beginnt es derweil für Emily kompliziert zu werden. Was sie dort konkret erlebt, erzählt sie uns in diesen Wochen nicht. Ich bekomme nur mit, dass sie eine Verabredung mit Freundinnen absagt. »Hat das mit Henri zu tun?«, frage ich sie.

»Yep«, simst sie mir kurz und knapp.

Da sprechen wir mit ihr und sagen ihr, dass sie sich nicht positionieren muss. Sie kann natürlich immer sagen: »Das ist Sache meiner Eltern, lasst mich da aus dem Spiel!« Aber das will sie nicht. Fast empört reagiert sie auf unseren Vorschlag.

»Wir sind eine Herde«, sagen wir manchmal scherzhaft über unsere Familie. Es ist ein Satz aus »Ice Age«, dem Film, über den wir alle immer noch lachen können, auch wenn wir ihn schon tausendmal gesehen haben.

In diesen Wochen ändert sie ihr WhatsApp-Profil und trägt als Status ein: »Ihr lacht über mich, weil ich anders bin. Ich lache über euch, weil ihr alle gleich seid.« Es ist ein Zitat des Rockmusikers Kurt Cobain, das ich nicht kannte. Jetzt werde ich es nie mehr vergessen.

Auch für Henris Lehrer, Frau Herrmann und Herrn Behringer, ist es eine harte Zeit. Beide sind wirklich inklusionsbewegt und haben verstanden, worauf es ankommt und wie es klappen kann. Öffentlich sagen dürfen sie das nicht, denn auch sie haben natürlich längst vom Schulamt ein Redeverbot erhalten. Öffentlich Auskünfte gibt inzwischen nur noch der Pressesprecher des Kultusministers. Selbstverständlich könnten Frau Herrmann und Herr Behringer all das, was sie über Inklusion wissen, den Lehrerinnen und Lehrern der weiterführenden Schulen sagen. Wenn man sie fragen würde.

Henri ist in Walldorf längst das Gesprächsthema Nummer eins. Überall diskutieren die Menschen: auf der Straße, bei

Geburtstagsfeiern, im Gemeinderat, in der Kirchengemeinde. Manchmal habe ich den Eindruck, es geht nur noch um dieses Thema. Wenn ich zum Einkaufen oder in die Fußgängerzone gehe, wechseln Menschen, die ich kenne, die Straßenseite oder kramen, wenn ich in der Supermarktschlange hinter ihnen stehe, bewusst lange in ihrem Geldbeutel, um ja nicht hochschauen und mich ansehen zu müssen. Dafür nicken mir fremde Leute zu und grüßen mich freundlich. In der Schule stehen immer mal, wenn ich Henri abhole, Mütter in kleinen Gruppen auf dem Schulhof zusammen und reden angeregt miteinander. Manchmal sind auch Mütter unserer Klasse dabei. Wenn ich näher komme, verstummen sie.

Als ich einmal in der Innenstadt auf einer Parkbank sitze und auf Henri warte, der beim Kindertanz in der Tanzschule ist, spricht mich eine Dame an.

»Sie sind doch die Mutter von Henri, oder?«, fragt sie vorsichtig. »Ich wollte Ihnen nur sagen, dass ich das alles völlig richtig finde! Ich verstehe die Leute hier nicht: Wovor haben die denn so schreckliche Angst?«

Ein neuer Versuch und noch mehr Aufregung

Wie geht es jetzt weiter? Zunächst einmal mit dem ganz normalen Anmeldetag am Gymnasium, denn endgültig entschieden ist noch nichts. Zum einen steht noch das Votum der Schulkonferenz aus Lehrer-, Eltern- und Schülervertretern aus. Zum anderen sieht die Schulversuchsordnung vor, dass der Kultusminister einen Beschluss oder auch beide schulischen Beschlüsse ersetzen kann, indem er den Schulversuch selbst einsetzt.

»Ich kann da jetzt nicht hingehen«, beschließe ich.

»Okay«, meint Norbert, »dann mache ich das.« Er gibt alle Unterlagen im Sekretariat des Gymnasiums ab. »War unspektakulär«, sagt er, als er zurückkommt. Und doch ist es ein besonderer Tag, der 26. März 2014: Vor genau fünf Jahren ist die UN-Konvention über die Rechte von Menschen mit Behinderungen in Deutschland in Kraft getreten.

Die Elternbeiratsvorsitzenden des Gymnasiums »informieren« derweil alle anderen Elternvertreter schriftlich über die vom Schulamt geplante Inklusion. »Informieren« steht hier bewusst in Anführungsstrichen, denn das Papier ist in vielen Punkten sachlich falsch. Zum Beispiel werden Zweifel an der Dauerhaftigkeit der sonderpädagogischen Unterstützung geäußert, frei nach dem Motto »Wer weiß, wann wir dann mit den Behinderten alleine da sitzen«! Außerdem schürt das Papier durch Behauptungen und Vermutungen Ängste gegen die Inklusion, die aus unserer Sicht völlig unbegründet sind. So wird behauptet, dass Schulversuche »keine Rechtssicherheit und Rechtsklarheit« gäben. Auch ist dort zu lesen, dass Henri in den Hauptfächern an der Grundschule grundsätzlich im Differenzierungsraum unterrichtet wurde. Das ist falsch. Wir wenden uns gemeinsam mit den anderen beiden Eltern ans Schulamt und schreiben: »Wir sind sehr enttäuscht und entsetzt darüber, wie hier in Walldorf inzwischen Stimmung gegen die inklusive Gruppe gemacht wird.«

Schulamt und Kultusministerium versuchen jetzt hektisch, doch noch zu einer Einigung mit dem Gymnasium zu kommen. Ein neuer Termin für eine Lehrerkonferenz wird anberaumt, außerdem gleich anschließend ein runder Tisch mit uns Eltern. Sieben Vertreter von Ministerium, Regierungspräsidium und Schulamt reisen an und stellen sich noch einmal den Fragen des Kollegiums.

Sie haben »Geschenke« mitgebracht: Nun werden unsere Kinder doch zum Klassenteiler dazugezählt werden, sodass die inklusive Klasse kleiner werden kann. Das Lehrerteam der Gymnasiallehrer, das die Klasse unterrichtet, bekommt insgesamt fünf Entlastungsstunden. Der Schulversuch wird intensiv begleitet. Es wird ein Austausch mit anderen weiterführenden Schulen organisiert, die schon inklusiv arbeiten, dazu werden Fortbildungen angeboten. Trotz dieser Zusagen gibt es keinerlei Signale aus dem Kollegium, den ablehnenden Beschluss noch einmal zu revidieren. Es herrscht eher die Stimmung: Was wollen die denn hier schon wieder?

Direkt nach dieser Sitzung sind wir mit den anderen beiden Eltern in die Schule eingeladen. Die Situation ist verfahren. Die Diskussion mit den Vertretern des Kultusministeriums wird etwas lauter. Auch die Direktorin gerät wieder ins Visier. Und endlich lässt sie die Katze aus dem Sack: Sie ist gegen den Schulversuch mit Henri. Bislang hatte sie sich immer bedeckt gehalten und gesagt, sie wolle die Entscheidung ihren Kollegen überlassen. Schließlich sei sie, die kurz vor dem Ruhestand steht, nicht mehr lange da.

Die Herren aus Stuttgart haben noch eine letzte Idee: Wir suchen Lehrer, die es freiwillig machen! Vier Tage haben die Lehrer des Gymnasiums Zeit, sich bei der Direktorin zu melden.

Die Tage verstreichen. Am Ende der Woche ist klar: Es hat sich nur ein einziger Lehrer gemeldet. Einer von über neunzig Mitgliedern des Lehrerkollegiums.

Stimmen aus der ganzen Welt

An diesem Tag startet ein Freund von uns eine Onlinepetition, »Henri will mit seinen Freunden aufs Gymnasium gehen«, heißt sie. In den folgenden Monaten werden dort fast 30 000 Menschen unterschreiben und unzählige Kommentare hinterlassen.

Wir kennen uns schon seit vielen Jahren aus der Downsyndrom-Elterngruppe. Die Familie aus Heidelberg hat selbst einen Sohn, Enno, mit Downsyndrom, der zwei Jahre jünger als Henri ist und vieles zeitversetzt erlebt. Auch er braucht bald eine weiterführende Schule. Seine Familie hat bereits eine lange Auseinandersetzung über den Grundschulort hinter sich. Dabei liegt die Grundschule gegenüber ihrem Wohnhaus auf der anderen Straßenseite: Überquert man die Straße, beginnt der Schulhof. Trotzdem war es lange keinesfalls sicher, dass Enno so wie seine ältere Schwester dort zur Schule gehen darf.

Die Petition, die für unseren Freund viele Stunden Arbeit und ein großes emotionales Auf und Ab bedeutet, lässt unsere beiden Familien enger zusammenrücken und sorgt bei uns allen für viel Klärung. Allerdings wird Ennos Vater in eine Art Sippenhaft genommen. Plötzlich grüßen auch ihn Menschen, die er seit Langem kennt, nicht mehr auf der Straße.

Und es passiert etwas, das in der Diskussion vor Ort und in den Medien gar keine Rolle gespielt hat: Es gibt nämlich bereits Gymnasien in Deutschland, die Kinder mit einer geistigen Behinderung in ihren Klassen haben. In der Petition melden sich Lehrer und Schulleiter dieser Gymnasien zu Wort. Auch Mitschüler, Elternvertreter und Eltern schreiben Kommentare. Sie haben einiges zu erzählen. Zum

Beispiel die Klassenlehrerin einer siebten Klasse, in der zwei Kinder mit Downsyndrom sind und die berichtet, wie gut sich beide entwickeln und wie alle Kinder davon profitieren. »Wenn die Lehrkräfte in Baden-Württemberg Angst haben, gerne melden!«, schreibt sie. Es unterschreibt der Direktor eines anderen Gymnasiums und berichtet, gerade diese inklusive Klasse sei die stärkste des Jahrgangs. Auch Eltern von Kindern mit Downsyndrom, die am Gymnasium lernen dürfen, unterzeichnen. »Glück gehabt«, postet einer, »das war die beste Entscheidung.«

Viele Sonderpädagogen unterschreiben ebenfalls die Petition für Henri. Etliche von ihnen erleben schon seit Jahrzehnten, dass »ihre« Kinder zwar als Kolorit auf einem gemeinsamen Fest gerne gesehen werden. Doch wenn es »ernst« wird, in den vermeintlichen »harten« Fächern oder in der Vorbereitung auf Abschlüsse, dürfen sie nicht dabei sein. Ein befreundeter Sonderschullehrer hat schon vor vielen Jahren versucht, eine Kooperation seiner Klasse einer Schule für geistig Behinderte mit einem Gymnasium zu erreichen. »Ich bin da nur auf Unverständnis gestoßen«, erzählt er mir, »die Zeit war noch nicht reif.« Wann ist sie reif?

In der Petition stehen viele schöne Sätze. Einer davon lautet: »Erfahrungen – positive wie negative – kann man nur machen, indem man etwas tut, nicht, indem man es lässt.« Das häufigste Wort in der Petition ist »Chance«: »Gebt Henri doch einfach eine Chance!«

Bald darauf wird eine weitere Petition gestartet, eine Gegenpetition. »Henri sollte für sein und das Wohl aller nicht auf das Gymnasium gehen«, heißt sie. Petitionsführer ist ein junger Mann aus Walldorf, den wir nicht kennen und der beschreibt, wie gut es dem eigenen Bruder an der Sonderschule ergangen ist. Auch der Vater aus unserer Klasse, der die Inklusion mit Henri auf keinen Fall fortsetzen möchte, unterschreibt sie und ergänzt, er sei sehr dankbar für die Petition.

Die Wohl-des-Kindes-Diskussion ist für mich ein besonders dunkles Kapitel der ganzen Auseinandersetzung. Alle wollen nun plötzlich über Henris Wohl mitreden, ja sogar entscheiden, vor allem solche, die Henri überhaupt nicht kennen. Und sie unterstellen uns, nicht zum Wohle Henris zu handeln.

Gut tut es da, dass wir mit dieser Empörung nicht allein dastehen. Als ich mit Henri zum Schwimmen fahre, treffe ich den Sonderschulrektor auf dem Parkplatz. Er raucht eine Zigarette in einer Konferenzpause und sagt zu mir, diese Sache habe ihn am meisten entsetzt. »Das geht überhaupt nicht«, ruft er vehement, »das sage ich auch immer im Kollegium: So etwas zu unterstellen ist übergriffig und absolut unzulässig!«

Auch der Vater aus unserer Klasse, der sich im Internet als Inklusionsbefürworter geoutet hat, stellt in seinem Blog die kritische Frage: »Führt ein geistig behindertes Kind automatisch zu Unwohlsein?«

In stillen Stunden male ich mir aus, was wohl über mich hereinbräche, wenn ich über jedes einzelne nicht behinderte Kind aus Henris Klasse eine Petition ins Internet stellte: »Frederick sollte für sein und das Wohl aller nicht auf das Gymnasium gehen!« Natürlich würde ich es bei jedem der Kinder detailliert begründen. Ich hätte da viele Ideen …

Ich stelle mir auch manchmal folgende Szene vor: Da sitze ich mit einer anderen Mutter in einem Restaurant. Sie erzählt mir stolz, dass ihre Tochter jetzt aufs Gymnasium gehen soll. Ich überlege einen Augenblick und sage dann: »Ich bin der Meinung, das ist nicht zum Wohl deiner Tochter und auch nicht zum Wohl aller!« Ich bin sicher, die Mutter würde mich mindestens sprachlos anschauen. Vielleicht würde sie mir auch ihr Weinglas ins Gesicht kippen.

Überehrgeizig seien wir Eltern, wir würden unser behindertes Kind ans Gymnasium zwingen – das »arme Kind!«. Immer wieder ist das zu lesen.

»Meinen die unseren kleinen Prinzen?«, fragt Emily und kichert vergnügt hinter der Zeitung.

Inzwischen unterschreiben immer mehr Menschen die Petition für Henri. Unter ihnen sind viele renommierte Inklusionsforscher und Wissenschaftler. Einige von ihnen bieten dem Gymnasium ihre Unterstützung durch Fortbildungen oder Begleitung an. Und sie betonen immer wieder: Wir wissen nicht, wie weit sich ein Kind entwickeln kann, für keines wissen wir das! »Aber wir wissen«, kommentiert der Inklusionspädagoge Gerhard Feuser, »dass die Beschneidung seiner Bildungsmöglichkeiten unsere Vorurteile bestätigt und die Persönlichkeitsentwicklung begrenzt bis blockiert.«

Viele Abende lese ich am Computer die unzähligen Kommentare. Es ist für uns unfassbar, wie viele Menschen mit uns fühlen und an uns denken. Immer gehe ich nach der Lektüre aufgewühlt zu Bett.

Bemerkenswert finde ich, wie viele Menschen aus dem Ausland oder mit Migrationshintergrund sich zu Wort melden. Dass Migranten noch immer zu den Bildungsverlierern in unserem Land zählen, zeigen inzwischen viele Untersuchungen. Außerdem kommen viele Migranten aus

Ländern, in denen Kinder mit Behinderung im Schulsystem nicht separat beschult werden.

»Bitte, bitte, haben Sie Atem, Kraft und Geduld, um es mit diesen vermeintlichen Menschen weiterhin aufzunehmen. Ich bete für Sie«, schreibt mir ein türkischer Vater, den ich früher einmal ehrenamtlich beraten habe. Unzählige schwierige Gespräche hatte er führen müssen, um seinem Sohn einen inklusiven Weg in der Grundschule zu ermöglichen. Einmal konnte er zu einem Termin nicht hingehen, weil er zu starke Herzbeschwerden hatte.

Als die Petition gerade ein paar Tage online ist, sitze ich mit Henri bei unserem Kinderarzt im Wartezimmer. Neben mir wartet eine verschleierte Mutter, die mit ihrem Kind türkisch spricht. Irgendwann schaut sie immer häufiger zu uns und fragt schließlich: »Is it Henri?«

»Ja«, sage ich überrascht. »I've signed the petition!«, ergänzt sie und lächelt.

Mit dem Großvater eines indischen Nachbarkindes spricht Norbert auf dem Spielplatz. »Fight for him!«, sagt er. Eine engagierte Dame aus den USA rät uns, doch Asyl in den USA zu beantragen. »No joke!«, schreibt sie, kein Witz. Doch wir werden hierbleiben. Die Dame ist es übrigens auch, die darum bittet, die Petition noch einmal auf Englisch ins Netz zu stellen.

Es ist berührend, wie sehr Henris Geschichte Menschen in ganz Deutschland und in aller Welt beschäftigt.

»Selten hat mich ein Thema in den Medien so bewegt und verfolgt wie die Geschichte Ihres kleinen Sohnes Henri«, schreibt uns eine Frau aus Bayern. Wir bekommen viele ähnliche Zuschriften, Mails und Anrufe.

»Unterscheiden die bei euch wirklich noch zwischen den Arten von Behinderungen?«, fragt meine alte Freundin Heike aus Köln, die sich nach längerer Zeit wieder meldet. »Das würde sich bei uns hier niemand mehr trauen!«

Und auch Menschen, die wir eher mit professioneller Distanz kannten – Schulleiter, Behördenmitarbeiter oder Geschäftspartner – fragen immer wieder: Was wird denn jetzt aus Ihrem Sohn Henri?

»Unser ganzes Büro fiebert mit Ihnen und leidet«, steht in einer Mail. Auch Journalisten und Fotografen lassen sich weit über ihren professionellen Auftrag hinaus berühren.

Henri bewegt. Er bewegt nicht nur ein Thema, das Thema Inklusion, sondern er bewegt vor allem Menschen. Warum? Weil er auf den Fotos so verschmitzt kichert? Ich denke, es ist mehr. Wir spüren alle irgendwie, dass hinter dem »Fall Henri«, dem Einzelfall, mehr steckt.

Viele derjenigen, die uns besonders persönliche Briefe schreiben, sind selbst behindert oder haben Angehörige mit einer Behinderung. Sie schildern entweder ihre guten Erfahrungen mit Inklusion, wie sehr alle davon profitieren. Oder aber sie schildern, dass all das bei ihnen oder ihren Kindern, Geschwistern oder Enkeln eben nicht möglich war und wie sehr sie sich andere Wege gewünscht hätten. So wie der Bruder, der an der Förderschule lernen musste, während sein Zwillingsbruder ans Gymnasium durfte. Er ist heute nicht unglücklich dort, aber sein Fazit: »Wie schön wäre es gewesen, wenn wir hätten zusammenbleiben dürfen!«

Ein Mann schreibt, er sei seit frühester Kindheit schwerbehindert und seine Eltern hätten sich nicht getraut, ihn aufs Gymnasium zu schicken. Die Schwester einer jungen Frau mit Downsyndrom sagt über ihre Schwester: »Sie hätte gern mehr zu unserer Gesellschaft beigetragen – sie durfte nicht!«

Aus vielen Äußerungen spricht eine tiefe Sehnsucht – eine Sehnsucht, die mich beim Lesen immer wieder ansteckt und traurig macht. »Sehnsucht versteckt sich wie ein Insekt«, heißt es in einem Lied von Henris Lieblingsband Rammstein. »Im Schlafe merkst du nicht / dass es dich sticht / glücklich werd ich nirgendwo / der Finger rutscht nach Mexiko / doch er versinkt im Ozean / Sehnsucht ist so grausam.«

Endlich sagen und schreiben Menschen nun auch das, was man in Walldorf scheinbar so ganz vergessen hat: dass Menschen mit Behinderung keine lästige Störung sind, sondern ein Geschenk und eine Bereicherung. Das tut gut, so wie der Satz, den eine Lehrerin in Italien über eine blinde Schülerin gesagt hat: »Sie zeigt uns, dass man auch anders als mit den Augen sehen kann. Und sie hilft uns dabei, leise zu sein.«

Viele Menschen, die wir nicht kennen, haben sich die Zeit genommen und haben in einer bundesweiten Briefaktion lange zum Teil sehr persönliche Briefe an den Kultusminister geschrieben. Für mich ist das alles andere als selbstverständlich.

Diese vielen Mails, Telefonate und Briefe machen uns glücklich.

Doch die Zustimmung so vieler Menschen aus aller Welt ändert nichts an der Haltung vor Ort in Walldorf. Inzwischen hat auch die sogenannte »Schulkonferenz« aus Lehrern, Eltern und Schülervertretern den inklusiven Schulversuch abgelehnt.

Schüler des Gymnasiums Walldorf schreiben auf ein Transparent: »Wir lieben unser Gymnasium, so wie es ist!«

Als ich in den Siebzigerjahren des vergangenen Jahrhunderts in der Oberstufe war, hatte ich lange, lockenstabgewellte Haare, liebte schlabberige indische Kleider und Patschuli-Duft und wusste noch nicht besonders viel über das Leben. Eines aber wusste ich: Alles so bleiben, wie es ist, darf es auf keinen Fall! Nicht in der Schule und nicht drum herum.

Der Kultusminister hat das letzte Wort

Nach den ablehnenden Beschlüssen der schulischen Gremien müsste eigentlich der Kultusminister entscheiden. Er hat Henri inzwischen öffentlich zur »Chefsache« erklärt. Doch was er jetzt in Interviews sagt, bleibt schwammig.

Schon als junge Hörfunkreporterin fürchtete ich mich vor diesen Allgemeinplätzen und Sätzen, die schön klangen, aber letztlich gar nichts aussagten. Mit solchen auf Band durfte ich, so hatte mir mein gestrenger Chef gleich zu Beginn meiner Tätigkeit klargemacht, auf keinen Fall in den Sender zurückkommen: »So was senden wir hier nicht!« Und doch werden derartig leere Statements in allen Medien tausendfach verbreitet, weil tausendfach gesagt.

Ich lache sehr über eine Mutter, die mir nach einem Fernsehbeitrag sagt, dass sie das »Rumgeeiere« der Politiker unerträglich findet: »Leider habe ich den Schluss des Beitrags nicht mehr mitbekommen, weil sich mein Mann so furchtbar darüber aufgeregt hat.«

Gelingt es doch noch irgendwie, die Kuh vom Eis zu bekommen?

Hinter den Kulissen wird ein neuer Kompromissversuch entwickelt: Henri, an dem sich die Geister scheiden, soll an die Realschule. Von einem Tag zum anderen wird das Kollegium der Realschule zusammengeholt, um einen Beschluss zu fassen. Auch hier wird lange und erbittert diskutiert. Die Lehrer der Realschule lehnen einen Schulversuch mit Henri ebenfalls ab.

Alles läuft immer drängender auf eine Entscheidung des Kultusminsters zu. Doch er will nicht. Noch immer nicht. Seine Juristen haben ihm gesagt, dass ein Teil des formalen Verfahrens fehlt: Nun müsse es erst einmal eine formale »Bildungswegekonferenz« geben.

Es ist wie damals im überfüllten Rektorat. Nur findet diesmal die Bildungswegekonferenz im großen Sitzungssaal des Schulamtes statt. Wir drei Eltern sind einzeln geladen, in drei nacheinander stattfindenden, getrennten Sitzungen.

Alle drei halten wir an unserem Wunsch fest, dass unsere Kinder gemeinsam ans Gymnasium gehen. »Ich möchte, dass Henri weiter in meiner Klasse ist«, sagt Selma an diesem Tag eindringlich zu ihrer Mutter.

In unserer Bildungswegekonferenz sitzen 16 Personen. Vorsichtshalber hat man neben den Vertretern des Gymnasiums und der Realschule auch noch einen Vertreter der Hauptschule eingeladen sowie die Schulleiter von zwei Gemeinschaftsschulen aus den umliegenden Orten. Diese Schulen sind für das Schulamt jetzt weitere Optionen, die uns vorgestellt werden.

Es ist eine kurze, sachliche und kühle Sitzung. Wir verlassen sie gemeinsam mit unserer Anwältin, ohne uns zu erklären. Am nächsten Tag schreiben wir eine Mail, in der wir an unserem Wunsch, dass Henri am Gymnasium beschult wird, festhalten. Sollte das nicht möglich sein, sind wir auch mit der Realschule einverstanden.

Wird der Minister jetzt entscheiden? Er schweigt weiter.

Denn inzwischen ist eine neue Situation entstanden: Vier Lehrerinnen der Realschule haben sich freiwillig gemeldet, eine inklusive Klasse mit Henri zu unterrichten. Das Ministerium möchte durch eine neue Lehrerkonferenz den Weg dafür ebnen, dass sie es auch tun können. Zwei Tage später sitzen die Lehrer der Realschule wieder zusammen. Diesmal sind Vertreter von Schulamt und Kultusministerium mit dabei. Wieder wird einen ganzen Nachmittag diskutiert. Wieder scheiden sich die Geister an Henri. Am Ende bleibt es auch hier bei der Ablehnung. Eine große Mehrheit der Lehrer stimmt gegen den Schulversuch. Sie wollen auch den Weg für die vier Freiwilligen nicht frei machen.

An diesem Abend liege ich zum ersten und einzigen Mal in diesem Jahr abends im Bett und heule so lange, bis mein Kissen nass ist.

»Ja, es ist entwürdigend. Dieses Betteln und Bitten und dann doch nicht dabei sein zu dürfen!«, tröstet mich am nächsten Tag ein Freund, »ich habe das schon mein ganzes Leben lang.« Es ist der Freund im Rollstuhl, den ich immer so schlecht verstehe, wenn er etwas sagt. Seine Mail erreicht uns schon am frühen Morgen.

Den ganzen Tag über finden Beratungen im Kultusministerium statt. Nachmittags rufen mich Journalisten an und berichten, eine Presseerklärung sei angekündigt. Die kommt am frühen Abend: Der Minister habe entschieden. Wie, wolle man zuerst uns Eltern mitteilen. Das Staatliche Schulamt solle sich mit uns treffen. Da sowohl Norbert als auch ich am nächsten Vormittag, einem Freitag, berufliche Termine haben, bitten wir um eine schriftliche Information.

Am Mittag stehe ich in der Küche und putze Spinat. Immer freitags kommt unsere »Bio-Gemüsekiste«, von den Kindern argwöhnisch beäugt. Ich habe das Radio laufen. Und da höre ich es in den Nachrichten: »Der Minister hat entschieden, weder den Schulversuch am Gymnasium Walldorf noch an der Realschule einzurichten.« Es ist »durchgesickert«. Eine Presseagentur hat es aus den berühmten »gut informierten Kreisen« erfahren.

Noch während ich versuche, die Nachricht zu verdauen und Norbert zu erreichen, der in einem Meeting sitzt, macht es »Pling, pling, pling« auf meinem Smartphone. Es sind die ersten »Beileids-Mails«. Die Mail des Schulamtes kommt gut zwei Stunden später.

Der Minister schreibt in seiner Presseerklärung, die nun veröffentlicht wird: »Inklusion ist Aufgabe aller Schulen und Schularten. Die beiden Walldorfer Schulen sehen sich zwar noch nicht in der Lage, ein behindertes Kind zieldifferent unterrichten und fördern zu können. Ich erwarte aber von ihnen, dass sie sich intensiv mit diesem Thema auseinandersetzen, um für diese Aufgabe, die ab 2015 Schulen aller Schularten betrifft, gut vorbereitet zu sein.« 2015 soll endlich das neue Schulgesetz in Kraft treten.

Welch schlappe Sätze! Warum der Kultusminister eine Schule, die sich drei Jahre hätte vorbereiten können und deren Direktorin einfach den Kopf in den Sand gesteckt hat, am Ende in Schutz nimmt, verstehen wir einfach nicht. Auch nicht, warum er sich als oberster Dienstherr nicht vor sein eigenes Schulamt stellt, das doch getan hat, was seine Aufgabe ist: das geltende Recht umzusetzen.

Als ich kurz darauf am Rande einer Inklusionsveranstaltung einen Schulleiter einer weiterführenden Schule treffe, sagt er, für ihn sei es noch gar nicht klar, dass Inklusion wirklich Aufgabe aller weiterführenden Schulen sei und dass sich alle, auch das Gymnasium Walldorf und die Realschule, bis 2015 darauf gut vorbereiten müssten.

»Aber genau das hat doch der Kultusminister in seiner Presseerklärung gesagt«, entgegne ich erstaunt.

»Ach«, sagt er fein lächelnd, »das sind doch typische Politikersätze. Die dürfen Sie nicht so ernst nehmen!« Dass der Kultusminister sein höchster Chef ist – diesen Einwand denke ich dann nur noch und sage ihn nicht mehr laut.

Was bedeutet diese Entscheidung für die drei Kinder? Die beiden Kinder, die auf Gymnasialniveau lernen können, eins doppelt sinnesgeschädigt, das andere chronisch krank und dadurch körperlich eingeschränkt, werden im Gymnasium »einzelintegriert« und dabei stundenweise unterstützt von den für sie zuständigen Sonderschulen. »Die beiden Kinder werden wider Willen zu Einzelkämpfern und ohne umfassende sonderpädagogische Betreuung dastehen«, schreibt ein Kenner der Situation vor Ort im Internet und fragt: »Werden sie sich jeweils als einziges Kind mit ihren Besonderheiten in einer Klasse behaupten können und zum Beispiel auf dem Einsatz technischer Hilfsmittel für sie bestehen? Ich bezweifle es! So wird es nur Verlierer geben.«

Für Henri bleiben drei Optionen: die Hauptschule vor Ort und zwei Gemeinschaftsschulen in den umliegenden Orten. Alle drei Schulen haben für den Minister einen unschätzbaren Vorteil: Sie können Henri nicht ablehnen. Die Gemeinschaftsschulen nicht, weil ihnen bereits Inklusion im Gesetz vorgeschrieben wurde, und die Hauptschule nicht, weil sie schon lange ihre immer kleiner werdenden Klassen mit ehemaligen Sonderschülern auffüllt und auf sie angewiesen ist, um nicht schließen zu müssen.

»Alle drei Varianten bedeuten den Verlust seiner derzeitigen Schulkameraden oder sogar den Transport in ein völlig neues Umfeld. Beides widerspricht den Wünschen der Eltern und ihrem Erziehungsplan, den zu achten die Schulverwaltung laut Schulversuchsordnung zu respektieren aufgerufen ist. Und ganz offen bleibt die Frage, ob er dort wohl willkommen ist«, schreibt die frühere Vorsitzende unserer regionalen Elterninitiative. Sie ist eine der »Alten«. Sie hatte bereits vor über zwanzig Jahren für ihren Sohn, der inzwischen völlig selbstständig in einer weit entfernten Großstadt lebt, mit vielen Schwierigkeiten einen »normalen« Schulweg erkämpft. All das kommt ihr jetzt wieder schmerzlich in Erinnerung.

In diesen Wochen gibt es einen viel zitierten Satz. Er stammt vom früheren Beauftragten der Bundesregierung für die Belange von Menschen mit Behinderung, Hubert Hüppe, der auch die Petition für Henri unterzeichnet hat. Er, der selbst Vater eines Sohnes mit Behinderung ist, hat gesagt: »Wer Inklusion will, sucht Wege. Wer Inklusion nicht will, sucht Begründungen.«

Das bringt es auf den Punkt: Wege wollten viele hier nicht suchen. Begründungen haben sie dafür umso mehr gefunden.

Mama chic

Zwei Tage später sitze ich in einer großen bundesweiten Talkshow. Über fünf Millionen Menschen schauen sie jeden Sonntag. Die Einladung war einige Tage zuvor gekommen. Eigentlich haben wir an diesem Wochenende etwas ganz anderes vor. »Ich muss da hin«, sage ich zu Norbert, »ich will nicht, dass da wieder nur Leute sitzen und über Henri reden, die ihn gar nicht kennen!«

Emily findet das Ganze höchst spannend. Henri interessiert es wenig. Als er mich im Fernsehen sieht, sagt er: »Oh, Mama, chic!«

Die Reaktionen auf den Fernsehauftritt sind heftiger denn je. Wir sollten doch »unser Schicksal annehmen und endlich schweigen«, ist nicht nur in einem Leserbrief zu lesen.

Darf ich als Mutter eines Kindes mit Behinderung nicht in einer Talkshow auftreten, neben einer Ministerpräsidentin sitzen und mitreden? Henri hat einmal zu einer Lehrerin gesagt, sie solle doch lieber »Suppe kochen, Harfe spielen und sticken«. Das hatte er allerdings nicht von uns, sondern aus dem Kinderbuch »Der kleine Ritter Trenk«.

Nicht nur wir, sondern auch viele andere Eltern von Kindern mit Behinderung entsprechen nicht mehr dem alten »Sorgenkind«-Eltern-Klischee. Wir verstehen unser Leben keinesfalls als »schweres Schicksal« oder besondere Prüfung, sondern wollen über uns und das Leben unserer Kinder bestimmen. Ich möchte weiterhin arbeiten, unsere Familie möchte mit beiden Kindern mittendrin im Leben sein und dabei sogar Spaß haben.

»Werden wir je wieder lachen können?« Das war eine kurze, aber durchaus ernste Befürchtung, die uns eines Tages anfiel, als wir Henri bekommen hatten. Doch uns wurde schnell klar: Natürlich können wir noch lachen! Auch in Zeiten, in denen uns das Lachen manchmal vergehen wollte, konnten wir es. Henri lacht viel, warum sollten wir das nicht auch tun? Inklusion ist, wenn man trotzdem lacht! »Spaßbremsen« nennt Henri Menschen, die alles viel zu ernst nehmen.

Deshalb mag ich es auch nicht, in Talkshows oder Fernsehbeiträgen als »Betroffene« vorgestellt zu werden. Betroffen bin ich von Bildern, auf denen zerbombte Städte oder Giftgasopfer in Syrien zu sehen sind, aber ganz bestimmt nicht von unserem Sohn. »Du, da bin ich jetzt aber sehr betroffen!« war ein Satz, für den man in meiner Jugendzeit belächelt wurde. Er klingt mitleidig. Und Mitleid brauche ich nicht. Genauso wenig wie Henri. Er braucht Augenhöhe und Akzeptanz. Und wir Eltern brauchen das auch.

In allen Foren sind immer wieder, natürlich anonym, hässliche und beleidigende Kommentare über mich als Person zu finden. Ich habe nur manches davon gelesen. »Tu dir das bitte nicht an«, rät mir Norbert immer wieder. Die Kommentare haben dazu geführt, dass mich einige besorgte Menschen gefragt haben, ob die Ablehnung Henris, auch ganz am Ende durch den Kultusminister, nicht etwas mit meinem Engagement in den Elterninitiativen für Inklusion zu tun haben könnte. Natürlich: Ich bin engagiert, inzwischen landesweit profiliert und unbequem. Aber bei allem, wofür ich mich in meinen verschiedenen Funktionen eingesetzt habe, bin ich immer davon ausgegangen, dass es denjenigen, mit denen ich es zu tun habe, gelingt, zwischen Eltern und Kind zu unterscheiden. Nicht ich möchte ins Gymnasium – mein Abitur habe ich bereits 1982 gemacht –, sondern mein Sohn Henri. Sich an einem kleinen Kind mit Behinderung für das Engagement der Mutter rächen zu wollen fände ich so erbärmlich, dass ich niemals auf den Gedanken käme, es jemandem zu unterstellen.

Manche Menschen haben die Diskussion auch als Freibrief dafür verstanden, jetzt endlich mal wieder das sagen zu dürfen, was man 70 Jahre lang in Deutschland nicht mehr laut sagen durfte, aber noch immer denkt. Wir erstatten Strafanzeige gegen anonyme Briefschreiber, lassen ein übles Video im Internet sperren, und unser Freund, der Initiator der Petition für Henri, muss immer wieder Kommentare löschen, die in der Petition nur deshalb hinterlassen worden sind, um uns oder Henri zu verunglimpfen. Wenn ich morgens den Briefkasten aufmache, weiß ich nicht, was ich darin finde.

Völlig unbeeindruckt bleiben während dieser ganzen Zeit unsere Babysitter. Sie alle sind junge Leute, die in unserem Ort aufgewachsen sind, in einem Ort, der inzwischen beim Thema »Henri ans Gymnasium« völlig gespalten und zerstritten ist. Unsere Babysitter kennen Henri nicht nur aus Sekundenschnipseln im Fernsehen, sondern sie haben jede Woche mit ihm zu tun. Sie lernen mit ihm, sie spielen Tisch-Kicker oder Kinder-Memory. Sie lesen ihm vor, und sie bringen ihn ins Bett. Was wir kennen, müssen wir nicht fürchten.

So geht es Henri

Inzwischen sehne ich mich nach Normalität: Nicht mehr morgens die Zeitung aufschlagen und lesen müssen, wer alles seinen Senf dazugibt. Nicht mehr abends stundenlang mit unseren Anwälten telefonieren, um all die juristischen Fragen, die sich stellen, zu besprechen. Nicht mehr beim Telefonklingeln damit rechnen müssen, dass es entweder Journalisten oder Fernsehteams sind oder aber Menschen, die uns völlig ungefragt ihre Sichtweise darstellen wollen. Einmal ruft ein pensionierter Schulleiter an und erzählt mir in breitem Bayerisch, wie schrecklich die »Behinderten« an seiner Schule waren, wie sie sich auf den Boden geworfen und um sich geschlagen haben, wie sie anderen Kindern in die Hose gegriffen haben. Ich bin fassungslos, unterbreche seinen Redeschwall und frage: »Das hat doch alles gar nichts mit meinem Sohn zu tun!« Dann lege ich auf.

Eine der meist gestellten Fragen dieser Tage ist: Wie geht es Henri? Wie geht er mit all dem um?

Vieles halten wir in diesen Wochen bewusst von ihm fern. Manches versteht er nicht. Das schützt ihn, anders als uns, vor Verletzungen. Aber natürlich bekommt er einiges mit. Da kommen Fotografen und ein Kamerateam, Mama telefoniert noch mehr als sonst, und es gibt häufiger Tiefkühlpizza. Das mit der Pizza findet Henri allerdings super und viel besser als gesundes Gemüse: »Ich kein Hase!«

Als alle um ihn herum in heller Aufregung sind, ruht er in sich. Sein Lieblingssatz: »Mama, entspann dich!«, oder eine Formulierung, die er von Emily hat: »Macht euch mal locker!« Er meint das ernst.

Das Downsyndrom ist für Henri noch kein Thema. Ich weiß, dass sich das ändern wird. Wie meinte ein junger Mann, der Sohn einer Mutter aus der Elterninitiative, als er 18 wurde: »Jetzt habe ich das Downsyndrom lange genug gehabt, jetzt können das auch mal meine Schwestern nehmen!«

Völlig unbefangen sagen Kinder oft: »Ey, voll behindert!« Sie meinen damit genauso den Platten am Fahrrad, die schwierige Mathearbeit oder ein Kind, das sie gerade aus welchem Grund auch immer doof finden. Wir Erwachsenen zucken dabei zusammen, so wie es unsere Eltern getan haben, als wir in unserer Jugend immer alles »voll geil« fanden. Wenn Henri solche Sätze mitbekommt, sagt er: »Ich nicht voll behindert!« Wenn Kinder über Behinderung sprechen, es aber nicht als Schimpfwort benutzen, hat er damit kein Problem. Ansonsten stellt Henri nicht infrage, dass er so ist, wie er ist.

Natürlich war es deshalb auch nicht möglich, ihm zu erklären, warum er denn nun nicht auf ein Gymnasium oder auf die Realschule gehen kann. Wegen des Downsyndroms? Das ist für Henri nur ein Begriff von vielen. Weil er langsamer und weniger lernen kann? Ja, na und? Für Henri spielt auch das keine Rolle. Außerdem: Wie sollten wir ihm erklären, was wir selbst nicht verstehen?

Eins ist uns natürlich klar: Je älter Henri wird, desto mehr wird er begreifen, dass er anderen intellektuell unterlegen ist. Dass er vieles nicht so gut kann wie andere – rennen, Fußballspielen, lesen, das merkt er schon jetzt. Das merkt er natürlich nicht nur in der Schule, sondern immer. Und er wird es sein ganzes Leben lang merken. Unser Elternjob besteht nicht darin, ihn vor dieser Wahrheit zu beschützen oder ihn zu schonen.

Schonen wäre hier Verschweigen, denn natürlich wird er irgendwann verstehen, dass er das Downsyndrom hat und andere nicht. Schonen ist für mich das Relikt einer Zeit, in der man dachte, dass Verschweigen auch in anderen Lebensbereichen das Richtige wäre. Als man zum Beispiel Kinder nicht mit zur Beerdigung ihrer Großeltern nahm und sie damit darum brachte, Abschied zu nehmen. Oder als man Kindern im Krankenhaus verschwieg, dass die Eltern nicht nur »kurz mal rausgehen« würden, sondern das

Kind dort ließen, manchmal über viele Wochen. Glücklich gemacht hat das niemanden.

Wir haben Henri gesagt, dass seine Freunde aufs Gymnasium oder auf die Realschule wechseln, es aber nicht geklappt hat, dass er auch dorthin geht. Dass sich Mama und Papa aber weiter darum kümmern, eine Schule für ihn zu finden, auf der er glücklich sein und inmitten vieler Freunde viel lernen kann.

»Man sollte die Wahrheit«, sagt der Schriftsteller Max Frisch, »dem anderen wie einen Mantel hinhalten, dass er hineinschlüpfen kann – nicht wie ein nasses Tuch um den Kopf schlagen.« Es gibt auch Mäntel, die Henri passen.

Feuerwehrmann Henri

Nicht alles bekommt Henri in diesen Wochen im Detail mit. Zum Beispiel nicht, dass Walldorfer Gemeinderatsmitglieder die Gegenpetition mit der Aufforderung herumschicken, sie zu unterschreiben.

Aber er kriegt trotzdem einiges ab.

Anfang der vierten Klasse wollte Henri Feuerwehrmann werden. Wie viele kleine Jungs hat er davon schon immer geträumt. Im Vorschulprogramm des Kindergartens schlüpfte er bei einem Besuch bei der örtlichen freiwilligen Feuerwehr in eine viel zu große Feuerwehrjacke und guckte mit glücklichem Lächeln aus einem Feuerwehrhelm heraus. Als er endlich alt genug für die Jugendfeuerwehr ist, frage ich dort an und erkundige mich, ob es ein Problem ist, dass er ein Junge mit Downsyndrom ist.

»Aus meiner Sicht nicht«, sagt der Jugendwart am Telefon. Ich erzähle ihm, dass ich von einem Programm der Deutschen Jugendfeuerwehren ermutigt worden bin, Henri anzumelden: »Alles inklusive? – Jugendfeuerwehr und Behinderung« heißt es und wurde von der Aktion Mensch gefördert. Es gibt dazu viel Material im Internet und richtungweisende Positionspapiere, in denen es unter anderem heißt: »Wir sind offen für alle und jeden«, und: »Wir fragen nicht nach der Einschränkung durch Hindernisse, sondern nach Wegen, sie zu überwinden.«

Also geht Henri fortan zu den Freitagsdiensten der Jugendfeuerwehr, zunächst einmal zum Schnuppern. Beim ersten Mal trägt er, als er nach Hause kommt, noch immer die Handschuhe, die er dort anziehen durfte und nicht wieder ausziehen wollte. Und dass er mit einem Feuerwehrkleinbus, so wie alle Kinder, nach dem Dienst nach Hause gefahren wird, findet er natürlich großartig.

Manchmal bringt Norbert ihn hin. »Meinst du wirklich, das funktioniert?«, fragt er skeptisch. »Der sitzt da eigentlich immer nur ziemlich verloren herum.«

Ja, Henri ist mindestens einen Kopf kleiner als die anderen Jungs und längst nicht so stark. Aber wir sehen ihn ja auch nicht mit der Feuerwehraxt an der Spitze eines Trupps bei einem Einsatz. Es gibt viele Dinge in der Jugendfeuerwehr, bei denen er gut mitmachen kann. Zwei Jungs mit Downsyndrom, deren Eltern ich noch aus der Downsyndrom-Gruppe kenne, sind in Nachbarorten sehr gut bei der Feuerwehr aufgenommen worden und dort selbstverständlich mit dabei. Henri kommt jedes Mal sehr zufrieden nach Hause. Inzwischen kümmert sich auch eine junge Frau, die das Amt der Jugendwartin übernommen hat, rührend um Henri. Stolz lässt er sich bei einer Feuerwehrfeier mit ihr fotografieren. Ihre Uniform findet er natürlich todschick. Auch bei der jährlichen Feuerwehrehrung im Rathaus mit Bürgermeisterin ist Henri dabei. Er geht sogar zur Bürgermeisterin, die er »Chefin« nennt, und fragt, ob sie Frau Merkel sei.

Wir bieten an, wann immer es nötig sein sollte, eine Begleitung mitzuschicken. Zum Ausflug in die Eishalle kommen Emily und ich mit, denn Henri kann noch nicht Schlittschuh laufen beziehungsweise traut es sich nicht zu. Trotzdem hat er eine Menge Spaß, an der Bande entlangzuschlittern und sich von den anderen Jungs und der Jugendwartin übers Eis ziehen zu lassen. Wir bleiben viel länger als geplant.

Die Schnupperphase zieht sich hin. Es ist nun schon fast ein Dreivierteljahr vergangen, sodass ich nachfrage, wann Henri denn richtig in die Feuerwehr aufgenommen wird. »Wir schlagen das immer nach einiger Zeit dem Feuerwehrausschuss vor«, sagt die Jugendwartin, »und bislang ist noch kein Kind abgelehnt worden.« Inzwischen ist es Mai des darauffolgenden Jahres. Und es ist nicht nur Mai, sondern auch der Höhepunkt der Auseinandersetzung um Henri am Gymnasium. Ich habe bereits in einer bundesweiten Talkshow gesessen. Und dann kommt die Mail: Leider könne man Henri nicht aufnehmen, schreibt die Jugendwartin, das sehe die Satzung so vor. Und Punkt. Die Mail kommt donnerstags mit der klaren Ansage: Henri darf ab morgen nicht mehr teilnehmen. Als ich entgeistert nachfrage, meldet sich der Kommandant bei mir. Er teilt mir schon einmal vorab mit, dass ein Rechtsanspruch auf Aufnahme ohnehin nicht bestehe. Außerdem sei letztlich auch die Stadt, vertreten durch die Bürgermeisterin, als »Diensteanbieter«, so heißt das im Feuerwehr-Deutsch, zuständig. Dort könne ich die Satzung erhalten. Auf meinen Hinweis auf das Inklusionsprogramm der deutschen Jugendfeuerwehren geht er nicht ein. Die nette Jugendwartin meldet sich nicht mehr.

Ich lasse mir die Feuerwehrsatzung von der Stadt mailen. Der zuständige Mitarbeiter schickt die Mail an mich und in Kopie an die Bürgermeisterin. »Eine Aufnahme ist in der Regel nur möglich, wenn sie 1. den gesundheitlichen Anforderungen des Feuerwehrdienstes gewachsen sind, 2. geistig und charakterlich für den Feuerwehrdienst geeignet sind.« Als Juristin weiß ich natürlich: Die Formulierung »in der Regel« ist das Einfallstor für Ausnahmen aller Art, wenn man sie denn machen will.

Ich lese die Satzung am späten Abend, klappe die Datei zu und gehe frustriert ins Bett. Am nächsten Morgen beschließe ich, dass das Thema damit beendet ist. Wer kämpft, muss gut auf seine Kräfte achten. Für diesen Kampf habe ich in diesen Wochen keine Kraft.

Henris Traum von der Feuerwehr ist geplatzt. Er fragt noch ein paarmal nach, ich antworte ausweichend: »Ach, das ist doch freitags auch immer so spät, da bist du schon müde und möchtest lieber fernsehen.« Seine geliebten Feuerwehrbücher stelle ich im Regal in die zweite Reihe. Aber natürlich höre ich ihn brav ab, als in der Schule das Thema Feuerwehr behandelt wird: »retten«, »löschen«, »bergen«, »schützen«. Henri kennt alle Aufgaben ganz genau und kann sie perfekt aufsagen.

Immer wieder treffe ich in der Stadt Männer, die in der Freiwilligen Feuerwehr aktiv sind. Viele von ihnen haben in Walldorf noch andere Funktionen und Ämter, was in einem kleinen Ort keine Seltenheit ist. Sie gehen mir aus dem Weg oder grüßen unverbindlich. Häufig fahre ich auch mit Henri am Feuerwehrhaus vorbei, das direkt neben der Grundschule liegt. Manchmal steht der rote Bus davor, mit dem Henri so gerne mitgefahren ist.

Die Ruhe nach dem Sturm

Vier Tage nach der Entscheidung des Ministers ist Musikabend am Gymnasium. Die Stimmung ist bestens. Emily tritt in der Big Band und im Orchester mit der Trompete auf. Erstmals spielt sie ein Solo, das sie lange geübt hat. Die Direktorin tanzt ausgelassen. Ich sehe, wie Emily zu ihr hinschaut. Und ich sehe ihren Blick.

Auch beim Schulfest spielt sie wieder. Henri ist diesmal zu Hause geblieben. Alle seine Freunde sind da und laufen mit bunten Schleifen am T-Shirt herum, die zeigen, in welche der fünften Klasse des Gymnasiums sie kommen.

Für Emily geht ein Schuljahr zu Ende, das sie niemals vergessen wird. Nur manchmal mag sie darüber reden, wie sie sich fühlt. Am Gymnasium hat sie während des ganzen Schuljahres kein einziger Lehrer auf ihren Bruder angesprochen oder sie gefragt, wie es ihr geht. Nicht ihre Klassenlehrerin, nicht die Vertrauenslehrerin, nicht die Direktorin. Erst in den Sommerferien setzt Emily sich hin und sortiert ihre Gedanken schriftlich. Das ist ihr Text: »Es stimmt«, schreibt sie, »das Thema Henri wurde vor mir totgeschwiegen. Keiner, kein Einziger, hat sich getraut, mich irgendwie darauf anzusprechen. Weder Lehrer noch Mitschüler. Natürlich habe ich mitbekommen, dass dort ›mächtig was im Busch ist‹, ich bin ja nicht völlig blöde. Als sich eine Lehrerin mit der Elternbeiratsvorsitzenden unterhielt und ich durch den Gang ging, hörte ich leise, aber trotzdem verständlich: ›Psst! Achtung, das ist die Schwester!‹ Beide lächelten mich falsch an. Zuspruch oder Unterstützung für mich gab es im gesamten Gymnasium Walldorf nicht. Lediglich eine Lehrerin, die ich bestimmt über ein Jahr weder als Lehrerin hatte noch mit ihr geredet hatte, sagte mir ganz am Anfang, dass sie es gut fände, was wir vorhaben. Sie blieb die Einzige. Heute lächelt sie mich immer ein bisschen gequält an, wenn ich ihr begegne. Auch keiner meiner ›Freunde‹, die ich hier bewusst in Anführungszeichen setze, stand hinter mir. Manche, die ich damals als gute Freunde bezeichnet habe, sind es jetzt nicht mehr. Falsche Freunde brauche ich nicht. Vielleicht ist es sogar gut, dass ich das erkannt habe. Die größte Unterstützung und den größten Halt gab mir übrigens ein Urlaubsfreund, mit dem ich die ganze Zeit Kontakt hielt. Er hat mir das gegeben, was ich mir von meinen Freunden in Walldorf gewünscht hätte. Dafür bin ich ihm unendlich dankbar.«

Der Freund ist 17 Jahre alt und besucht ein Gymnasium in Nordrhein-Westfalen.

In den Sozialwissenschaften beschäftigen sich Wissenschaftler speziell mit der Situation von Geschwistern von Kindern mit Behinderungen. Organisationen wie die Lebenshilfe veranstalten Geschwisterseminare. Sie wissen genau, warum.

Am Ende des langen Kampfes steht bei uns allen Ernüchterung. Denn es mehren sich die Stimmen, die sagen: Mit dem »Wohl Henris«, eigentlich mit Henri als Person, als Kind, habe die Entscheidung des Ministers am Ende gar nichts mehr zu tun gehabt, sondern mit den viel zu guten Bedingungen, die man dem Gymnasium versprochen hatte. Die Angst sei einfach zu groß gewesen, dass künftig alle weiterführenden Schulen sich auf diese »Luxus-Ausstattung« berufen könnten. Das habe man im Ministerium nicht zulassen können. »Die Ausstattung löst bei Kollegen, die mit extrem viel weniger Ressourcen stillschweigend Inklusion machen, Häme und Kopfschütteln aus«, schreibt uns eine führende Gewerkschafterin.

»Es war kein roter Teppich«, sagt unser Grundschulrektor immer wieder, »es war ein goldener!«

Henri, der Spielball.

Es gibt in unserer Klasse noch einen allerletzten Elternabend. Einige Eltern haben ihn unbedingt gewünscht, um das zu tun, was sie seit vier Jahren fordern: sich einmal mit dem Schulamt über die Inklusion auszutauschen. Immer wieder hatten sie die mangelnde Begleitung des »Modellversuchs« durch das Schulamt beklagt. Niemand interessiere sich dafür, wie es hier laufe und welche Themen es gebe, so der Tenor. Jetzt muss sich die Vertreterin des Schulamtes viele kritische Bemerkungen anhören. Es wird deutlich, dass der Versuch für das Schulamt offenbar vor allem so gemeint war, verwaltungstechnisch und organisatorisch neue Dinge und Abläufe auszuprobieren. An eine inhaltliche Auswertung mit den Eltern der Klasse war demnach nie gedacht. Auch wenn Henris Klasse die erste inklusive Klasse nach der Schulversuchsordnung im ganzen Schulamtsgebiet war.

Kritik an der Inklusion als solche und Zweifel, dass sie allen Kindern zugutegekommen ist, gibt es an diesem Abend so gut wie keine. Zumindest werden sie nicht laut geäußert. Nach langem Hin und Her kann sich über die Hälfte der Eltern auf eine gemeinsame Erklärung einigen, dass die

Inklusion allen Kindern in der Klasse genützt habe und dass sie ihre Kinder, hätten sie noch mal die Wahl, wieder in eine inklusive Grundschulklasse geben würden.

Zwischenlösung

Ich spüre, dass ich nach den turbulenten Wochen erschöpft bin. Einmal hole ich Henri aus der Übermittagsbetreuung ab. Eines der »ganz normalen« Grundschulkinder ist völlig ausgerastet und rennt laut schreiend über den Flur. Ein anderes versucht, in Kung-Fu-Manier einem anderen ins Gesicht zu treten. Als ihm das misslingt – dafür muss man halt doch ganz schön gelenkig sein –, beginnt es, das andere Kind zu würgen, bis die Erzieher dazwischengehen. Henri steht mit offenem Mund staunend daneben. Ich schnappe ihn mir und sage im Herausgehen laut: »Und Henri ist in diesem Ort das Problem?«

Manchmal streiten wir uns auch zu Hause ganz unnötig über Alltäglichkeiten. Henri mag das gar nicht: »Ich will friedliche Familie.«

Natürlich sind wir auch deshalb so gereizt, weil Henris schulische Zukunft nach wie vor offen ist. Die endgültige Ablehnung der inklusiven Schulversuche an Gymnasium und Realschule haben wir erhalten. Die drei uns angebotenen Alternativen sind für uns keine. Da ist guter Rat teuer.

Vielleicht war Henri so etwas wie ein Prophet. Einem Journalisten antwortete er auf die Frage, in welche Schule er denn am liebsten gehen wolle: »Schillerschule« – »seine« Grundschule. Und genau auf diese Idee kommen wir dann auch: Henri bleibt noch ein Jahr an der Grundschule. Wir lassen diese Option juristisch prüfen und stellen den entsprechenden Antrag. Unser Rektor befürwortet ihn. Er sagt zu uns das, was er in diesen Wochen immer wieder sagt: »Es geht mir um Henri!«

Wieder warten wir auf eine Entscheidung, und so vergehen vier Wochen, und noch immer haben wir vom Schulamt nichts gehört. Als ich Henri einmal abhole, treffe ich zwei Mütter der Klasse.

»Die Kinder brauchen unbedingt einen neuen Schulranzen. Mit dem aus der Grundschule ins Gymnasium zu gehen, das ist ja nicht cool, das geht gar nicht«, sagt die eine. Dann diskutieren sie andere wichtige Anschaffungen. Ich stehe daneben und weiß Anfang Juli noch immer nicht, wie es mit Henri weitergeht.

»Es muss doch jetzt endlich mal klar sein, wo Henri nach den Sommerferien zur Schule geht!«, fragen Freunde und Journalisten gleichermaßen ungeduldig. Ich werde an der Supermarktkasse angesprochen. Eine Fachhochschuldozentin, in deren Seminar ich einen Vortrag gehalten habe, schreibt: »Jede Stunde fragen die Studierenden, was denn jetzt aus Henri wird.« Ich finde das rührend. Doch es gibt auch andere. In der Schule fängt mich eine Mutter ab. Sie platzt fast vor Neugier: »Wohin geht der Henri denn nun?«, fragt sie ohne Begrüßung. Ich schaue sie verwundert an und frage zurück: »Weshalb willst du das wissen? Was aus Henri wird, hat dich doch das ganze Jahr überhaupt nicht interessiert.« Das nervt!

Denn unsere Nerven sind ohnehin angespannt. Wieder haben wir eine Einladung ins Schulamt erhalten, zur »Fortsetzung der Bildungswegekonferenz« oder zum runden Tisch, wie auch immer. Diesmal ist es nur ein eckiger Tisch, um den wir mit sechs Teilnehmern passen: zwei Schulrätinnen, ein Vertreter der Sonderschule, unser Rektor und wir. Uns wird mitgeteilt, dass das Schulamt beschlossen habe, unserem Antrag stattzugeben. Endlich, drei Wochen vor den Sommerferien, bekommen wir es jetzt schriftlich: Henri kann noch ein weiteres Jahr in der Grundschule bleiben.

Wir vereinbaren Stillschweigen, damit unser Rektor in Ruhe mit seinen Lehrern sprechen und eine der künftigen vierten Klassen aussuchen kann. Doch wieder sickert die Neuigkeit durch. Die Anfrage einer Presseagentur, was an dem Gerücht dran sei, erreicht mich per Mail, als ich mir gerade beim Posaunenchor-Grillfest die vielen leckeren Salate auf meinen Teller laden will. Es hätte nach vielen Wochen einmal wieder ein entspannter Abend werden können. Doch wir müssen reagieren, weil die ersten Zeitungen Dinge verbreiten, die nicht stimmen. Es seien aber noch weitere Gespräche zwischen Eltern, Schulamt und Kultusministerium nötig, will eine Lokalzeitung erfahren haben. Nein, weitere Gespräche werden wir nicht führen. Sie sind auch nicht mehr nötig. Wir haben unseren Bescheid ja schon.

Für Henri ist das neue Schuljahr noch immer weit weg, auch dann noch, als er mit seiner Klasse für das Abschlussfest probt und seinen Beitrag für die Abschlusszeitung in den Computer tippt. »Mein Leben in 20 Jahren« heißt das Thema. Henri macht daraus »Mein Leben in 600 Jahren« und schreibt: »In 600 Jahren sprechen alle Menschen meine Sprache. Das ist eine Geheimsprache.« Und dann drückt er einfach alle Tasten, die ihm unter die Finger kommen, und schreibt ein paar Zeilen sehr geheimnisvolle Buchstabenkombinationen in die Zeitung.

Henri kann sich die Situation nach den Sommerferien

einfach nicht vorstellen. Erst am Abend vor dem vorletzten Schultag kommt das Thema so richtig bei ihm an. Er fragt zum ersten Mal selbst nach, und ich erkläre es ihm noch einmal: »Ja, ein Jahr bleibst du noch in der Grundschule. Und danach suchen Mama und Papa für dich eine schöne neue Schule.«

»Ich mag Gymnasium«, sagt Henri da. Ich mache das Licht aus und schlucke.

Für Henri wird vieles so wie immer sein. Er ist bei seiner Familie, die ihn liebt. Der Rektor, der Büffel, heißt ihn auch noch ein fünftes Jahr an seiner Schule willkommen. Er ist auf der Schule, die er kennt. Er wird eine tolle Schulbegleiterin an seiner Seite haben, und sein geliebter Sonderpädagoge, Herr Behringer, kommt wenigstens noch für einige Stunden. Die Kinder der neuen Klasse kennt er bislang nur aus der Pause. Mit zwei Jungs war er aber schon gemeinsam im Kindergarten. Einige werden seine neuen Freunde werden. Er wird sie brauchen.

Am letzten Schultag hospitiert Henri in seiner neuen Klasse. 22 Augenpaare sind auf ihn gerichtet. »Da wollte er erst gar nicht rein«, erzählt Herr Behringer. Aber dann kommt er doch und nimmt sogar das Päckchen Brausepulver an, das die Lehrerin allen Kindern schenkt, für »prickelnde Ferien«.

Als ich ihn abhole, will er unbedingt mit mir den Rolf-Zuckowski-Klassiker laut auf dem Schulweg singen: »Ich schaff das schon, ich schaff das ganz alleine. Ich komm bestimmt auch wieder auf die Beine. Ich brauch dazu vielleicht 'ne Menge Kraft. Doch ich hab immerhin schon ganz was anderes geschafft.«

Überall wird in diesen Tagen Abschied gefeiert: in der Klasse, in der Übermittagsbetreuung, mit allen vierten Klassen gemeinsam.

Auf dem Abschiedsfest der Klasse werden die Themen Inklusion und Gymnasium ausgespart. Nicht jeder spricht mit jedem. Nicht jeder grüßt jeden. Die Kinder sind derweil mit sich selbst beschäftigt. Eine große Tüte mit Eisstückchen, die zuvor zum Kühlen der Getränke verwendet worden war, wird mitten auf die Wiese gestellt. Es ist ein heißer Tag, und die Kinder dürfen sich damit bewerfen. Alle stürzen sich natürlich sofort darauf und fangen an zu werfen. Auch Henri rennt dorthin. Doch er sieht in dem Pulk einfach nicht, woher die Eisstückchen kommen. Er sieht die Tüte nicht, die immer leerer wird. Natürlich will ich, ganz die besorgte Mutter, gleich aufspringen und ihm helfen. Doch das ist gar nicht nötig. Lisa und Anne zeigen ihm zeitgleich, wo die Tüte ist, und helfen ihm, auch noch ein paar Eisbrocken zu ergattern.

Auch in der Übermittagsbetreuung werden die Viertklässler verabschiedet. »Wie machen wir denn das bloß?«, fragt mich zuvor eine der Erzieherinnen. »Alle bekommen einen Hut, eine Urkunde und einen Eisgutschein. Aber Henri bleibt ja nun noch ein Jahr länger an der Schule!«

»Fragen Sie ihn doch einfach, ob er die Dinge auch haben will oder erst im nächsten Jahr«, schlage ich vor. Henri will am Ende die Urkunde und den Eisgutschein. Den Hut lässt er liegen. Dass er im Gegensatz zu allen anderen noch ein Jahr bleibt, damit hat er kein Problem. Feier ist Feier.

Beim großen Abschlussfest für alle vierten Klassen in der Turnhalle wird wieder gesungen: »Alte Schule, altes Haus, du siehst heute anders aus. Und ich geh zum letzten Mal durch deine Tür.« Henri hat das gelbe Schul-T-Shirt an und einen schwarzen Papphut auf, wie ihn sonst die Absolventen der Universitäten tragen. Er sitzt inmitten seiner Klassenkameraden und Freunde. Kein Lehrer ist in der Nähe. Kurz bevor er auf die Bühne soll, hilft Max ihm, das Headset-Mikrofon richtig anzubringen. Wann er dran ist, weiß er selbst am besten.

»Kannst du mir mal erklären, warum der so oft eine Begleitperson mitbringen soll?«, fragt Emilys Patentante, die uns an diesem Wochenende besucht. Sie hat lange in Berlin, Niedersachsen und Nordrhein-Westfalen gelebt.

In der Abschlussfeier sitzen wir ziemlich entspannt. Wir haben gelernt, Henri zu vertrauen. Wie heißt sein neuer Spruch: »Keine Sorge! Ich das alles unter Kontrolle!« Eben auf seine Weise, wie immer. Und wie immer ohne Verb!

In seiner Rede zitiert unser Rektor aus dem Buch »Das fliegende Klassenzimmer« von Erich Kästner. Darin sind alle Hauptpersonen, die Schüler eines Internats, unterschiedlich eingeschränkt: Einer ist eitel, einer ist arm, und einer ist ängstlich. Ihre Freundschaft hilft ihnen, besser mit ihrem Handicap umzugehen oder es sogar ganz zu überwinden. »Eingeschränkt war auch der, der arrogant war«, sagte der Rektor. Alle fünf sind in Kästners Buch Gymnasiasten.

»Was passiert denn jetzt mit Henri?«, fragt mich Finn leise auf dem Schulhof. Henris Klassenkameraden bewegt sein Schicksal sehr, das ist unübersehbar.

»Wenn er schon nicht aufs Gymnasium darf, dann vielleicht wenigstens auf die Realschule. Da gehen ja auch einige aus der Klasse hin«, überlegt Finn weiter. Dass für Henri längst auch dieser Weg versperrt ist, hat ihm noch keiner gesagt. Tim ist enttäuscht, und auch für Selma ist der gemeinsame Weg mit Henri zu Ende. Das Abschlussfest ist unsere letzte gemeinsame Feier.

Die Ereignisse des Jahres werden alle Kinder prägen. Sie haben erlebt, wie ein Klassenkamerad aussortiert wurde, und zwar in einer Weise wie kein anderes Kind sonst. Sie haben Henri nicht durch Umzug oder Tod verloren, sondern es sind Eltern und Lehrer, die ihn loswerden wollten und es am Ende auch geschafft haben. Zum Teil ihre eigenen Eltern. Und zum Teil Lehrer, die sie ab sofort jeden Tag sehen. Vielleicht fragen sich einige Kinder, ob all das normal im Leben der Erwachsenen ist und ihnen vielleicht auch einmal widerfahren kann. Die Angst, nicht dazuzugehören oder dazugehören zu dürfen, ist ohnehin eine, die zur Kindheit und zum Heranwachsen dazugehört.

Ein italienischer Vater hat zu mir gesagt: »Ihr in Deutschland, ihr betrügt vor allem eure angeblich ganz normalen Kinder um diese vielen tollen Erfahrungen.« Am Abend der Abschlussfeier erinnere ich mich an die Begegnung mit ihm.

Was in unserer »Modellregion« die vergangenen Jahre noch undenkbar erschien, ist passiert: Ein einzelnes Kind wird aus einer inklusiven Gruppe »entfernt«. Das ist ein Signal. In den kommenden Wochen habe ich nun auch beruflich als Inklusionsberaterin mit ähnlichen Fällen zu tun. Auf einer Bildungswegekonferenz im Süden unseres Bundeslandes passiert Folgendes: Den Eltern eines Jungen mit Autismus wird gesagt, ihr Sohn passe nun doch nicht so gut in die angedachte Gruppe, man werde aus pädagogischen Gründen eine andere Lösung für ihn finden. Zu diesem Zeitpunkt war aber schon längst durchgesickert, dass der Direktor der Grundschule sich die Liste der Kinder mit

Behinderung angesehen und gesagt hatte: »Den einen Jungen, den nehm ich aber auf keinen Fall!«

Beim Abschlussfest drücke ich die Mutter von Selma fest. Wir haben einen Teil des Weges gemeinsam gekämpft und gelitten. Es hinterlässt einen schalen Beigeschmack, wie versucht wurde, uns Eltern auseinanderzudividieren, und wie das letztlich auch gelungen ist: hier die Eltern der »klugen« Kinder, dort die Eltern des »Doofen«. Die körperlich eingeschränkten Kinder seien »gar kein Problem«, ist weiterhin gebetsmühlenartig von Lehrern des Gymnasiums zu hören. Bleibt abzuwarten, ob sie das in einem Jahr auch noch sagen.

Meine Erfahrungen am Beratungstelefon sind anders: Da ist das kleine Mädchen im Rollstuhl, deren Grundschulklassenzimmer im dritten Schuljahr plötzlich ins Obergeschoss verlegt wird. »Im Nachbarort gibt es ja eine barrierefreie Schule«, sagt der Schulleiter.

Da ist der Junge, der auch im Rollstuhl sitzt und dem seine Klassenkameraden noch nicht einmal die Tür aufhalten. »Dafür müssen Sie Verständnis haben«, beschwichtigen die Lehrer, »die anderen Kids sind ja mitten in der Pubertät.« Und da ist der Gymnasiast in der Oberschule, auch er ist wegen einer Spastik im Rollstuhl. Erbittert kämpfen er und seine Eltern um den sogenannten »Nachteilsausgleich«, der es ihm ermöglichen würde, für den Lernstoff mehr Zeit zu bekommen. »Na«, sagt die Klassenlehrerin spitz, »wir wollen ja auch nicht, dass sich die Behinderten hier das Abitur erschleichen.«

»Mein Sohn ist erst in der ersten Klasse«, seufzt eine Mutter in der Elterngruppe, »und ich bin jetzt schon völlig platt von den ganzen Auseinandersetzungen.« Gestritten wurde das erste Schuljahr praktisch um alles: wer die Arbeitsblätter größer kopiert, wer das Kind an der Schultür abholt und ins Klassenzimmer bringt, wer sich um angepasste Lernmaterialien kümmert und sie bezahlt. Das Kind ist »nur« körperbehindert.

Der Kampf von Eltern mit Kindern mit einer Körperbehinderung ist also ein anderer, ein leichterer ist er nicht, auch nicht für die Kinder selbst, die ja alles sehr gut verstehen, auch jede abfällige Bemerkung, jede gedankenlose Ausgrenzung und jeden Witz über »Behindis« und »Spastis«.

Unsere Sommerferien haben begonnen. Wir tauchen nach Südfrankreich ab. Wie immer fahren wir mit dem bewährten Familienreiseveranstalter.

Henri ist bester Dinge. Er plappert und kichert ohne Pause. Er hat seinen eigenen rot karierten Felix-Reisekoffer dabei, prall gefüllt mit Playmobil-Männchen, Schleichtieren und Bauklötzen. Schnell durchziehen Tierkarawanen und kleine Armeen unsere Ferienwohnung. Im Kinderprogramm ist Henri begeistert dabei: Kinderolympiade, Nachtwanderung und sogar Basteln. Am Ende einer Woche werden die selbst hergestellten Dinge auf einem »Markt« an die Eltern verkauft: Badesalz, das Henri »Turnierbadesalz« genannt hat, ein Traumfänger und ein Lampenschirm aus Transparentpapier. Henris Lampe ist schwarz-rot-gold in den Deutschlandfarben. Passend dazu steht er stolz im WM-Trikot hinter dem Verkaufstisch. Süßigkeiten sind hier die Währung. Aber weil Henri nichts Süßes mag, hat er einen großen Zettel geschrieben, auf dem steht: »Ich will Chips und Pringels!« Chips schreibt er inzwischen korrekt mit Ch. Er nimmt mehrere kleine Tüten ein und knabbert in aller Ruhe seine Chips, während die anderen Kinder die Bonbons unter sich aufteilen.

Auch beim Fußballturnier macht er mit. Er ist Torwart oder Schiedsrichter. Formvollendet verteilt er gelbe Karten oder Pokale. Einmal ist er, das Plappermaul, auch der Kommentator. Dass er selbst nicht so gut kickt, spielt keine Rolle.

»Die anderen Kinder sind ganz begeistert von ihm«, erzählt uns eine Mutter abends beim Wein, »die finden ihn total süß und sagen, dass er immer so lustige Ideen hat.«

Henri genießt die viele Zeit mit Eltern und Schwester. Morgens lange in den Betten kuscheln und abends lange aufbleiben.

»Meine tolle Schwester«, sagt er und nimmt Emily fest in den Arm.

»Mein toller Bruder«, sagt sie und gibt ihm einen dicken Kuss.

»Was möchtest du denn jetzt noch machen?«, frage ich ihn, als an einem Abend noch etwas Zeit ist.

»Euch weiter nerven«, sagt Henri und lacht.

Er wandert wacker und klettert über dicke Felsen. »Abenteuertour« mit Papa. Er will fast der Hälfte seiner ehemaligen Klassenkameraden eine Postkarte schreiben. Er schreibt an Nico, Finn, Max, Lisa, Tim, Paul, Anne und Arno, dazu an seinen Kölner Patenonkel und an seine Lehrer. Damit ist er unser »Postkartenschreibkönig«. Bei der zehnten Karte stöhnt er dann doch: »Das richtig harte Arbeit!«

Henri, der Fisch, ist aus dem Nebenfluss der Ardeche gar nicht mehr herauszubekommen. Das Wasser hat gerade mal 11 Grad. Am Ende des Urlaubs ist der Verlust dreier Playmobil-Männchen zu beklagen. Sie sind im Fluss weggeschwommen. Natürlich ohne Haare.

Als wir zurück sind, macht er beim »Sommerleseclub« der örtlichen Bücherei mit. Finn hatte mich aufgeregt auf dem Schulhof angesprochen und gefragt, ob Henri auch dabei ist. Alle Kinder lesen mindestens drei Bücher, bewerten sie und werden dann zum großen Abschlussfest eingeladen. Dort gibt es eine Urkunde. Als wir uns die Bücher ansehen, wird schnell klar, dass sie der angesprochenen Altersstufe entsprechen, dass aber niemand daran gedacht hat, auch jemand wie Henri könnte an der Veranstaltung Interesse finden. Keines der Bücher kann er alleine lesen. Viele Teile der Bücher lese ich also Henri vor. Die Kapitelüberschriften kann er selbst lesen. Außerdem kopieren wir alle Zeichnungen im Buch, auf denen die Personen zu sehen sind, und kleben sie auf Karteikärtchen. Am Ende kennt Henri alle Protagonisten des Fantasie-Western-Romans ganz genau. Seitdem möchte er manchmal auch ein »Schlangenbauch-troll« sein. Ich habe mir früher, wenn ich komplizierte Geschichten las, auch immer Personenlisten geschrieben.

Beim Lesefest wird gemeinsam mit einem Kinderbuchautor ein Lied gesungen. Im Refrain heißt es: »Was ist schon normal? Stell die Welt auf den Kopf ...«

Auch in diesem Jahr gibt es wieder das Zirkusprojekt. Henri ist natürlich angemeldet. Kurzfristig ist die vorgesehene Begleitung ausgefallen. Es dauert eine ganze Woche und viele Telefonate, bis ich jemanden finde, der mitgeht. Henri bekommt das natürlich mit.

»Ich darf nicht Zirkus?«, fragt er besorgt.

»Doch, klar darfst du zum Zirkus«, versuche ich ihn zu beruhigen, »wir finden bestimmt jemanden.« Doch er fragt immer und immer wieder. Er tut mir so leid.

Als es losgeht, steht er als einer der Ersten im roten

Zirkus-T-Shirt und weißen Schläppchen im Zelt in der Manege. Diesmal ist auch Finn bei den kleinen Akrobaten dabei, der im vergangenen Jahr noch so begeistert zugeschaut hat. Ich treffe ihn an der Anmeldung.

»Dann gehe ich mal rein und überrasche Henri!«, sagt er fröhlich. Insgesamt fünf Kinder aus seiner ehemaligen Klasse machen mit, dazu zwei Jungs aus seiner neuen. Bei der Aufführung macht Henri bei der Seifenblasennummer und der Schwerterkiste mit, gemeinsam mit Finn. Er ist glücklich, dass er ein Zauberer- und ein Ritterkostüm tragen darf. Bei der Generalprobe war ihm das abschließende Finale mit allen Kindern in der Manege noch zu laut. Bei der Aufführung hüpft er dabei wie ein Gummiball auf und ab.

Paul ist zum Zuschauen gekommen. Er ist inzwischen nicht nur einen Kopf größer als Henri, sondern anderthalb.

Auch wenn das Wetter alles andere als sommerlich ist, gehen wir in den Ferien noch oft ins Freibad. Emily und Henri sind dort mit ihren Monoflossen – einer Riesenflosse, die sie wie ein Delfin oder eine Meerjungfrau aussehen lässt – das Gesprächsthema bei den Bademeistern, die Henri natürlich alle kennen. Henri schwimmt mit der Flosse noch ein bisschen schneller und wendiger.

»Du bist ein Naturtalent!«, ruft Emily ihrem Bruder zu. »Das hast du von mir!«

Einmal streiten wir uns auf dem Weg zum Schwimmbad. Als wir an der Kasse stehen, will Henri unbedingt bezahlen beziehungsweise den Schwerbehindertenausweis vorzeigen. Dazu sagt er: »Ein Kind und eine zickige Mama!«

Henri ist selbstbewusst und frech. Ich finde, das sind nicht die schlechtesten Eigenschaften im Leben.

Ausblick

Wenn dieses Buch erscheint, wird Henri einen Großteil eines hoffentlich ruhigen Schuljahres hinter sich haben. Auch ohne seine alten Schulfreunde. »Sie durften Freunde werden« hatte ich einmal einen Vortrag über Henris erste Grundschuljahre genannt und schon damals gefragt: »Dürfen sie es auch bleiben?« Nein, sie durften es nicht. Zumindest keine Schulfreunde. Ob es gelingen wird, Freundschaften fortzuführen, die in den ersten vier Jahren Grundschulzeit entstanden sind, können wir noch nicht absehen.

Manche haben in diesem Jahr gesagt, weiter mit seinen Freunden zur Schule gehen zu wollen sei ein schwaches Argument für die Aufnahme ins Gymnasium. Freundschaften wechseln, das sei doch ganz normal, und Brüche gehörten nun mal zum Leben. Das stimmt. Für Menschen mit Behinderung gehören aber nicht nur Brüche zum Leben, sondern vor allem Zwangsbrüche: Punkte, an denen sie einfach nicht mehr dabei sein dürfen. Das betrifft nicht nur Henri. Das betrifft auch den Rollstuhlfahrer, der plötzlich feststellen muss: Der Stammtisch, an dem er bislang immer teilgenommen hat, trifft sich jetzt in einem nicht barrierefreien Lokal.

Einen Zwangsbruch versteht Henri nicht. Wie sollte er auch, wo wir ihn doch selbst kaum verstehen? Dass er sich vielleicht mit einigen Kindern auseinanderlebt, kennt er. Aber was ist mit denen, die ihn jetzt jeden Tag umgeben und alle so großartig sind? Er plant schon jetzt seinen nächsten Geburtstag im Februar. Er zählt auf, wen er einladen will: 12 Kinder, schließlich wird er 12 Jahre alt. Alle, die er aufzählt, waren in seiner alten Klasse. Sie sind jetzt auf dem Gymnasium und in der Realschule. Dort, wo er nicht sein darf. Es bricht mir das Herz, wenn ich daran denke.

Das Gymnasium Walldorf hat Geschichte geschrieben. Fast genau fünf Jahre nach Inkrafttreten der UN-Behindertenrechtskonvention in Deutschland hat es das Gymnasium geschafft, einen kleinen Jungen mit Behinderung abzuwehren: Du musst leider draußen bleiben!

Und auch der Kultusminister ist in die Geschichte eingegangen: Er hat den ersten inklusiven Schulversuch, den er einrichten konnte, abgelehnt, indem er die fehlende Zustimmung der schulischen Gremien nicht durch seine Unterschrift ersetzt hat.

Immer häufiger bleibt in der öffentlichen Darstellung unerwähnt, dass es ein staatliches, dem Kultusministerium unterstehendes Schulamt war, das eine inklusive Gruppenlösung an einem Gymnasium einrichten wollte, aber am Ende gescheitert ist. Gescheitert ist es sicherlich ein Stück an sich selbst, aber auch, weil der oberste Dienstherr es hat scheitern lassen.

Vieles in diesen Monaten war für die Kultusverwaltung ziemlich peinlich. Da ist es doch viel günstiger, dass immer wieder der Eindruck erweckt wurde, es seien diese überambitionierten Eltern gewesen, die einfach mal so ihr Kind mit Downsyndrom an einem Gymnasium angemeldet haben.

Noch im Herbst nach der Ablehnung stellen übrigens Lehrer des Gymnasiums Walldorf weiterhin grundsätzlich infrage, ob Gymnasien zieldifferent arbeiten können und müssen. Der vom Kultusminister gebetsmühlenartig vorgetragene Satz, Inklusion sei Aufgabe aller Schulen und aller Schularten, ist irgendwo in den Walldorfer Wiesen verhallt. »Zielgleiche Inklusion« mache man jetzt, heißt es am Gymnasium. Diese Formulierung hat gute Chancen, das »Unwort des Jahres« zu werden.

Den Un-Satz des Jahres haben wir übrigens schon familienintern gekürt: »Wir haben ja nichts gegen Behinderte, aber …« Hinter dem »aber« geht es dann immer erst so richtig los.

Das Signal für Lehrer, das von Walldorf ausgeht, heißt wohl: Es genügt, nur laut genug zu schreien, dann müssen wir keine Inklusion machen. Kaum ein Lehrer sagt das laut, aber leise vielleicht doch schon mal im kleinen Kreis: »Da waren die inklusionsbewegten Herren aus dem Kultusministerium da und haben eine Folie nach der anderen aufgelegt. Und wir haben gedacht: Lass die nur reden! Die fahren schon wieder ab!«

Es dauert nur wenige Monate, da liegen die ablehnenden Beschlüsse von Lehrerkollegien aus anderen Städten vor: Keine inklusiven Schulversuche mit uns! Was in Walldorf geht, so vermutlich die Devise, geht auch woanders.

Und es gibt, wenn auch sicherlich nicht beabsichtigt, ein Signal an Eltern: Ihr könnt mitbestimmen, welche Kinder mit Behinderung in die Klasse eurer Kinder gehen! Eltern unterscheiden nicht zwischen schulischen Gremien – da sieht die Schulversuchsordnung in der Tat noch eine Zustimmung vor – und allgemeinem »Mitreden« und Abstimmen. Das wird für uns besonders schmerzlich deutlich, als entschieden ist, dass Henri ein weiteres Jahr an der Grundschule bleibt. »Aber nicht in der Klasse meines Kindes!«, schreien gleich einige laut und beschweren sich bei unserem Rektor. Der allerdings weiß sehr genau, wo Eltern in seiner Schule mitbestimmen können und wo nicht.

Wo aber führt das hin? Können Eltern auch das autistische Kind oder das Kind mit ADHS-Symptomatik, den »Zappelphilipp«, in der Klasse ablehnen? Oder das Kind aus einfachen sozialen Verhältnissen oder das aus dem Asylbewerberheim? Vieles ist denkbar und doch letztlich undenkbar in einem staatlichen Schulsystem, in dem Schulpflicht besteht, und in einer Gesellschaft, die den Menschenrechten und der UN-Konvention verpflichtet ist.

Wir haben im vergangenen Jahr viele tolle Menschen kennengelernt. Erfahren haben wir viel über echte Solidarität und Freundschaft, aber auch über Selbstbetrug und Heuchelei. Das waren schöne und weniger schöne Erfahrungen.

Wir werden weiter für Henris inklusiven Schulweg kämpfen und uns nicht mit Vertröstungen auf den Sankt-Nimmerleins-Tag zufriedengeben. Henri lebt jetzt. Er geht jetzt zur Schule. Er braucht im nächsten Jahr eine weiterführende Schule. Und einen Arbeitsplatz in weniger als zehn Jahren. Er kann nicht warten, bis sich Systeme in Deutschland vielleicht irgendwann einmal selbst verändern.

Ich bin von klein auf ein ungeduldiger Mensch. Mit Henri habe ich viel Geduld lernen müssen, viel mehr, als ich dachte, je lernen zu können. Aber beim Thema Inklusion können und dürfen wir nicht geduldig sein. Unsere Ungeduld ist Henris Chance.

Viele haben mir gesagt oder geschrieben: »Sie sind so mutig, wie Sie öffentlich für Ihren Sohn kämpfen!« Meine Definition von Mut ist eine andere. Mutig finde ich Menschen, die für ihre Überzeugungen das Leben riskieren oder schwere Nachteile in Kauf nehmen müssen. Das sind die, die sich vor Panzer stellen oder im Dritten Reich Juden versteckt haben, obwohl sie um die Gefahren für ihre ganze

Familie wussten. Und was riskiere ich heute? Dass mich Menschen im Walldorfer Supermarkt nicht mehr grüßen? Dass sie die Straßenseite wechseln, wenn ich komme? Wenn man mutig sein muss, um sich in einer Demokratie für ein Menschenrecht einzusetzen, dann stimmt etwas nicht in unserer Gesellschaft.

Viele sagen auch, dass sie noch nie so viel Gegenwind gegen Inklusion gespürt hätten, offen, verdeckt oder anonym. Ich glaube, wir befinden uns in der Phase der Klärung, jetzt mehr denn je und öffentlicher denn je. Und nur Klarheit hilft! Wir haben einiges zu klären, insbesondere unser Verständnis von »Behinderung« insgesamt. Solange wir Behinderung immer nur als Mangel ansehen, kommen wir einer inklusiven Gesellschaft nicht näher. Auch nicht, wenn wir weiterhin trennen wie kaum ein anderes Land der Welt. In diesem Buch verwende ich das Wort »Behinderung«, auch wenn manche das gar nicht gerne hören. Doch es ist eben noch das gängige Wort für das, was wir meinen. In einer inklusiven Gesellschaft werden wir es so nicht mehr brauchen.

Eine inklusive Gesellschaft ist keine, in der alle Unterschiede geleugnet werden. »Begreifen Sie doch endlich, dass nicht alle Menschen gleich sind«, stand auf einer in rüdem Ton gehaltenen Postkarte an uns, die keinen Absender trug. Vor unserem Gesetz sind alle Menschen gleich, und niemand darf wegen seiner Behinderung benachteiligt werden. So steht es in Artikel 3 unseres Grundgesetzes. Eine inklusive Gesellschaft leugnet nicht alle Unterschiede. Sie verschweigt sie auch nicht. Aber sie geht anders mit ihnen um im Sinne einer »Kultur des Miteinanders«. Inklusion ist »to learn to live together«, sagt die UNESCO.

Letztlich, davon bin ich überzeugt, führen wir mit der Inklusions-Diskussion eine Stellvertreterdebatte. Denn es geht nicht nur um Menschen mit Behinderung und ihren Platz in der Gesellschaft, sondern um Vielfalt allgemein. Um die Frage: Macht uns Vielfalt so viel Angst, sodass wir sie letztlich abwehren müssen?

»Guter Gott, hilf uns, Vielfalt nicht als Last, sondern als Bereicherung zu verstehen.« Als ich diese Fürbitte in der evangelischen Kirche am Reformationstag, wo ich im Posaunenchor Tuba spiele, höre, horche ich auf. Genau darum geht es. Vielfalt kann und muss man lernen und üben.

Und hier sollte die inklusive Botschaft an alle Eltern lauten: Inklusion geht uns alle an. Sie ist eine gesellschaftliche Aufgabe, die wir unseren Kindern so früh wie möglich vermitteln wollen. Denn es geht um die Zukunft unseres Zusammenlebens. In allen Klassen wird es künftig Kinder mit und Kinder ohne Behinderung geben. Weder Lehrer noch Eltern können darüber abstimmen. Die Schule und die Schulaufsicht werden dafür sorgen, dass alle Kinder zu ihrem Recht kommen und angemessen gefördert werden. Unsere Klassen sind keine sozialen Projekte, sondern gemeinsames Lernen auf Augenhöhe.

Ich träume weiter von einer solchen inklusiven Gesellschaft. Manche Menschen werfen mir vor, ich sei eine Utopistin. Ich muss dann oft lächeln und an meinen ersten Chef in einer Radioredaktion denken, der mir heute noch reizende Mails schreibt und auch die Petition für Henri unterzeichnet hat. Wie oft hat er damals gebrüllt: »Frau Ehrhardt, immer sind Sie so eine Bedenkenträgerin!«

Eine Freundin hat mir vor Kurzem erzählt, dass sie in den

vergangenen Monaten mit ihrem Bibelkreis viel für uns gebetet hat, weil sie Angst hatte, wir könnten verbittert werden. Sie hat mir folgenden Rat gegeben: »Wenn sich dir Riesen in den Weg stellen und du auf die Riesen schaust, dann verschwindet Gott. Wenn du aber auf Gott schaust, verschwinden die Riesen.«

Verbittert bin ich nicht, aber enttäuscht. Enttäuscht von Politikern, die gerne über Inklusion reden, aber sich nicht trauen zu handeln. Enttäuscht bin ich auch von einem Kultusminister, der viel und oft und öffentlich über uns und Henri, ein Kind, das er nicht kennt, gesprochen hat, aber kein einziges Mal mit uns.

Henris Geschichte ist nicht zu Ende. Unsere Zwischenlösung versteht nicht jeder. Doch die »Alten«, die schon vor über zwanzig Jahren gekämpft haben wie wir, verstehen sie. »Es wird einen Weg geben, auch wenn er ein Umweg sein sollte«, hat mir eine Mutter geschrieben, deren Sohn vor 22 Jahren nicht an seiner Grundschule bleiben durfte. Er wurde von Eltern der Mitschüler und dem Schulleiter als »Störfall« bezeichnet und entfernt.

Henris Geschichte ist ein inklusives Lehrstück. Ob die politisch Verantwortlichen daraus gelernt haben und, vor allem, was, bleibt abzuwarten. »Wir können alles außer Hochdeutsch!« Damit wirbt Baden-Württemberg für sich. Alles? Können wir auch Inklusion?

Abzuwarten bleibt auch, wie lange eine Schulversuchsordnung, die es zulässt, dass schulische Gremien stundenlang über ein bestimmtes Kind mit Behinderung beraten und am Ende über dieses den Daumen heben oder senken, noch einer rechtlichen Überprüfung standhält. Schließlich muss alles deutsche Recht inzwischen zumindest im Sinne der UN-Behindertenrechtskonvention ausgelegt werden, auch bevor es geändert ist.

»Unser Kopf ist rund, damit das Denken die Richtung wechseln kann«, hat der französische Maler und Schriftsteller Francis Picabia einmal gesagt. Diesen Satz mochte ich schon immer.

Dieses Buch ist ein Zeitdokument. Vielleicht wird uns all das, was darin über den inklusiven Zustand unseres Landes steht, irgendwann antiquiert und überholt vorkommen. Geschichten aus alten Tagen. Das wünsche ich mir.

Vielleicht ist es so wie in diesem Text, den ich von einer Elterninitiative zugeschickt bekommen habe. Er lautet: »Was wir unseren Enkeln erzählen: Es war einmal ein Staat, da durften die Bürger nicht wählen. Es war einmal eine Universität, da durften Frauen nicht studieren. Es war einmal ein Land, da durften Schwarze und Weiße nicht heiraten. Es war einmal eine Zeit, da konnte ein Stern auf der Brust das Leben kosten. Es war einmal eine Stadt, da ging eine Mauer mittendurch. Es war einmal eine Schule, da durften Kinder mit Behinderungen nicht sein. Könnt ihr euch das heute überhaupt noch vorstellen?«

»Dein Sohn verändert die Welt«, hat mir eine Freundin gesagt. Das stimmt. Henri verändert vor allem dadurch die Welt, dass er uns verändert. Wenn wir uns verändern lassen.

Bildnachweis

Kindergartenfoto 1: © Silke Koska, Foto Haas, Güglingen
Kindergartenfoto 2: © Silke Koska, Foto Haas, Güglingen
Henri und Emily beim Kickern: © Uwe Anspach
Familienfoto: © Uwe Anspach
SWR-Foto: © Norbert Hirt
Spielen mit der Verkleidungskiste: © Jutta Stufferin
Henri mit Doktorhut: © Janis Gottinger
Henri und der Wald: © Janis Gottinger
Henri am Kicker: © Uwe Anspach
Alle übrigen Bilder: © Kirsten Ehrhardt

Zitatnachweis

S. 81: Aichele, Valentin: Inklusion ist mehr als Integration, in: *Zeit Online,* 14.8.2014; http://www.zeit.de/gesellschaft/schule/2014-08/inklusion-behinderte-schulen-kramp-karrenbauer-replik/komplettansicht [Letzter Zugriff 28.1.2015]

S. 99: Gwildis, Stefan: Wunderschönes Grau, aus ebd.: *Nur wegen Dir,* Sony Music, 2005.

S. 231: Rammstein: Sehnsucht, aus ebd.: *Sehnsucht,* Universal Music, 1997.

S. 253: Zuckowski, Rolf: Ich schaff das schon, aus ebd.: *Ich schaff das schon,* Musik für dich (Universal Music), 2010.